本课题为2013年教育部哲学社科规划基金项目(项目编号:13YJA850018)

泛家族规则与日本民族文化

奚欣华 著

苏州大学出版社

图书在版编目(CIP)数据

泛家族规则与日本民族文化/奚欣华著. —苏州：苏州大学出版社，2016.1
本课题为2013年教育部哲学社科规划基金项目
ISBN 978-7-5672-1553-5

Ⅰ.①泛… Ⅱ.①奚… Ⅲ.①家族-制度-研究-日本②民族文化-研究-日本 Ⅳ.①D731.39②K313.03

中国版本图书馆CIP数据核字(2015)第297188号

书　　名：	泛家族规则与日本民族文化
作　　者：	奚欣华
顾　　问：	潘茂群
责任编辑：	巫　洁
装帧设计：	刘　俊
出版发行：	苏州大学出版社(Soochow University Press)
社　　址：	苏州市十梓街1号　邮编：215006
印　　装：	宜兴市盛世文化印刷有限公司
网　　址：	www.sudapress.com
邮购热线：	0512-67480030
销售热线：	0512-65225020
开　　本：	700mm×1000mm　1/16　印张：15.5　字数：278千
版　　次：	2016年1月第1版
印　　次：	2016年1月第1次印刷
书　　号：	ISBN 978-7-5672-1553-5
定　　价：	39.00元

凡购本社图书发现印装错误，请与本社联系调换。服务热线：0512-65225020

本课题研究方向：以泛家族规则及其泛家族文化这一全新的社会管理学最新理论，对日本民族文化中最具特色的忠诚文化、神道教文化、武士道文化、极致文化、审美意识、暴力意识等进行较为深入的研究。从历史演变和现实运行两个方面，尝试探索日本民族文化形成、发展的社会基础与理论基础，如何在日本平常百姓的日常生活中发挥重要作用，解密其如何保持鲜明的民族文化特色，并在世界民族文化中独树一帜。

目 录
CONTENTS

第一章　日本民族文化存在于社会的历史发展中　/ 1
　　第一节　研究日本民族文化的两个怪圈　/ 1
　　第二节　从社会构造的基础研究日本民族文化　/ 3
　　第三节　"日本民族文化"与"日本文明"　/ 5

第二章　日本家族与社会联合体的构造　/ 8
　　第一节　日本漫长的母系社会对社会发展的影响远超大陆地区　/ 8
　　第二节　日本民族文化第一次大融合的开启阶段(弥生时代)　/ 10
　　第三节　日本民族文化第一次大融合的确立阶段(古坟时代—飞鸟时代)　/ 15
　　第四节　日本民族第一次文化大融合中的海洋文化因子　/ 19
　　第五节　日本民族第二次文化大融合(明治维新时代至今)　/ 24

第三章　日本泛家族规则及泛家族文化　/ 30
　　第一节　日本家族规则的泛社会化　/ 30
　　第二节　日本的泛家族规则　/ 35
　　第三节　日本的泛家族文化　/ 41
　　第四节　泛家族规则和文化作用下的日本民族独特的思维特征　/ 48

第四章　日本民族的忠诚文化与天皇制　/ 52
　　第一节　日本天皇"万世一系"的历史解说　/ 52
　　第二节　泛家族规则是日本天皇"万世一系"的社会基础　/ 55
　　第三节　泛家族文化决定了日本天皇"万世一系"的文化基础　/ 58
　　第四节　日本天皇还会走上神坛吗　/ 64

第五章　日本武士道文化　/ 66
　　第一节　古典武士道的文化内涵　/ 66
　　第二节　近代武士道文化的衍变　/ 70
　　第三节　武士道是泛家族规则下的畸形产物　/ 73

第四节　武士道文化的现代影响 /77
第六章　日本神道教文化 /81
　　第一节　不能用普通的宗教理念套观日本神道教 /82
　　第二节　神道教独特的思想内涵与泛家族规则紧密相关 /86
　　第三节　神道教与当今日本社会泛家族规则互相促进 /91
　　第四节　神道教的政治化程度是日本右倾的标杆之一 /98
第七章　日本民族的极致文化 /101
　　第一节　日本民族文化中"极致文化"的提出 /101
　　第二节　日本极致文化的精神内涵 /105
　　第三节　日本极致文化的行为规范 /109
　　第四节　日本极致文化的社会规范 /113
　　第五节　日本极致文化产生的社会历史根源 /121
　　第六节　日本极致文化的思想渊源 /127
　　第七节　日本极致文化的发展趋势 /134
第八章　日本民族的审美意识 /137
　　第一节　审美是探讨客观与主观重合度的哲学 /137
　　第二节　日本民族思维特征对审美意识的影响 /139
　　第三节　日本民族思维特征与日本艺术创造 /146
　　第四节　"民族的"不一定就是"世界的" /155
第九章　关于日本民族暴力意识的讨论 /158
　　第一节　日本民族文化中的硬暴力研究 /159
　　第二节　日本民族文化中的冷暴力研究 /171
　　第三节　日本民族文化中的软暴力研究 /181
　　第四节　关于日本民族暴力意识的讨论 /192
　　第五节　学会反思是日本摆脱暴力意识的唯一出路 /198
第十章　泛家族规则对日本民族文化传承的影响 /203
　　第一节　母亲的故事 /203
　　第二节　学校的传授与教育 /207
　　第三节　社会组织的强制 /212
　　第四节　媒体的教化 /217
　　第五节　领袖和明星的示范 /233
　　第六节　用系统论的方法分析"大和魂" /237

第一章　日本民族文化存在于社会历史发展中

第一节　研究日本民族文化的两个怪圈

关于日本民族文化的研究专著和文章很多。日本学者对其自身文化的研究可谓汗牛充栋,国外的学者热衷于此的也不少,美国作家露丝·本尼迪克特笔下的《菊与刀》①曾轰动世界,连日本人也认为其在剖析日本民族特点上比日本学者更为透彻。读这些日本的或国外的研究著作,有助于国际社会清晰地了解日本在某一个或某几个方面"很特别"之处,对于世人认知日本民族和日本社会大有裨益。认知越多,疑问也越多,这是事实,却不是坏事,是研究越来越深入的正常反映。

比如,对于什么是"大和魂",似乎至今学术界也没有一个统一的定论。日本国内的解释是:大和魂是日本民族的精神、意识、智慧和能力,是日本民族文化的精髓总要。② 如果是那样,那么就陷入了一个悖论:因为人们无法用简单的语言讲清楚什么是日本民族的精神、意识、智慧和能力的精髓,所以人们永远无法概括"大和魂";又因为"大和魂"的释义无法概括,所以人们很难精准把握什么是日本民族文化。当人们说得不像时,日本人摇头:这不是日本人;当人们说得像时,日本人还会摇头:这还不是大和魂。连日本人也承认大和民族存在着巨大的"暧昧"特性,那意思就是讲不清也道不明,只可意会不可言传,永远处在似是而非的状态,总是站在似懂非懂的此岸。

难道真有这么暧昧和难懂? 究其原因,是否应该归结于国际社会对日本民族文化传统的研究还不够深? 反观传统意义上的日本民族文化研究,大体上总

---

① 露丝·本尼迪克特.菊与刀[M].吕万和,熊达云,王智新,译.北京:商务印书馆,1990.
② 松林明.大辞林[M].东京:三省堂,2006:2443."大和魂":"1.是相对于习得汉学知识而言的日本人固有的处理实务或世事的能力与智慧。2.是日本民族固有的精神。作为日本人的意识。"——作者译。

在两个圈子里打转。

第一个圈子,从总体肯定入手,在具体中否定,又综合为总体肯定。有不少人质疑:如果剔除掉外来文化,日本民族文化还剩下什么?因为人们总习惯于把日本民族文化中受外来文化影响的部分剔除出去,以为剩下的就是日本民族文化。比如剔除了儒家文化、佛家文化、道教文化、西方基督教文化、西方启蒙文化、伊斯兰文化等,再剔除这些文化在日本的外在衍生形态,结果日本民族还剩下什么呢?似乎只剩下天皇文化、神道教文化和一些民间习俗,而这些显然不能解释作为日本民族文化精髓总要的"大和魂"。然后又证明所有这些外来文化和内生文化混合在一起,形成综合性的杂烩,相互作用,产生出既非彼也非此的混合物,那便是日本民族文化,其中精髓,便是"大和魂"。这样,对于日本民族文化的研究便变成摆弄各种外来的文化或者是内生文化的零部件,至于这些零部件是如何组装生成了汽车的,始终缺少一条至关重要的"生产线"。研究走向了死胡同。

第二个圈子,放大局部文化,寻找民族特色,组装拼盘,再在拼盘的基础上反证局部文化。具体说就是把日本文化中所展示的不同于其他国家民族的文化现象寻找出来,归结为日本民族文化。比如日本的武士道、茶道、花道、柔道、剑道、神道、相扑、猿乐、能剧、净琉璃、俳句、和歌、浮士绘、和式建筑、神祭以及民间习俗等,不论是否从国外引进,先找出其与引进国的不同之处,然后再归结为日本民族的特征。结果人们始终徘徊于各条道路的岔路口上,始终不能解释日本列岛为什么在诸多领域出现如此之多的与众不同处,在这些文化现象的背后又是什么文化在起着支配作用。想奉献一朵鲜花,端出来的却总是一个拼盘。于是,日本人也罢,外国人也罢,便含含糊糊地提及日本民族文化是一个融合型文化,一个综合性文化,一个大杂烩文化,一个人们认为很好理解其实越来越难以理解的东方文化。美国著名学者塞缪尔·亨廷顿认为那就是"日本文明——独立于世界上任何文明之外的文明"①。观点很鲜明,可问题还在:这是个什么样的文明?"大和魂"究竟是什么?于是,人们又回到了第一个圈子,依然无法深入理解日本民族文化。

---

① 塞缪尔·亨廷顿.文明的冲突与世界秩序的重建[M].周琪,等,译.北京:新华出版社,1998:2.

第二节　从社会构造的基础研究日本民族文化

恩格斯 1883 年在马克思墓前说:"正像达尔文发现有机界的发展规律一样,马克思发现了人类历史的发展规律,即历来为繁芜丛杂的意识形态所掩盖着的一个简单事实:人们首先必须吃、喝、穿、住、行,然后才能从事政治、科学、艺术、宗教等等,所以直接需要物质生活资料的生产,从而形成一个民族或一个时代的一定的经济发展阶段,便构成基础,人们的国家设施、法的观点、艺术以至宗教观念,就是从这个基础上发展起来的,因而,也必须由这个基础来解释,而不是像过去那样做得相反。"①中国人用自己的语言精辟地概括了这段话的哲学含义:经济基础决定上层建筑,上层建筑又反作用于经济基础。在中国,这个结论已经写进了中学生的课本,以至于人人耳熟能详。然而,并非所有人都能真正理解这段话并在实践中加以运用。人们总习惯性地将上层建筑里的内容认为是文化,而将经济基础中相当多的内容排斥在民族文化之外。西方国家是如此论述的,于是东方国家的人们也就如此排定所需要研究的社会科学,就如同西方医学界认为将人体一块块解剖开来研究是科学,便有相当一部分人认为中医将一块块人体综合起来进行整体研究就不是科学。

民族文化并不是某一个民族某一段时期的文化综合,因为在某一特定时期内,该民族所呈现的文化可能是其民族所固有的文化,也可能是其固有文化与外来文化的混合。毋庸置疑,近现代世界社会经济的发展已经拉近了国家与国家、民族与民族之间的距离,曾经纯粹的固有民族文化也已经不再那么纯粹。研究日本的民族文化,仅仅研究其民族固有的文化现象,如文艺作品或工艺作品等是不够的,简单地把日本国内现存的文化现象(无论是固有的还是混合的)进行单向叠加或者交叉叠加也是不科学的。一个民族的文化,是这个民族在历史发展过程中产生的独特文化因子作用下的综合展示,在这些独特文化因子共同作用下产生的各种社会现象,也包括特有的社会组织结构,特有的社会组织结构长期培育出来的人养成了独特的民族风俗与习惯,独特的民族风俗习惯又培育着一代代人逐渐养成独特的思维定式,独特的思维定式又创造出极富民族色彩的文艺、工艺等表象艺术作品。这一过程,无论在哪个国家或历史悠久的民族,都是如此并继续如此演绎着。因此,从社会运行的基础组织、从基础组织

---

① 马克思,恩格斯.马克思恩格斯选集[M].第 3 卷.北京:人民出版社,1995:776.

的运行规则入手,也许能够加深对日本民族文化主要内涵的理解,因为这些基础组织、基本的制度、基本的机制,其本身也是民族文化的组成部分。宽泛一点说,它们才是组装日本民族文化的"生产线"。

应该说,国内有不少研究者已经开始注意这个问题,并进行了一些十分有意义的研究,使我们对日本的社会制度、社会组织、民族习惯、社会活动等各方面有了较为深入的了解。日本国内也有一些学者在这方面做了很有价值的研究。著名历史学家尾藤正英在2010年出版的《日本文化的历史》一书前言中就明确指出:"现在,日本文化正受到人们的关注……这里所说的文化,不是指各种各样的文化遗产以及文化现象本身,虽然也包括那些遗产的和现象的因素,但主要是指对在历史上形成的日本人的生活以及思考方式的整体,特别是对在其中体现出来的民族个性或者特性给予关注、加以思考的概念。"①的确,研究日本民族文化,不仅要着眼于"日本人的生活以及思考方式的整体",更重要的是从日本社会构造的基础入手,最终抓住其"民族个性或者特性"。

2007年出版的《中外管理与泛家族规则的思考》一书,也是从生活的基础——家庭和家族规则入手,提出了家族规则泛社会化的"泛家族规则"概念。并进一步指出目前的社会生活中,无论东西方,无论企业、政界还是社会组织运行,虽然程度上有所不同,但都广泛存在着八种泛家族规则:第一,亚血缘的继承规则;第二,泛家族式的权威规则;第三,自上而下的组织规则;第四,泛血缘关系的界限规则;第五,乖乖听话式的用人规则;第六,无处不在的等级制规则;第七,自我扩张的垄断规则;第八,竭尽所能的暗箱操作规则。②该书作者揭示的这些规则并非世俗所谓的潜规则,它们中有些是登堂入室的制度,有些是约定俗成的,或者可称为不是规定的规定。这些规则也是文化,并且常常是支配和影响其他文化产生与发展的文化。

《中外管理与泛家族规则的思考》是研究管理学的,但对研究日本民族文化很有借鉴意义。它至少提出了一个全新的研究视角,即从整体上研究日本民族文化应该从何处入手。同时该书也指出了由泛家族规则产生出来的八种文化现象,即领袖文化、忠诚文化、平衡文化、稳定文化、秩序文化、控制文化、官本位文化和谦虚文化。结合前人对日本文化的研究,不难发现这些文化现象大多在日本不同程度地存在着,并且至今发挥着很大的作用,支配和影响着其他文化的表现形式。它们是日本各种文化现象背后的文化,本身也构成了日本民族文

---

① 尾藤正英.日本文化的历史[M].彭曦,译.南京:南京大学出版社,2010:前言.
② 潘茂群.中外管理与泛家族规则的思考[M].北京:经济管理出版社,2007:182-204.

化重要内容之组成部分。当然,日本不同于中国大陆,日本的泛家族规则也肯定不同于中国大陆的,除了程度上存在不同,内容上也存在差异。同样,日本泛家族文化的表现形式与中国大陆或其他国家的也肯定不一样,甚至有很大的差异。所谓失之毫厘,差之千里。本书将在第三章专门对日本的泛家族规则和泛家族文化加以研究,由此在以后的各章中展开对日本社会和民族文化的深层次探索研究,从而得出一些与以往认识有所不同的看法和结论。

第三节 "日本民族文化"与"日本文明"

前文所述,旨在明确日本文化的概念并不等同于日本民族文化,日本民族文化的表现形式也不能代表日本民族文化的全貌,其巨大的内核有待于进一步去探讨。

在这里,不能不先说说另一个问题:日本民族文化并不能等同于日本文明。

1996年,塞缪尔·亨廷顿在《文明的冲突与世界秩序的重建》一书中将日本文明列为世界几大文明之一。一时间,日本人欣喜若狂,一些中国学者也认为言之有理。

亨廷顿把日本文明独立于世界各文明之外,是因为他认为"日本、中国、印度、穆斯林和非洲文明在宗教、社会结构、体制和普遍价值观方面几乎没有共同之处"[①],自然上述这些文明也不同于西方文明。亨廷顿以他自己的方式理解日本,本文无意妄评他的研究。但显然,亨适顿在研究过程中,特别关注到日本民族有自己独特的社会运行机制和社会组织方式,有独特的宗教信仰,有独特的审美观念及表达方式,有独特的历史传承和民俗习惯,这些"独特"令他印象深刻。不过,这些"独特"只构成民族文化,并不能构成文明的全部要件。

一种文明,除了要有上述"独特"的内容之外,还必须具备另外三大要件。第一,要有原创的思想理论体系并在广泛领域影响深远,日本没有。第二,要有依据其原创思想理论而制定的人类行为规范,即社会道德体系的约定和社会法律体系的实施,日本没有。第三,要有依据上述两条所制定的原创的国家(或部落)制度,日本没有。不要说中华文明和印度文明对日本的影响,也不论大陆法系和海洋法系在日本的运用,就是日本二战时的法西斯军国制度,直至军国时期组织民众游行的基本规则,也是照搬德国的。在这三大文明要件中,从历史

---

① 塞缪尔·亨廷顿.文明的冲突与世界秩序的重建[M].周琪,等,译.北京:新华出版社,1998:13.

到现今,日本只有改良,而无原创,因此称其为文明实在勉强,更难以与世界其他文明相比肩。

诚然,东西方文明在日本的组合令日本民族文化产生了独有的成就与特色,但东西方文明在日本岛国泛家族泛社会化的吸收,是经历了历时漫长而多次的杂糅组合,才形成了日本今天特色鲜明的各种文化表现,才有了其民族文化的成就与特色。即便是这个岛国家族规则泛社会化的海岛型家文化,也同样深受中华文明的影响,其家族文化的泛社会化与中国大陆、中华儒文化圈的国家和民族也是大同小异。真正留给日本民族的文明原创,即便在泛家族规则内部,也是非常有限的。因此,要说日本在杂糅组合世界文明上创造出独树一帜的日本民族文化,这一点已经得到了世界公认,当然也就无可厚非,但缺少上述三大要件却硬要把它塞进世界几大文明之列,无论如何还是有些牵强。就如同一个人在别人建造的多层塔上加建了一层自己风格的塔顶,形状的确变了,特色也的确有了,但并不能就此宣称自己是整个塔的创造者。日本国内有人这样做还可以理解,作为研究国际关系的知名学者亨廷顿也如此认同,这只能说明他太多关注于日本民族的独特之处,却忽视了一点,即独特并不代表着独创。顺便说一句,文明并不必然导致冲突,导致冲突的是一种文明企图凌驾于别的文明之上,或者要取而代之。这就如同枪支并不会犯罪,犯罪的是违法扣动扳机的人。亨廷顿的《文明的冲突与世界秩序的重建》一书在中国出版连英文原书名都印错了(图1-1),这点很令人同情,但他的英文书名所表达的这种观点还是令人无法苟同。

图1-1 "CLASH"的"L"错印成了"I"

当然,说到日本民族文化中缺乏原创性思想,主要是指迄今为止的过去。我们同样有理由大胆预言这个民族文化的未来。未来的日本民族如果不走向战争,在当今信息技术和国际化条件下,其鲜明、高效的民族文化,将促使其在不远的将来,成为继美国之后的世界第二大原创国。2005年3月起,日本经济产业省与新能源产业技术综合开发机构联合制定发布日本战略技术路线图。这个路线图已经成为日本政府引导重大产业技术布局和投资的重要技术战略文件,具有很强的前瞻性,因而在日本被形象地称为"鹰眼路线图",聚焦的技术主要包括信息通信、纳米技术、系统和新型制造业、生物技术、环境、能源、软实力、战略融合 8 大类共 30 个技术领域。① 这显示出日本与美国一争高下的雄心。其实,顶尖技术的累积与原始创新原本就只差半步距离。日本为什么会如此,正是本书后面将要一步步论述和展示的内容。

---

① 施雯,等."鹰眼":洞察未来的技术走向[J].新华文摘,2013(19):142.

第二章 日本家族与社会联合体的构造

研究日本的民族文化，有必要从研究日本民族文化产生的社会基础入手。在考古学和历史学方面，对于今天的日本社会制度与社会基础是如何从远古一代代演化而来，应该说研究已经非常丰富。在此基础上，对于日本民族文化的社会基础研究，有必要进一步拓展到其他领域，比如前人较少涉猎的日本古代社会学领域的研究，尤其是研究日本社会的基础细胞，研究日本的家庭、家族起源，以及在家族发展的基础上，家族规则如何泛社会化，并进而影响到日本社会组织的发展和国家组合与结构的历史，从而形成了今日的日本民族文化。

第一节 日本漫长的母系社会对社会发展的影响远超大陆地区

据日本对绳文时代的考古发现，从草创期到晚期都有大量女性特征陶偶出土，这些女陶偶，大多有丰乳，却不注重面部刻画，而专注于性征。这是原始的生殖崇拜，也是母系社会的证据之一。大量的考古已经证实，在绳文晚期，也就是公元前400年前，已经出现群聚部落的日本依然处于母系为主导的社会。这些遗址中出土的陶器用品、饰物、渔猎工具等，都与大陆母系社会遗址中出土的物品相当，绳文时代的日本处于母系社会这一点争议不大。从当时的遗址发现了女性性器官突出的土偶，当然也有象征男性生殖器的石棒物品出土（目前还没有发现陶棒）

图2-1 橿原遗址出土（奈良县立橿原考古学研究所收藏）

（图2-1）。这也就不难理解，公元7世纪时，圣德太子组织编写《古事记》，为什么根据民间神话和传说，选择女性的天照大神（图2-2）为日本皇室祖先。相传伊邪那岐和伊邪那美男女二神，奉天神赦令，从天而降。男神奉献阳具给女神,二神尽情享受性快乐,于是生下日本诸岛,山川草木等八百万神,生下支配诸岛和天地万物的太阳女神即天照大神。中华神话传说中的女娲补天造人,公元前5000多年前红山文化中的孕妇塑像等,其实都是漫长的母系社会留传下来并被神化了的远古记忆和民间信仰。在日本,伊邪那岐和伊邪那美这男女两神的性爱结合,被称为"神婚",从此相传,日本的神可以泰然地享受爱与性的快乐,不存在基于宗教原因的性禁忌。日本至今仍有人抬着神的性器官象征物当街游行、众多女人围绕一个大型阳具模型进行性祭祀的传统。

图2-2　日本天照大神图像

古代社会学关注的重点之一,也是本书关注的基础之一,就是日本古代社会的构成基础,即母系社会的日本群聚部落里的家庭组合和由家庭组合的社会载体。尽管还缺乏更多的考古佐证,但在已有的日本考古中,已经形成的几个结论对本书的研究至关重要。

第一,大约在第四纪冰川末期,日本便逐渐孤悬海外。此前,通过大陆桥踏上列岛的原住民已经具有大陆母系社会的全部特征,以聚集村落的形式共同生活,开始形成部落。古遗址中除了一些海边村落,有相当部分村落分布在日本内陆山区盆地之中逐水而居,甚至生活在河川边的高台区域,这与大陆母系社会的生活习惯相同。内陆和沿海自然食物丰富,但自然灾害也频繁,使得原住民祈求人口增加、家族旺盛,故而生殖崇拜与母系社会都远比大陆要漫长,对女性的尊崇时间要远远长于对女性的贬抑时间。

第二,家族以女性为中心。因为当时女性采集的食物远多于男性渔猎的食物,并且稳定、持续,聚落群遗址中经常发现的巨大贝冢便是证明。男性的主要任务是外出捕猎和守卫。这些与大陆母系社会并无不同。

第三,聚落群共同生活,集体议事,共同分配财物。这一点在大陆母系遗址和日本绳文时期遗址发现的中心"议事"建筑遗迹得到印证,尤以三内丸山遗址中的长32米、宽9.8米的大型建筑为代表。该建筑应该是当时青森县原住民分配一年收获的场所,同时也可能是当时人们在漫长的冬季共同抵御严寒的一种生活方式。

第四,男性处于附属地位,曾经采取走婚制,子女随母亲生活。这种现象是历史上母系社会典型特征之一。据说至今中国云南纳西族依然保有这样的家族制度。日本母系社会中也存在同样的社会安排,这一点在日本考古界没有争议。日本民间传说如京都府最古老的传说"宇治桥姬与离宫八幡神的故事",所折射出来的也正是远古时期日本存在着走婚制的社会现实。①

关注和分析这一时期的日本社会群聚特征,主要是关注日本母系社会的跨度远较其他国度或民族的历史更为漫长。因为母系社会的漫长,母系社会各种特征在岛国特定的环境内对日本社会特别是对日本家庭的发展影响极为深远。

第二节 日本民族文化第一次大融合的开启阶段（弥生时代）

公元前400年前后,渡来人踏上岛国,带来了铜铁器具、陶器和农耕技术,也带来了杀伐掠夺的理念,开启了弥生时代。弥生时期跨度约600年,是日本历史发展最重要的时期之一,因为渡来人带来的文化与原住民的原始文化,开始了日本历史上第一次文化大融合。人们都知道渡来人为日本带去了稻作文化,形成了部落集群的社会组织生活方式,然而人们常常忽略了渡来人带去的另一个巨大的文化推动作用,他们把大陆父系社会强势嫁接在原住民的母系社会之上,并创造性地与当地母系社会相结合,发展成日本独特的"双系氏族"这一社会组织构造。

日本渡来人不同于登陆北美的欧洲人。那些欧洲人采用欺骗和杀戮的方式,强行将西方社会组织方式推行到北美大陆。而日本渡来人自登陆之时起,就与日本列岛上的原住民和平共处,互相融合,共谋发展。这里所说的"强势嫁接",主要是指渡来人带来的稻作、陶器、冶炼等先进技术,在开始阶段（弥生时期）其劳作方式的改进和巨大的收益,相对原住民拥有无可争议的强势,原住民无从反对而迅速在日本列岛推广。但同时,渡来人带来的大陆父系社会组织方式,特别是家庭、家族生活方式,却遭遇了原住民母系社会组织方式的"软抵抗"。抵抗的结果没有出现一方吞并另一方的结局,也没有出现以肉体消灭方式而发动的战争,而是出现了两系社会组织方式并存嫁接的社会现象。历史学家尾藤正英在他新近推出的著作《日本文化的历史》中,比较详细地从后来社会

---

① 茂吕美耶.传说日本[M].桂林:广西师范大学出版社,2007:92.

发展的多个方面推论出日本出现的双系氏族起源于弥生时代,这里就不再赘述。目前虽没有文字材料证明这种嫁接并存是契合式还是强压弱的吸收式,但可以肯定的是没有采取北美出现的杀戮灭绝方式。出现这样的结果,一个非常重要的原因是嫁接的时间过于短暂,毕竟只有区区几百年时间,而不像大陆地区经过漫长几千年时间的逐步发展。尾藤正英教授也指出:"在世界其他地区,进入农耕文化时代却未形成国家的时期相当长,而在日本,农耕文化的出现比其他地区要迟得多,在短短六百年的弥生时代之后,就进入了快速形成国家的时代,这一点值得关注。"①但无论怎么说,父系社会从弥生时代开始,逐步融合母系社会而成为日本列岛上的主体形态,完全可称之为"强势嫁接"。这一结论非常重要,对日本后世的社会发展和民族思维影响巨大,人们期待着日本考古在这方面有进一步推进的材料。

　　当然,这种没有杀戮的强势嫁接并不能说明渡来人的善良与和平,也不等于完全没有杀戮。渡来人大多是为逃避大陆战乱而冒险渡海到日本的,厌恶战乱是他们的一个自然反应。更主要的是,对于渡来人而言,当时的岛国与大陆区别并不太大,人口密度并不高,陆上生产为主,渔猎为辅,加之渡来人多为整个家族甚至整个部落的迁居,没有必要通过战争形式来夺取生存空间。渡来人采取与原住民和平共处的方式进行嫁接,父系社会没有全面接替岛上的母系社会,而是出现了双系氏族的复合体,除了磨合时间短暂之外,还有以下历史社会层面的原因。

　　第一,宗教信仰中女性的地位不容忽视。早先的生殖崇拜产生原始女性信仰,早先的生活方式也依赖于女性的采摘,族群的粮食归女性掌管和分配,这些都是原始女神产生的社会基础。天照大神的信仰应该也是源于那个时期。7世纪成书的"记纪"②中的神代部分,大多为女性天皇执政,反映出其古代属母系社会的强烈信号,所谓"女天皇"们很可能就是那时各部落里尊奉的已经神话化的远古传说。这种原始宗教信仰与渡来人的早先信仰在某种程度上是相通的,因而在渡来人登上这个多灾的岛国时,很容易成为其共同敬畏的信仰。

　　第二,内部维持生活的需要不能降低女性在部落中的作用。日本多灾的自然条件,客观上使得族群食物供应仅靠种植并不能年年保证,一场台风、一次火山喷发、一场泥石流等自然灾难,都有可能让辛苦耕作的稻田颗粒无收。族群的生活还必须依靠一部分采集和捕捞,事实上在渡来人上岛后的部落群居遗址

---

① 尾藤正英.日本文化的历史[M].彭曦,译.南京:南京大学出版社,2010:7.
② "记纪":日本历史书籍《古事记》和《日本书纪》的总称。取《古事记》的"记"和《日本书纪》的"纪"合称为"记纪"。

中也发现,在海边、河边的各种采集和捕捞一天也没有停止过,其中女性及其孩子在这方面的知识和力量不容小觑。

第三,岛国人丁短缺,部族安全必须联合母系家族。渡来人带去的父系家族结成的部落如果缺少母系一方家族力量的支持,就不可能在竞争中保护自己或攻克其他村落。渡来人带去的大陆父系思想并不是系统性传播的,在上岛的初期对原住民的宗教信仰和现实生活不可能构成支撑性约束。在岛国部落族群中被母系家族一方夺取部落实际掌控权的事,不仅经常发生,而且依旧是顺理成章、天经地义的。第一次在正史中有记载的日本小国(实际应该是部落联盟)邪马台,便是女王卑弥呼执政。富士山最后一次喷发是1701年,有历史记载的最早一次是781年。可以想见,在那之前,富士山没有现在的3776米这么高,也没有成为民众心目中的日本国家民族的象征。那时民众心目中的圣山,就坐落在富士山旁边,叫作筑波山,有两个主峰,一个是男体山,高871米,一个是女体山,高877米,女体山竟比男体山高出6米。这肯定不是现实中男女身高的比例。这种命名只能说明在当初经过渡来人带来的父系氏族"强势嫁接"之后的现实社会中,男女地位还存在差异,母系家族地位略高于父系家族。

第四,家庭之间的依赖关系不以一姓血缘为基础,而以共同利益为基础。母系社会子女随母亲生活,只是到了弥生时期才改为以父系为中心,日本原住民开始淡化母系血缘继承制的特征,而保留了母系社会最重要的特征,即财物公有。母系社会财物的分配由公推出来的女性族长来主持,因为母系社会漫长,"公"的概念在部族全体成员心目中已经根深蒂固。渡来人在短期内不可能也没必要抹去他们的记忆,相反可以坐享其成,因为这一概念与大陆早先的"天下为公"理想有相合之处。在那个时代,部落、部落联盟乃至小藩国无论是父系占上风或是母系占上风,都只是社会发展过程中的暂时现象,其基本社会制度大同小异。这便带来了日本古代先民社会组织的另一个鲜明特点:家族关系不仅以父系社会为纽带,同时也包括母系社会的纽带,母系家族同样是部落内的重要成员,甚至可以成为主导成员。这一点对于人们认识和理解日本古代家族非常重要。从早先而来的"公"的概念在日本家族中从未消失,这是形成现代社会日本民族极其重视集团精神的本源之一。至今,日本家庭中女性的地位表面上看较男性低下,男主外,女主内,但实际上,男子挣到的钱一般都交给主妇,家庭的经济大权一直由女性掌握,处在"公"的状态,应该说还是这种历史传统的遗存。

这些因素决定了在大陆文化与列岛原住民文化开始融合的初期,日本在现实发展的道路上并没有全盘接受大陆父系社会,而是出现了被尾藤正英教授称为"双系氏族"的社会组合。我们同意日本历史上存在着双系氏族这一判断,但在双系氏族产生的原因分析上则有自己的上述观点。

双系氏族是日本民族在弥生时代演化过程中出现的与众不同的家族组合,构成了远古日本最大的社会特征。在登吕遗址(弥生后期)中存在着高架仓库,主要用于储藏稻穗,无论是共用还是家庭私用,都说明那里实行的依然是大陆母系社会通存的谷物收储利用制度——由女性主宰的家庭制度。而遗址中大面积水田的开发,恰恰又是父系社会已经并存的最好注脚,因为仅靠女性是无法进行如此规模的农耕的。从考古遗址中掘立柱式建筑(图2-3)所占面积来计,那里除了有部族议事、楼顶守夜瞭望的功能外,还可用于存放公共财物或未分配的物资,并在二层上面用于祭祀。① 它之所以不同于原来的高架仓库,就在于父系社会与母系社会嫁接后,经过磨合逐渐出现男性主导对外开拓、女性主导内部管理的局面,从而导致更多

图2-3 唐古·键遗址掘立柱建筑的复原物
(图片来源:奈良县立橿原考古学研究所)

的剩余物资尚未被男性族长或女性族长所侵占,也就是说公有制还保持着相当的份额。这一点在差不多同时代的吉野里遗址中也得到印证,那里出现了多个公用的高架仓库和家庭内部地穴式储物坑,还出现了专门祭祀的建筑。

更为重要的是,这种双系氏族的社会组合,在日本历史上经历了漫长的发展时期,对日本民族的内心世界产生了极大影响。这种社会组织一直在日本社会最底层保持着某种基本形态或变相的存在,产生着日本社会最基本的组织特色。

一是婚姻关系更固定,男女双方血缘纽带开始形成,大家族中的小家庭不断繁衍兴旺,成为社会最基本的细胞。但血缘关系并未形成大陆文化中的血统论,倒插门、过继子、婚外情等并未遭到严格排斥。男女之间不设大防,混浴便是例证。

---

① 陕西历史博物馆.日本考古展[M].西安:陕西出版集团三秦出版社,2011:63.

二是男性在部落群聚议事中话语权逐渐变大,因为他们主导的种植收获越来越多,特别是对外战争带来的收获常常为勇士私分,因为部落并不依靠掠获所得,家族私有的概念开始出现。但通常情况下,部落依然由女性族长掌握。子女依然与母亲生活在一起,部落的基本制度如公共财产归集与分配等得以以传统的形式保留并固化,直接导致部落子女在成长过程中集团意识的生成与固化。

三是家族联合关系开始形成。双系氏族的一个直接后果,便是日本原始村落的形成与众不同。从原始的集居形成村落,除了家族的人口增长外,还依靠四个来源:母系家族的成员、父系家族的成员、迫于生计甘愿做下人的投靠者、俘虏。为了扩大人口数量,同姓人只要不同母便可以通婚,天皇家族亦是如此。以婚姻纽带组织部落,这一点世界各地大同小异。日本的特殊在于不同姓的家族也可以结成一个氏族,最后成为同一个部落,以便在对外掠夺中分取更大的份额,或者保护自己不受外族的侵略。

考古发现,唐古·键遗址在弥生时代早期是三个独立拥有外壕的部落,后来这三个部落形成了囊括三个部落在内的一个更大外壕,成为日本历史上已发现的最大部落群居区(图2-4)。希望今后通过考古能够进一步发现这三个部落

图2-4 唐古·键遗址外环壕复原图(奈良唐古·键考古学博物馆官网图)

在成为一个部落联盟后是如何运转的,尽管现在这方面证据还很少。除了人口稀少、无空间可逃外,频繁的部落战争迫使日本原始部落一部分相对处于弱势的部族不得不去依附于强盛的部族,唐古·键的部族是否因此形成一个部落氏族虽然目前尚无直接的资料可证实,但从三个外壕归并为一个外壕来判断,肯定已经超出父母双系,而存在着第三族系的依附。这种第三族系的归附,是古坟时代"大宅"出现的重要基础,其组合方式现在虽然不得而知,但从后世的发

展结果来推断,这种依附是部落联合体出现的源头,意义十分重大。在处理俘房等奴隶方面,因为岛国的人口资源需求,此时就已经有了归降者依附战胜者的惯例,但是否已经开始形成这种氏族发展的制度,还有待新的考古发现证实。

第三节　日本民族文化第一次大融合的确立阶段
（古坟时代—飞鸟时代）

父系社会与母系社会共同构筑的双系氏族如果持续下去,日本极可能发展成世界上的另一种文明。可惜,历史不能假设。日本从古坟时代开始进入阶级社会,在公元300年至公元710年（飞鸟时代结束）这一期间,日本国为了建立巩固的中央政权,借助于先进的大陆文化。圣德太子当政之后,开始了大陆文化有意识、有组织、正规化的全面移植,与列岛原住民的社会和精神融会组合,开始了第一次文化大融合。大陆文化全面占据上风,强势建立以中华文明为主导、印度文明为辅助的社会制度与运行规则,以及与之相关联的各类思想与技艺。比如在上层建筑领域,全面吸收大陆政权架构,建立以天皇为中心的官僚体系;积极导入大陆法律体系,强势约束民众行为,直到规范村民邻居的关系;努力建构大陆文化教育体系,无论是中华官学、私学教育还是佛家教育,在思想道德层面和文化水平上,都对日本社会的发展和民族思维能力的提升做出过重要贡献;礼仪与行为规范伴随大陆宫廷礼仪和文化艺术作品一同熏陶着日本民众,人们自觉或不自觉地将大陆文化的厚重、粗犷、顽固、守旧、精致、创新等特点,与原来自身的原始文化包括海洋文化因子进行结合。融合也罢,捏合也罢,经过一番此消彼长,日本人从此有了真正意义上的自己的国家,并在社会组织层面上确立了父系制度取代母系制度的形态,有了一整套齐家治国平天下的社会各项制度,开始形成自己的民族文化。当然,他们在全盘吸收中华文明的同时,必然吸收中国的泛家族规则,因为中华礼教的很多内容都出自家族规则的泛社会化。他们在漫长的岁月里逐步形成了日本民众自身独特的泛家族规则和相应的泛家族文化。

第一,剩余产品的出现,导致部落群中的分配关系发生改变。稻作、铜铁器的使用,使弥生时代的生产力有了很大的提高。古坟时代以后,居住集群中,出现了占主导地位的家族，那便是所谓"大宅（oyake）"①。目前尚没有证据表明"大宅"是靠侵占原本公有的部分收获而发展起来的，但"大宅"凭借其在部落中的地位，比如祭祀、尊长、活动统领等，或者凭借本家族的智慧、技能和人力（男丁多），从而收获比别家更多的产品，这是其得以产生的经济基础。"大宅"支配部落的公有物资或人力，以达成部落共同的愿望，比如兴修农田水利以共同获利、修建宽大外壕或城墙以御敌、修建巨大的坟墓以祭祀神灵等，则毫无疑问是"大宅"行为。在公共行为的同时，大宅私产获得更大的利益，部落里"公"的概念虽然仍是共同遵守的准则，但已经不能限制私家的财产积累。"大宅"以及后来出现的领主、藩主、公侯等，都是以管理一定范围的公共财产而顶上"公家"的名义，为他们提供无偿服务便成了"奉公"。天皇制出现后，天皇、院等执政家族不满足只替公家执掌公产，大量蓄有私产，便是这一"大宅"行为的惯性。

第二，等级制的出现，彻底改变了日本社会的组织结构。"大宅"的出现，不仅带来了巨大的古坟，借助古坟还可以看到居住集群内部家族关系的改变，那就是由弥生时代的联合关系改变为依附关系。一般弱小的家族开始依附于"大宅"，从听其号令，追随其行动开始，在等级制的驱动下，最终发展成臣仆，结成了首领与附属的关系，直接影响到后世"王臣一体""公忠一体"的社会结构。"大宅"与"大宅"一起，率领着各自的部族，臣服或依附于更大的"大宅"，便出现了诸如"邪马台国女王卑弥呼"。她派人去见魏帝，便有了"亲魏女王"的称号。现代人们忽略的一点是，当时中国赐号的人也许清楚，日本可能还有"亲吴女王"或"亲百济女王"。这些王族拥戴的大宅，便是后来的天皇了。而这些王族也因其实力而成了在朝廷中分一杯羹的各种豪族姓氏。这符合世界上大多数文明进化史的演进过程。所以，古日本的氏，不一定是封号，当然也不同于中国单一血缘关系的氏，而是指共同居住在一起、拥有共同利益、结成部族关系的"大宅"一系，如苏我氏、服部氏、物部氏等。这与中国氏族过渡期黄帝时出现熊氏、姬氏等八大部落拥戴者没什么不同，区别只在于豪强部落的内部构成略有不同。缠向遗址（图2-5）所显示的规模，应该是进入小国——"王"的层次。那里应该就是《魏书》上所记载的邪马台的国都所在地，这也与缠向村周围存在诸多巨大古坟相一致，与魏书记载的倭国情形大体吻合，同时也可以解释为何缠向都城在4世纪突然消失——因为该都城已经臣服于更强大的天皇级"大宅"，其王已经不再需要这个城，率领主要臣民依附于天皇的都城去了。

① 尾藤正英.日本文化的历史[M].彭曦，译.南京：南京大学出版社，2010：17."基于地缘的团体便是yake（宅、家），其中大规模的便是oyake（大宅），即地方上豪族的住宅。"

尾藤正英教授指出日本国家建立时，"这种国家的共同体性质，一方面以'氏'即豪族自身的地区共同体性质为基础，另一方面也由'氏'和'氏'、'氏'和国家之间的协作关系所支撑"①。的确，笔者赞成藤尾教授的这个判断，同时认为：一是按照社会进化的一般速度，也只有在7世纪前，日本社会才最后完成了家族、部落、联盟（小国如邪马台等）向国家的过渡，出现了一个"共主"，那就是天皇。二是日本国家的出现，源自家族共同体的发展，天皇就是日本最大的"大宅"。所以，当时的日本国中央政府应该是最大的联合体。这不同于中国由一姓家族发展起来的中央政府很快走向

图 2-5　缠向遗址（上部为前方后圆古坟）

一姓统治。三是豪族对中央政府的臣服并不是家族共同体的依附制，而是出于共同利益的需要。豪族可以控制中央，母系家族也可以控制中央，轮流执政，很是热闹。但家族内部是依附关系，家臣一般很难控制本主，当然也有例外。在这其中，"大宅"统领家族依附关系的出现在日本民族发展史上极为重要，后世政治上的主从关系、思想上的忠诚文化、武士道的产生等一系列日本特色文化，皆源于此。本书将在后面的篇章中专门论述。

第三，日本父系社会取代母系社会，是靠强权推动而不是自然发展的，直接推动了等级制的强化。圣德太子在公元645年启动全面吸收中华文明的改革，并非因为母系掌权阻碍了社会的发展，而是在社会管理上，迫切需要在国家宏观层面把中央政权置于一个安稳的社会基础上，放在一个"奉天承运"、文化先进的道德高台之上。各家族联合执政的局面总归需要一种先进的文化来协调各部族之间的关系，而海洋的西边就有现成的、已被实践证明是繁荣灿烂的文明。这种文明，完全可以解决日本当时面临的各种社会矛盾。比如，在"宪法"十七条中列"以和为贵"为第一条，就是为了解决中央政权平衡协调各豪族之间矛盾纠纷而确立的原则，同时这一原则的另一重要指向就是作为指导各氏族协调解决内部的男系与女系、大宅与仆从各家族之间矛盾纠纷的原则。人们常常忽略了一点，那就是在这一条中，接着"以和为贵"的还有一句"无忤为宗"，这

① 尾藤正英.日本文化的历史[M].彭曦,译.南京：南京大学出版社,2010:21.

就确立了另一基本原则,即等级制。上下尊卑,主从长幼,从此列为国家法律。当然,在当时,法律与实际操作之间存在着巨大的鸿沟,圣德太子逝世后又经过了200多年的漫长岁月,日本社会才真正进入男权社会,法律才得到真正的实行。女天皇到了9世纪之后才越来越少。但在社会生活中,随着等级制越来越发展,越来越森严,日本母系社会的影响逐步退缩回到家庭内部。毫无疑问,等级制的强制推行,最终彻底中断了日本双系氏族的发展,虽然没有完全阻滞母系社会文化的传承,但双系共存的社会组合——无论是社会组织还是家族——逐步演化为父系社会占绝对主导地位,这是不争的事实。应该说,等级制这种大规模的强制引进,符合日本家族发展和国家发展的现实需要。

第四,母系社会的影响并不因为双系氏族的被废止而在民间中止。双系氏族长期存在,母系文化的影响持续深远,从圣德太子以降,直到公元858年9岁的清和天皇继位,日本天皇才最终结束了皇族男女都可任天皇的传统;而直到15世纪末,随着"五摄家"摄政结束,日本才真正过渡到完全意义上的父系社会。在这期间,在中国所谓"外戚"掌权,或者"牝鸡司晨"等被认为不正常的政治行为,在日本则被认为是天经地义、没什么不正常的。期间还经历过摄关与院正交替掌权的局面,也反映出日本母系社会在社会上仍然存在着巨大影响。姓氏在中国是家族的第一称谓,多数日本家族却只有氏没有姓,直到明治维新才做出必须有姓氏的全国统一要求。根本的原因就在于双系氏族在家族内部组合的实质,没办法确定哪一边家族为主,也就没办法确立为姓。男人掌权还是女人掌权,有无姓氏,这些都不是重点,重点是要关注这些现象背后的家族关系,关注在严酷的政治斗争和社会争斗中,家族内部不同成员之间是如何一步一步从最初的联合关系转为依附关系,又如何在等级制的驱使下发展成主从关系,从而确立主公与家臣关系的。

第五,家族规则和文化出现了泛社会化的运用。如前所述,日本的"家族拥有家业和家产,不完全是血缘集团,而是包括养子以及徒弟在内的协作组织"①。而养子、徒弟等正是后来所谓御家人、家仆等武士集团的前身。因此,维系家族的文化不能仅靠血缘,而必须在家族内部建立以"信"和"行"为核心内容的主从文化,当时广为传播的儒、释、神道等文化也为家族文化的泛社会化提供了充足的论据和养分。在统治诸多家族和战争的双重需要的驱使下,天皇家族和各主要豪门家族完成了三大任务。一是加速了专职的武士集团的培养,并逐步发展成武士道文化。二是加速了家族规则在社会各个领域的广泛运用。说当时

---

① 尾藤正英.日本文化的历史[M].彭曦,译.南京:南京大学出版社,2010:50.

的日本列岛是由一个个大大小小的"家天下"组成的,一点都不为过。"这样的'家族'的形成,不只限于天皇以及藤原氏,而是这个时代的社会普遍现象。"①三是由名门望族等实力集团组成的中央政府,法律上或名义上已经完成父系社会的建构,但在实际运行中,并不同于大陆政权的由一姓执掌终身,而实质上是一个联合政府,天皇家族强盛时由天皇执掌大权,外戚强大时由外戚专政,武家强盛时武家另立中央,说到底还是由于双系氏族的历史影响。也正因为有此传统,在日本后世才会出现在他国难得一见的漫长的军人幕府政治。

第四节　日本民族第一次文化大融合中的海洋文化因子

论及日本列岛第一次文化大融合,通常都是指大陆文化被全面引进日本列岛,与本岛文化进行融合。其实,严格意义上说,第一次文化大融合,是大陆中华文化、印度文化与日本双系社会及其海洋文化因子的融合。弥生时期,渡来人带来了大陆稻作生产方式,突破了日本原住民原始渔猎采集的生活方式,开启了全新的日本经济与生活方式,形成了稻作文化,成为弥生时代最重要的标志之一。也是从弥生时代开始,渡来人还带来了另一个重要的技术,那就是造船术,造船术加速了日本民族开拓海洋的能力,加速形成了日本民族自身的海洋属性。在弥生时期已经开始形成日本民族海洋文化的因子,只不过相对于大陆文化和岛国的母系文化太过弱小,常常被人忽略。然而,这种忽略对于日本民族文化的研究是致命的缺陷。

第一,弥生渡来人大多是原本生活在东亚大陆海边的家族,因为战争等变故,集体逃亡到日本。现在关于弥生人是中国南方人还是北方人的争论一直在持续着,并无定论。这里可以先抛开到底是大陆南方人还是北方人的争论,而专注于研究当时的交通能力。渡来人无论从哪个方向,都要跨越相当远的海程,最终能够成功地渡海登岛,这本身就说明他们都具有在海边长期生活的经验,有着丰富的海洋知识。

第二,弥生渡来人带来了先进的船舶技术。无论从中国南方还是北方出海,能够航行到日本,都需要相当规模的船只。其时,中国南北都具有建造这样船只的能力。春秋末期的公元前485年,按推算大约为渡来人开始东渡日本的早期,吴国、齐国发生过琅琊台大海战,那是中国最早的海战记录。吴国水师能

---

① 尾藤正英.日本文化的历史[M].彭曦,译.南京:南京大学出版社,2010:50.

够发动海上千里奔袭,说明已经拥有近海抗风浪远航的能力。而齐国水师能够出海迎战并战而胜之,同样证明了北方造船的水平和能力。两年后更有一次不大被人注意的海上远航,那便是越国人趁吴王夫差北上称霸时,派战船搭载军队渡海入淮,截断北上吴军的南下退路,同时派军队直捣吴国首都姑苏(今苏州),一举灭吴。这两次大规模运送军队的事实,足以说明当时的海船运输能力和航海经验,已经不仅仅限于一国或一军了。其后,《史记·秦始皇本纪》记载,秦始皇统

图2-6 清水风遗址出土的陶片上多桨大船图案
(奈良县立橿原考古学研究所收藏)

一中国之后,于公元前219年起曾去琅琊郡巡幸3次,有两次与徐福起航东渡密切相关,因为徐福两次东渡出海的庞大船队就在这里集结起航。更可证明的是,奈良弥生时期出土的陶器上画有大型多桨船的图案(图2-6),与大陆复原的吴齐战船惊人地相似。弥生人带去的铁、铜的冶炼材料和使用技术,同样可以帮助弥生人建造大型船舶,从而加快了弥生人对近海海洋的探索。可以想知,当时的弥生人能够将这样的船刻画在陶器上,一如将掘立柱建筑刻画在陶器上一样,显示出他们对海洋的敬畏和日常生活与海洋的密切关系。

第三,能够在海上长时间停留,不仅影响到弥生人的生活与劳作方式,更由于收获的增大,对弥生人的分配方式也同样产生一定的影响。在日本列岛第二大规模的誉田御庙山古坟出土物中,有鲸、章鱼、墨鱼、鲨鱼、海豚的陶器模型,至少可以说明在公元5世纪古坟人向前推至弥生人,日本居民已经不仅仅是在沿海捕捞鱼类,他们已经开始涉足近海,甚至开始驾船驶入大洋,生活中开始出现海洋形象的物品。古坟中出土的一些刻有深海动物形象的殉葬品,也证明大宅在开拓海洋的过程中,已经开始占据更多的收获品。分配上的不公,可以说是等级制的开始,从这个意义上说,弥生人对海洋的探索和获得的丰收,也是最终终结弥生人时代的重要因素。

第四,渡来人的海洋知识,与当地原住民本身就具有的海洋知识,合成弥生人的海洋精神,或者说促使海洋文化的因子在日本开始显现。同时,大海的环境持续不断地塑造、影响着弥生人的性格养成和生活习惯的部分改变。海洋文化是什么呢?黑格尔在《历史哲学》中热情洋溢地盛赞大海:"大海给了我们茫茫无定、浩浩无际和渺渺无限的观念;人类在大海的无限里感到他自己的无限

的时候,他们就会被激起勇气,要去超越那有限的一切。大海邀请人类从事征服,从事掠夺,但同时也鼓励人类从事商业,追求利润。平凡的土地、平凡的平原流域把人类束缚在土地上,把它卷入无限的依赖里边,而大海却挟着人类超越了那些思想和行动的有限圈子。航海的人都想获利,然而他们所用的手段却是缘木求鱼,因为他们是冒了丧失生命财产的危险来求利的。因此,他们所用的手段和追求的目标恰巧相反。这一层关系使他们的营利、他们的职业,超过营利和职业而成为勇敢的、高尚的事情。从事贸易必须要有勇气,智慧必须和勇敢结合在一起。因为勇敢的人们到了海上,就不得不应付那奸诈的、最不可靠的、最诡谲的元素,所以他们同时必须具有权谋——机警。这片横无边际的水面是绝对柔顺的——它对于任何压力,即使一丝的,也是不抵抗的。它表面上看起来是十分无邪、驯服、和蔼、可亲;然而正是这种驯服的性质,将海变成了最危险、最激烈的元素。人类仅仅靠着一叶扁舟,来对付这种欺诈和暴力;他所依赖的完全是他的勇敢和沉着;他便是这样从一片巩固的陆地上,移到一片不稳的海面上,随身带着他那人造的地盘,船——这个海上的天鹅,它以敏捷巧妙的动作,破浪而前,凌波以行。"①黑格尔精美地勾画出了西方人征服海洋的历史画卷,也道出了海洋民族的禀性和特征。海明威的《老人与海》之所以能够征服读者,就在于他歌颂了同样的海洋精神。

概括起来说,从弥生人开始,到平安时代一千多年期间,在日本民族对海洋的索取不断加大的同时,也不断孕育着日本民族的海洋文化的各种因素。

一是强烈的冒险精神。向大海索取,不敢冒险是不行的。日本列岛原住民在绳文时代就已经开始捕捞鱼贝,在千叶县的加茂和检见川等遗址中还发现了独木船的遗存,还有石制的和利用陶器碎片制成的网坠,说明当时已经在使用渔网。日本的贝冢遗迹比比皆是,最大面积的贝丘面积达1万平方米,厚达3米,说明大量捕捞贝类水产动物,已经是当时日本人生存的一个重要方面。弥生时期,部落之间的战争频率大幅度提高,虽然大多为陆上的掠夺,但也是冒险精神大增的表现。

二是勇于变化的精神。大海的变幻莫测,滋养着海边人的求变求新的性格。比如日本的考古中发现有不少遗址(如弥生时期的缠向遗址)突然消失的现象,推测起因可能是突然遭受大自然的灭顶之灾而整体迁移,也可能是部落对"大宅"的依附造成的整体迁移,但更多的说不清楚为什么,只能说这些部落规模的迁徙是早期日本人富有海洋漂泊精神的体现。同样,在技术上,当时的

---

① 黑格尔.历史哲学[M].王造时,译.上海:上海书店出版社,1996:92.

人们就已经能够在大陆传入的技艺基础上进行创新,也是这种求变求新的精神体现。比如精美的五铃镜是祭祀时的用具,虽然总体上没有突破铜镜框架,但五铃的设计更增添了铜镜在祭祀时的魔幻色彩,也更让人赏心悦目(图2-7)。这充分反映出第一次文化大融合后日本人并没有因循守旧照搬照套,而是寻求在原有基础上有所变化、有所创新。

图2-7 五铃镜,新泽千冢115号古坟出土（现藏奈良橿原考古学研究所）

三是顽强拼搏的精神。在日本,由于自然条件恶劣,稻作的收成与捕捞的收获较之大陆地区都存在着更大的不确定性,更需要坚持不懈、坚忍不拔的精神支撑。尤其在海上,更是每天都要面对变幻莫测的风云海浪的现实挑战,更需要强韧、坚持的精神,需要忍受饥饿,忍受孤独,忍受失败。

四是集团精神。远古时代的日本,无论在陆地还是在海洋中,人们为了生存和抗争,都需要团队的协作和配合,这是不言而喻的。值得注意的细节是,日本的集团精神在开始阶段便存在着与西方海洋文化不同的文化因子。在西方,海洋上的搏杀,培养了个人英雄主义。而在日本,与海洋搏杀的人很可能与水田耕作的人比邻而居,甚至就在同一个部落,也可能就是同一个人。这在日本神话中也有反映。日本小学课本中有个选自《古事记》的神话故事《海幸彦,山幸彦》,讲述天照大神的曾孙有一对兄弟,哥哥叫火照命,俗称海幸彦,擅长钓鱼,据说能钓尽大海所有的美味;弟弟叫火远理命,俗称山幸彦,擅长捕猎,据说能猎取所有的山珍。这个神话正是当年日本列岛上现实的写照,并且距编写"记纪神话"时并不遥远。《古事记》单独辟出一章来讲这个神话,可见对其重视。正是这种亦渔亦耕的状况,使日本民族不同于其他海洋民族,厚重的稻作文化与轻灵的捕捞文化并行不悖,产生两种不同文化因子和信息,不断刺激着日本人,他们渴求着大陆文化,又在接受的同时挑剔着大陆文化。同时,稻作与捕捞都离不开人与人之间、家族与家族之间的互相配合,加之母系制在部落管理上保留着集体的"公"的利益,更使得当时的日本人产生出海洋文化因子中相对缺乏个人英雄主义而伴有强烈的集团奉献精神这一特色。

五是本色的偏爱。简单、朴素、追求原色调,很多研究日本的著作将日本民族这一精神特质归结为日本的自然山峦多风雨带来的洁净,其实,海洋文化在这方面的贡献应该更大。平静时的海天一色、琉璃世界的一叶扁舟,船上的生活和劳作只能是最简单、最朴素、最原汁原味的,想来些丰富既不可能,也是浪费。这些现实生活的场景和无奈,都是日本民族本色追求的自然教科书。

六是破坏的倾向。大陆文化与海洋文化中都有破坏的因子,本可互通。黑格尔将"掠夺"和"征服"歌唱为"勇敢的、高尚的事情",确实道出了海洋文化的本质。无人能怀疑人类对海洋的征服和掠夺不是人性最伟大最高尚的品质,当然也无人能怀疑这种最伟大最高尚的品质移向人类自身时所带来的破坏和恐怖。这一点,在《古事记》等日本先民的神话传说中也有充分的体现。细察《古事记》中记载的诸神故事,干好事的不多,干坏事的不少,而且那一时期的世人死后成神的,基本上都是厉鬼,如早良亲王、桥姬、鬼婆等。考虑到神话也大多是人类远古的记忆和传说,其中通过神的行为来表达人类的幻想和梦想,古今中外概莫能外。描述大自然的破坏和毁灭、描述以非常手段去征服和占有,日本神话与传说同样表现了当时人们的精神诉求。直到大陆文化儒教和佛教的传入,等级制的礼仪和虚空中的自觉长期灌输,才将这种海洋文化中的破坏因子压抑住,其后才有了死人成神的传统文化。不过,压抑住不等于消除,海洋生活每天每时都蕴含巨大的破坏力,一旦条件许可,这股被压抑许久的破坏力得以释放,便爆发出无人能及的残忍和恐怖。这方面的例证本书将在"暴力意识"一章中给予详细论述。这里只想说明一点:日本人的破坏性一面常常被其对古代传统的精心保存的一面所掩盖,这是岛国的资源匮乏和神道教的无处不神共同作用的结果。在没有神道教的约束和处置资源权属不清的时候,日本人的破坏力便充分展示出来。都说日本的宫殿神社等古建筑保存完好,其实除了日本天皇万世一系和谷灵信仰外,日本各藩国、州县府郡甚至各幕府所建峨峨建筑因为战争和主人的更替,拆毁和焚毁的数量同样惊人。

七是开放的因子。海洋的辽阔无垠,是开放的思想产生的现实基础。最典型的是日本传统木屋都是开放式的,通往庭院的门廊只有纸拉门虚隔,各房间的门也是拉门。整栋建筑几乎等于采用敞门敞窗式,这种结构在通风透气的同时,与庭院构成一个通透开放的整体,成为日式建筑的典型特征之一。其内涵既来自于适应日本舒适的自然条件,也来源于日本民族的开放心态。不过,其庭院是有着严格界限的。其开放的文化因子同样被界限的规则因素所约束。这种混合,以及孰强孰弱,在日本多种文化中都可以看到。

如果说日本民族具有海洋文明的特性是从弥生人开始的,那么随着父系社会在列岛的逐步强大,在那期间,日本人的海洋属性不是越来越强大,也不能说逐步萎缩,而是相较于大陆文化而处于偏弱、从属的地位,一度甚至弱到不注意分辨就看不出来的地步。但无论怎么弱,海洋文化的因子一直蕴藏在日本民族的心灵深处,融会在日常生活中。之所以要单列一节给予论述,就因为事实上在第一次文化大融合的过程中,海洋文化因子一直就是日本民族挑选取舍外来文化的重要因素。后述各种日本民族文化产生与发展的过程中,都可以看到海洋文化因子在其中的身影。

明治维新以后,日本人的海洋习性才被彻底开发出来。

第五节 日本民族第二次文化大融合（明治维新时代至今）

飞鸟朝代以后,12世纪是日本历史上最重要的一个世纪。母系社会的文化逐步退出政治舞台,父系社会的文化逐步取得绝对统治地位。原来并不突出的文化矛盾逐步上升为社会主要矛盾,那就是大陆文化与海洋文化的矛盾。

无论如何,日本是个岛国,社会和经济再怎么发展,始终受到海洋的包围。平静而暴烈的海洋,神奇而枯燥的海洋,轻灵流动却变幻无常的海洋,广阔无垠又深不可测的海洋,时刻影响着日本民众的日常生活,留给人们太多的思索,也滋养着人们的性情。社会政治的发展,使得后来进入的父系社会文化已经不仅仅在律令上存在,而且在社会生活的各个层面开始显现厚重的、严密的、规范性的约束。社会生活中的艰难困苦、相依相存,社会组织中的等级严明、中规中矩,社会文化上的纷纭繁杂、博大精深,也同样给予日本人的性情以巨大影响,而且挟强权硬性推行,不服从不行。这期间,大陆文化全面取代了原有的父系母系的双系氏族文化,原有的海洋文化因子只是表现在局部和底层。比如倭寇的出现,其无道德底线、严密的组织能力和作战能力,都与后世的欧洲海盗、人口贩子、鸦片贩子如出一辙,所不同的只是后者常以政府的名义来组织。

从12世纪到16世纪,日本不仅巩固了父系社会的全面建构,而且新的矛盾（即大陆文化与海洋文化的矛盾）日益加深。日本历史上出现战国的局面,从文化的角度来说,正是大陆文化与海洋文化在日本本土上最大的一次较量。本书不是论证历史的专著,不可能运用大量篇幅,去论证大陆文化与海洋文化上升为主要矛盾之后直到战国前和战国初,日本国内海洋精神是如何发展与成长的;也无意去论证14世纪的楠木正成与16世纪的织田信长为反抗权力、焚烧比睿山与丰臣秀吉侵朝在胆大妄为等方面是多么相似;也不想去论证丰臣秀吉的禁教与德川家康的尊儒有什么共同之处。本书只在这里提一下,战国时期,儒学、佛教与兰学、基督教同样传播兴盛,本身就是海洋与大陆多元文化恣意泛滥的产物。战国的终结,标志着日本大陆文化最终取得胜利,德川家康的崇儒,很有些罢黜百家独尊儒术的味道。基督教被残酷镇压,则意味着海洋文化在社会政治中的退出。此后,日本依然存在着的海洋文化的因子,也如同母系社会文化的影响存留一样,只存在于民间和乡里的约定俗成之中。江户时期最终完成了父系社会的家族规则在日本的全面泛社会化——从政府到社会组织、到企业、到家庭都执行着大同小异的类同于"家"的基本规则,并被认为天经地义。

后世演绎的结果很清楚,明治维新是在西方列强的坚船利炮和幕府政治腐败无能的双重刺激下而展开的全日本第二次大规模移植国外文化的行动。这一次引进的同样是当时世界上最强盛的文化,即所谓西方文明。有关这一次全盘学习吸收,已经有太多的专著论及,这里不去详加评说。让中国人经常困惑的是,日本民族好学的精神固然值得称道,但在江户统治300年后,却没有像中华民族那样在王朝后期想变革却大象屁股推不动,而是一声号召,举国跟进。为什么?简单地说,日本选择了屈膝开国允许通商而不是举国战争这条道路,除了被侵略和图富强的现实刺激外,真正起作用的还是日本民族骨子里的海洋文化因子:易变,好奇,急于求成。因为这次对面炮口中喷出来的文明本身就是海洋文明。

这一次全民族学习的结果,在社会组织结构和文化上有几个显著变化。

第一,打破了儒教家国统治的制度性设计,却没有放弃儒家文化。最根本的文化——家即是国、国即是家的社会制度发生了根本性改变。政体、法律、制度,皆全盘西化。如果说,维新之前日本的古代政体基本上是联合体(也有人称之为共同体),天皇与院政联合、天皇与将军联合,都是日本双系氏族遗留下来的政治,那么,维新之后至今,日本政治彻底摆脱了这种格局。虽然从表面上来看,这次是天皇与内阁的联合,但天皇不再问政,与内阁的关系是建立在法律和大众的监督之下的,虽然仍然有大家族或大集团对政治的影响,特别是幕后影响依然非常大,但君主立宪制已经完全不同于过去的双系联合体。大体可以分为两个阶段。

第一阶段,从大政奉还到大政夺回,直至军国主义战败。就是说在律令司法,政府行政,包括社交、礼仪等方面照搬照套西方,但在社会运行各个方面依然按照改良和取舍后的日本传统的儒家文化——甚至还不如大陆的儒家文化来实施。这种制度与实际运行之间的矛盾,导致经常发生"下克上"的激烈行为出现。军部最后克上,大政夺回,无视议会,事实上又回到了军人幕府时期,执行的也是丰臣秀吉的战略,领导着狂热的日本民众走上战争不归路,只是表面上还裹着一袭西方议会政治的破布。这是一个实质上大大退步的阶段。

　　第二阶段,从结束军管到今天,全面西方化的程度更深,学习更注重内在的实质性内容。比如第二次世界大战后日本最大的改变不是从此不再战的宣誓,也不是亦步亦趋跟在美国的后面,而是从西方真正学会了善变,一切从追逐利益出发,只要成功不问手段。西方文明的精髓就是海洋文明的一切为了自我,大到国家层面,小到家庭、个人。而家庭和个人利益,在明治维新时期一度被大力提倡,但很快湮灭在服从圣战的统一之下,直到战后才再次成为国民的精神追求。举一个小例子,日本人从过去的记忆深刻突然发展为学会集体遗忘。记忆深刻是因为神道教对祖先神崇拜,祖宗的东西不能遗忘,但是当天皇从神坛上走下来时,还有什么不可以遗忘的呢?人们疑惑的正是这种突然的集体遗忘。怎么会如此?日本著名的思想家、评论家加藤周一对此的解释是:"思想上的转变未必是机会主义……根据需要将过去割裂开来,昨天的攘夷论者非常自然地变为今天的开化论者,极端一点的还会变为西洋崇拜者。也就是说生活在现在,或者无视作为参照对象的过去而只与现在相关。"①其实,加藤周一说日本人只生活在当下,只说对了一半,集体遗忘并不是日本民族的专利,海洋国家和民族都会这一套,只为眼前的利益而根本无视其他。日本民族只不过经常把记忆深刻和突然遗忘组合在一起展示给世界,从而给人以困惑。

　　第二,打破士农工商的等级制,却没有取消社会运行上的等级制。取消武士阶级的特殊待遇、限制贵族享有特权、实行全民教育新法、打破就业身份门第限制、放开市场经营许可、放开消费身份限制等,都指向一个重要方面,即打破上千年形成的越来越森严的社会等级制。虽说日本历史传统中家族的婚姻和家产分配并不完全与中华传统相同,是古代双系氏族遗留在民间的传统习惯,但在国家层面,明治维新以后,不同等级的家庭在通婚、择业、教育及晋升方面不再有等级制的限制。尤其是随着全民教育的实施,个人的成长空间大大拓展,个人的活动漂移区域大为广阔,这是明治维新带给日本普通民众最显著的变化。正是西方海洋文化唤醒了日本人血液里的海洋文化因子,海洋文化迅速得到日本全民的欢迎,中华儒教的制度性设计迅即被突破。尤其是日本家族里独特的"米虫"们,现在可以通过学习技能而彻底改变自己的命运。涩泽荣一从一个卑贱的商人家庭走出,成为中央财政部的次长级官员,又辞职创办100多家企业;山本五十六从一个山区农家的孩子成长为海军大将。这些在日本历史上是根本无法想象的。

----

① 加藤周一.日本文化中的时间与空间[M].彭曦,译.南京:南京大学出版,2010:60.

第三,家族和家庭发生改变,却没有改变泛社会运行的家族规则。随着法律上等级制的取消、个人活动范围的扩大,传统的大家族共同生活在一起、几个大家族形成一个稳固村落的格局面临着萎缩,尤其是随着新土地法、新婚姻法和1948年新民法的实施,出现了家庭的小型化。李国庆2012年发表的《宅男宅女:日本家庭制度走向解体》文章显示:1920年日本首次实施人口普查,户均人口规模为4.99人,1960年减少到4.1人,2005年减少到2.6人。① 高木氏以位于东北地区的仙台藩(含所属一关藩)数据为例所做的研究则揭示,1869年(明治二年),士一级家族33128户,有172239人,平均每户5.2人;其中,士9651户56468人,户均5.9人;陪隶23477户115771人,户均4.9。明治初期的日本家族并非都是血缘关系,家族的构成中包括陪隶家族。141年后笔者再查仙台藩人口可知,当初的仙台藩有一部分区域划出,其余辖区均属现在的宫城县。据宫城县官方统计,2010年全县总户数901862,共计有人口2348165,户均人口2.6人。其中,3口以下人家为672748户,占总户数74.60%。② 同时,家庭道德伦理和关系也发生了很大的变化。李国庆在同一篇文章中清楚地指出:"与一般的家庭(family)概念不同,家是家长统帅之下的社会组织,所有财产属于家庭集体所有,经营某种家庭产业,以超越世代不断延续和繁荣为终极目标。直到二战以前,家对于日本人具有至高无上的地位,家长拥有强大的家长权,亲子关系优先于夫妻关系,男性地位优越于女性,长子的地位优越于其他子女,本家的地位优先于分家,同族关系优先于姻亲关系。"家庭的规模虽然缩小了,分布也开始变广了,流动开始出现了,但旧家族的规则依然保留延续。只是在二战以后,旧家族的破裂和新家庭的小型化,使得此前形成的家族规则泛社会化的家国一体部分得到相当程度的清理,但是社会上各组织中的泛家族规则并没有同步得到清理。这些泛家族规则只是不再那么引人注目,逐步淡出人们的视野,甚至不再为人们所意识,以至于有些人认为那不过是些潜规则。

第四,思潮、理论、文艺等方面全面接受西方文化,却往往过犹不及。在社会思潮和理论界、学术界乃至文艺界,全面崇洋媚外,结果是西方精华与垃圾的全面泛滥。战争前后的两个时期在国家层面与公民层面均发生了变化。在国家层面,形成了国家和民族的独立、自尊、自爱,取得了巨大成就,增强了国民的民族自豪感;在思想文化上又时常走过头,战前走上了军国主义,战后走到了"西方的西方"(萨苏语)。在公民层面,西方文明所宣扬的人格尊严、个性张扬

---

① 李国庆. 宅男宅女:日本家庭制度走向解体[N]. 中国社会科学报,2012－02－08(B05).
② 《宫城县统计年鉴2013》,平成25年版,第3章,"县计"一栏。

却受到集团、组织的强大抵抗,在各类组织的训练和强制下,在富国强兵、效忠圣战和为国生产等各类口号的诱导下,个性的张扬只发生在意识形态领域而绝迹于党派、团体、企业、学校、医院、机关等组织内部。这些社会组织内部不是没有个性的张扬,但总是以个人的失败来结束激烈的交锋。一方面,国家要求公民有独立主见,自主表达自己的诉求;另一方面,组织要求个人必须服从集体,按程序表达自己的诉求。日本人冲出了家庭,却没有成长为真正的公民。

第五,泛家族规则在社会组织中没有太大的改变,似乎看不见摸不着。如前所述,泛家族规则由于失去了家国体制的支撑,由过去显性、正义、合情合理地强制执行,转变为隐性、很难证明、约定俗成的存在。日本人没有成长为公民,很大部分的原因就在于,在一切有组织的地方,泛家族规则都依然以明的或暗的方式存在。社会运行的主动力固然有了法律的保障,但在家庭和企业等组织内部,等级制不仅没有被打破,反而因为社会竞争的加剧,有强化的趋势。比如,明治时期的全国性团体大多采取自上而下的方式组织,任命制多于选举制,或者选举也只是走形式。昭和时期全国企业均采用终身雇佣制,即便是上市公司、大集团也在"以公司为家"的口号下,沿袭着家族作坊式小工厂的用人制度,用各种手段强化个人对企业、对集团的全面依赖。平成时代的今天,终身雇佣制受到全球化的强烈冲击,然而,建设"共同的家园"却成了日本社会的主旋律。当然,日本的泛家族规则与中华泛家族规则并不一样,下一章将详细论述。

第六,泛家族文化基本没有得到否定,也没有得到承认,却每天都在传承。西方文化来势汹汹,无论是明治初期还是二战后的时期,都是西方各种文化广泛深入传播的时期。好处是日本人的眼界和思想从此打开,再也没有被锁住困死,海洋文化的一些精神如善变、创新、易流动、勇敢、冒险、全球战略等也有了不同程度的发展。但强势文化并没有将泛家族文化湮灭,两种文化不在同一个层面上运行,因为泛家族文化依赖泛家族规则而生存。甚至一些泛家族文化还在与西方文明融合的过程中,发生了新的变化。比如忠诚文化、奉献文化、坚忍文化等,都被打上了时代的烙印,不改的却是骨子里的传统。这一点在下一章论述泛家族规则时将一并予以讨论。

总之,从明治维新开始,日本民族费尽千辛万苦第一次引进融合形成的以大陆文明为主要特征的民族文化,再一次与引进的海洋文明进行了全面融合,激活了其远古时代母系社会与父系社会第一次大融合中的海洋文化因子。两次文化的大融合,造就了日本民族与众不同的特性,也造就了日本与众不同的文化,形成了世界上独特的复合型社会结构,或者如日本人自己所称的"非驴非马"式文化,将其概括起来得出四个结论:结论一:国家是西方化的,组织是东方化的;结论二:思想是西方化的,行为是东方化的;结论三:表现是西方化的,实质是东方化的;结论四:方向是西方化的,道路是东方化的。

  这种复合型组织形态是最典型的日本民族文化,其优势是能够融会东西方文化的长处,其劣势是能够融会东西方文化的缺点。所以,日本民族总是处于一种左右摇摆的焦虑状态中。向左边摇去,放下屠刀立地成佛;向右边摆去,脱去袈裟掂起屠刀。

第三章 日本泛家族规则及泛家族文化

前述第一章第二节中提及家族规则的泛社会化产生了泛家族八大规则及其泛家族文化,虽然程度上有所不同,但都存在于日本的社会生活中,存在于东西方的企业、政界及各社会组织运行中。在本书第二章中讨论了日本民族由于其历史上的父系与母系双系氏族的存在,后来发展为家族联合体,再到国家联合执政,这些与中华文明的不同之处,决定了日本出现的泛家族规则和文化与中国的泛家族规则大同小异。本章将继续深入探讨日本的泛家族规则和文化,因为它们是构成日本民族传统文化的内核,是文化背后的文化。

第一节 日本家族规则的泛社会化

1945年日本二战战败,天皇从此走下神坛,成为国家的象征。这个国家的象征其实很耐人寻味,一个没有户籍、没有姓名、没有身份证,可以说不是日本国民的人,依然在日本百姓心目中保留着最高地位。说穿了,有天皇的存在,日本还像个大家族,留存着数千年的历史记忆。昭和天皇《人间宣言》中也是如此说的:"爱家之心和爱国之心,我国国民尤为热烈。"

家与国,是人类迄今为止都没有解决好的问题之一。东方文化中,家就是国,国就是家。国家一词就是如此来的。它本身就如同昭和天皇的《人间宣言》一样,看似并立,实则相通。通俗地说,国,就是家的泛社会化。西方文化中,家与国并立不通,家与国是完全独立的两个概念,尽管也有家族规则的泛社会化形成的各种制度或习惯,但家就是家,"风能进,雨能进,国王不能进"。这同样带来很多社会问题和矛盾。

本书第二章已经提及日本家族制度如何泛社会化,最终演化为今天在日本到处可见却又文无所载的泛家族规则。基于岛国环境的特殊,日本的泛家族规则和泛家族文化浓厚程度甚至超过中国,成为外国人眼中鲜明的民族特色,成为中国人眼中既熟悉又陌生的岛国风情。当然,日本家族制度的泛社会化过程是一个很复杂的历史学问题,需要专著进行探讨,与本书探讨泛家族规则对日本民族文化的影响这一主旨并不完全吻合。所以,本节只能就此问题提出概略性的看法,尤其是对日本家族规则泛社会化过程中有异于中国的地方稍做一些分析,对于普遍存在的事实不再进行烦琐论证,以期为后来者做进一步研究提供些许参考。

第一,双系氏族产生的家族联合体,让奉公关系仅次于血缘关系,成为维系各社会组织体系的最重要纽带之一,家族规则也在泛社会化过程中最终成为社会组织规则。比如前面已经说过,从远古走来的日本家族制度中一直存在着"公"的概念,由于母系社会的漫长,也由于双系氏族的成立,奉公,这一全体族群成员必须履行的家族义务和责任,从最早对部族公共财物的保护,发展到此后对部落公共集体的服从,再发展成对部落大宅领主"公家"的臣服。承认权威、服从派遣的家族规则便是在奉公的理念下,逐步发展成公国的隶属规则,最后成为国家的规则的。奉公,也发展成忠诚文化。其他诸多规则也大多经历过如此的演化。

图3-1 据说是天安河源头的真名井瀑布(相传天照大神与须佐之男在此互洗对方相赠信物,共生八神)

当然,日本由奉公发展起来的泛家族规则与中华并不一样。中华同样的泛家族规则产生于家族里的"孝",而远古日本似乎还没有这个概念。《古事记》的神话中没有相关的文字记载。如创立日本的伊邪那岐和伊邪那美生了14个岛35个神,伊邪那美死时却未见有一子女侍奉身旁;被日本民族奉为最高神的天照大神与须佐之男在天安河真名井泷约会,育有8个子女,也均未见有这些子女神对父母行孝侍奉的记载(图3-1)。① 现代日本社会的道德教育中十分重视"亲孝行",即孝敬父母,而"孝"的出现应该是在渡来人登岛之后,又在大规模引进中华文明、父系社会建立之后确立下来。"孝"在中华大地引发了一系列家

---

① 太安万侣.新订古事记[EB/OL].浦木裕,编译. http://miko.org/~uraki/kuon/furu/text/kojiki/kojiki_top.htm.

族规则的泛社会化,如由敬、礼、忠、恕、悌等确立的森严等级制和各种各样的行为规范。日本引进"孝",只是为了强化已经从奉公理念产生出的泛家族规则在人伦、家国一体理论上的行为规范。在此之前、之间的相当长一段时间内,日本甚至有弃老之习俗,此习俗至今在日本偏僻山村尚有遗存。以贫瘠山村抛弃老人为题材拍摄的电影《楢山节考》①曾引起日本国内外很大震动,所谓"姥舍て"成为不孝行为的代名词。

奉公,是日本历史上家族联合体特有的从远古保存下来的制度,是成员对家族的勤事,一个家族对另一个家族的臣服,衍生出下对上的礼敬和服从制度,催生等级制的同时,也催生出各种各样上下尊卑的礼仪,成为贵族统治的各种规范和规矩。这是圣德太子全面引进中华文明的最大动力。奉公,在古代中国也曾一度成为家族和家族联合体的运行规则,但当家族联合体发展为部落进而发展为王国时,奉公的规则便被王公贵族的贪婪所毁灭。中国人转而求诸家族里的"孝",以孝道来引导奉公和牺牲,以孝道来迫使服从和尊崇。"大道之行也,天下为公"反而成为中国人遥远的理想。前面说过,日本古代,从家族联合体到王国的建立,阶级的出现时间过于短促,奉公在家族联合体或部落内还有着相当多的现实意义。再加入"孝"这一同样的家族内生理论来加以解释和维系,使之更加强化,更加固化。奉公便是勤于公事,为奉公牺牲天经地义,能够奉公更是莫大荣幸,直至今天,这依然是日本的主流文化所倡导的。公务员薪俸不高却能得到全社会的敬重,不能不说有其历史传承。而由奉公所产生的泛家族规则及其文化,同样在日本广泛施行。日本之所以能够出现武家政府长期执政而不篡夺天皇之位的现象,与社会上天下奉公的制度性安排和道德上忠诚文化的双重约束不无关系。

第二,双系氏族产生的家族联合体、内外有别的家族规则演化为泛社会化的团队规则,又由于团队竞争向两极演化,形成积极进取的精神或冷漠残忍的秉性。家庭内外有别,男性的勇是必需的;家族联合体内外有别,武是必需的;奉公领主内外有别,无论是力图自保还是要打败对手,学习精进是必需的;公国内外有别,在高层组合最核心的小团体以谋划决策是必需的。勇—武—习—合,家庭谋生谋食和家族独立的规则便是如此一步步演化为邦国社会普遍遵守的规则的。与中华形成泛家族规则不同的是,日本在汲取中华儒文化的同时,受制于人口和资源有限,孤悬海外难有回旋空间余地(无法出现"世外桃源"这样的理想生活)的现实,其团队学习和个人技艺的精进,有别于中华大地上的泛

---

① 《楢山节考》,木下惠介导演,松竹映画出品,1958年拍摄。

社会化过程。最显著的不同有两点：其一是个人学习和锻炼中，中庸不能学，自取中庸等于自取灭亡，无论在哪个方面都必须走向极致，否则就会被对手打败；其二是团队学习和精进中，仁政不能学，自取仁政等于自取散伙，残酷和冷漠便成为习以为常的社会规则。不用说日本军队里依然保留的击打训练，便是在最现代化管理机制下的日本公司和工厂里，被上级或前辈打骂之类的行规亦依然如故，且天经地义。日本天皇似乎一直是仁慈的形象，仿佛是仁政的代言人，幕府将军在取得天下后也曾大谈仁政。不过，读一读日本史便知道，只要天皇亲政掌握大权，对内对外没有一个是仁慈的。再看看明治天皇的照片，身着军装的图像显然比标准像威严英武，那就尽可能让百姓看到威武的一面吧，有权就这么任性（图3-2）。

图3-2　左边是明治天皇标准像，右边是画像（通常我们看到的都是右边这张）

仁，在大政奉还之际，富国强兵之时，提它作甚！至于院政掌权或武家政治，更是都对中华儒文化精髓之一的"仁"视而不见，充耳不闻。不是不明白，而是日本岛国的现实让他们不能实施。德川家康算是唯一全面贯彻落实儒家文化的执政者，在儒家的指导下似乎推行过一些仁政措施，但在其掌握国政期间，不说对其对手家族如丰臣秀吉家族、五大佬家族等斩尽杀绝，就是对基督教徒的屠杀、对造反者如石田三成等的残酷镇压、对农民的严苛管束、对商人的歧视抑制等措施，都使得以酷爱读书并以忍耐而著称的他从来没有赢得仁君的赞誉。

第三，日本古代双系氏族形成了社会治理的双系政治，而社会运行的主要规则却基本取自中华社会，中国泛家族规则的引入与日本家族规则的泛社会化并行不悖。比如等级制，无论中日都源自家族内部上尊下卑的秩序。日本古代上层全盘采用中华文官制度,连文书都采用汉字,礼教的引入正与领主家庭与附属家庭的上尊下卑相吻合。从社会层面上讲,士农工商四大阶层的出现和确立,奠定了社会运行的基本规则;从组织层面上讲,上下级关系、师徒关系、前后辈关系这三大关系的确立,既有中华泛家族规则的直接照搬照套,也有日本家族规则泛社会化后的融合创新。最大的不同还在于日本没有引入中国的科举制度和捐官制度,虽短暂实行了一段时间的考官制度,却很快便湮灭在森严的等级制下。社会没有了不同等级之间改变人生的正规通道,又因为地域空间狭窄,对下层、下级、晚辈的管束限定更严酷,养成了民众驯服顺从的特性,养成了人们依附上级、不随心所欲自由更换工作的习惯,其结果是培育了从一而终、坚忍不拔的民族心理。因而打破等级制的史实,比如出现所谓"下克上"①时代等涉及全社会的重大事件都远比中华要少得多。

第四,明治维新后日本努力脱亚入欧,国体变了,民间未变,泛家族规则成为法律之外的影子法律。在考察比较欧洲列强后,日本表面上选择了英国的君主立宪制民主政体,实质上引入的是德国俾斯麦的铁血政治系统。这是因为德国的工商业制度、军队制度在很多方面非常适合于日本的社会组合,比如上下森严的等级制度、团队合作制度、精细技艺制度和师徒传承制度等。正是这种政治上的民主富强诉求和民间的封建家族规则,在开疆拓土瓜分世界的战争中,使德国和日本都很快出现了暴政的法西斯政权,并一拍即合地挑起了第二次世界大战,根本原因在于其政治上的民主政体与民间的泛家族规则杂交后生成的怪胎。比如,家族的内外有别在议会中形成了党同伐异,派阀政治导致内外上下呼应的活动层出不穷,德国的"啤酒馆暴动"②和日本的"二二六事件"③如出一辙;党卫军听命于个人,皇军也效忠于个人,都如同家族军队一样。二战之后,德国对此进行了深刻反思,增强了议会政治中派阀活动的透明化,以现代法律形式逐步取缔民间组织(包括企业中的家族式管理模式),比如采取世界上独特的由一半职工代表参加的监事会领导下的董事会负责制,有效限制了大资本家对企业的家族式管理,从而铲除了派阀政治的社会土壤。而日本基本没有

---

① 日本战国时代也被称为"下克上"的时代。所谓"下克上",是指以下克上,即下级代替上级、分家篡夺主家、家臣消灭家主、农民驱逐武士。

② "啤酒馆暴动"又称啤酒馆政变、希特勒暴动。1923年11月,希特勒和鲁登道夫等人在慕尼黑发动的法西斯政变未遂。希特勒等数位纳粹党领袖遭逮捕。

③ "二二六事件",又名"帝都不祥事件"或"不祥事件",指1936年2月26日日本帝国陆军的部分"皇道派"青年军官率领数名士兵对政府及军方高级成员中的"统制派"意识形态对手与反对者进行刺杀的一次失败兵变,是日本近代史上最大的一次叛乱行动,也是20世纪30年代日本法西斯主义发展的重要事件。

进行这样的反思，更没有进行反家族式教育和法律建设，泛家族规则依然源源不断地在教育、培训着政治家、企业家、思想家和军人，因此日本的议会政治中依然在上演着一出出派阀政治的活报剧也就不足为奇。2007年9月12日下午2时，担任首相刚刚一年的安倍晋三突然宣布辞职，内政外交一片焦头烂额之际，首相如此轻率的行为无异于临阵脱逃，引起舆论一片哗然。更为奇怪的是，2012年12月，这位"逃兵"又回来担任了"将军"，成为日本第96任首相，舆论却一点也不哗然，因为大家都知道，谁担任首相并不完全取决于个人能力，而取决于幕后操纵的派阀团体。2013年4月28日，在日本政府首次举行的主权恢复日周年纪念仪式上，当天皇夫妇离开时，安倍氏率众高呼"天皇陛下万岁"。如果知道战后日本右翼与左翼一个主要的区别就在于对天皇的态度，那么安倍氏属于哪一翼，或者他自觉属于哪一翼，又或者他背后的小团体让他站在哪一翼，便一目了然了。连日本政府后来公布这段视频时都不好意思，用技术手段把"天皇陛下"四个音抹去了，只保留了"万岁"。

第二节　日本的泛家族规则

日本历史上家族制度与中国有一些不同，其产生的泛家族规则当然也与中国的大同小异，在逐条论述过程中稍加一些比较，更能彰显日本泛家族规则的内涵和特征。

概括起来说，日本的泛家族规则的内涵与特征主要体现以下几个方面。

第一，亚血缘的继承规则。这一条与中国大陆的在内涵上相同，都是指一个组织如家庭、企业、团体、党派等不再以血缘关系确定其职位的继承人，而是通过领导、长者和前辈的指定而确定承袭者。但这一条不是日本从中国学习去的，而是日本双系氏族内部产生的规则，自然演化到社会各种组织包括政权而形成历史传承规则。日本双系氏族在发展的过程中，特别是在走向部落联合体的过程中，非血缘继承家族、部落事业，比如母系家族或旁系家族（入赘）成员继承家族或部落的事业，不仅是竞争的需要，内部也是合理的。由此演化到社会组织内部，形成了由长辈或权威者指定衣钵继承人的制度或规则。至今，日本的中小企业中，时常可见创业者将其店铺、工厂传给自己最得意的徒弟，而不是自己的儿女。就是日本跨国公司，当创业者直系血缘亲属没有能力继承产业时，也往往由外姓人执掌，与中国民营企业家选择继任者时非亲生子女不举的现象形成很大反差。这样的例子比比皆是。这条规则的要害是"指定"，即领袖的产生不是通过公开竞争规则和必要的程序确定的,而往往是由个人或小集团说了算。这是确定它为泛家族规则的原因之一。

第二,无所不在的权威规则。权威往往是创业者成功后自然形成的,但成功后权威的确立往往是为了领袖的需要。企业、党派、学校、医院,甚至乡村、小团体,都要有一个领袖,而且只能有一个领袖。没有领袖便群龙无首,便无所适从,便无法统一行动。权威的确立,甚至还决定着组织的生命力。一个企业,创业者在位非常成功,创业者退休便作鸟兽散,大体就可以判定该企业存在着浓厚的泛家族规则。创业者的权威,决定了后起领袖无法超越创业者,也就无法驾驭创业者的群僚。残杀功臣不是个人的残忍,而是为了组织的延续。大到国家领袖,小到家族头领,在享受权威带来的快意时,并不知道这一规则一旦形成,便必定酿成悲剧。丰臣秀吉想杀德川家康,一如德川家康想杀伊达政宗,即便臣服叩首,依然时刻不肯放过,正是这一无形的规则使然。时至今日,判断一个组织是否存在这一条泛家族规则,只要看其决策程序是否是一言堂便可知晓。领袖的存在,给大众带来的直接好处便是跟风和从众,而不用负责;给大众带来的坏处是互相之间的制约,不服从者会招来权威的惩罚。

日本人洁净,彬彬有礼,极少当街争吵,背后的辛酸在 100 多年前便被小泉八云看透了:"这究竟意味着什么呢?一般的旅行者是不明白的。恭谦、看不到吵架行为、所有的人都面带笑容、不把痛苦和悲哀表露出来、新式警察无事可做,也许他们会把这些表现作为证据认为日本人是有着高尚的道德的人群吧。可是,在目光犀利的社会学家眼里,情形却完全不同。在他看来,其中肯定暗示着某种可怕的东西。他从中感受到的是,这个社会是在巨大的强制之下,按照一个模型而被人为创造出来的。而且,这种强制无疑是在几千年间不受任何妨碍地进行的。他一定会敏锐地看到,在这样的社会里道德和风俗尚未分离,每个人的行为都受到他人一致的约束。"①这个日本籍的荷兰人说得非常精辟,今天的日本人依然保持着这种强烈的领袖情结。"日本人只知道跟随着能掌握权力并告诉他们干什么的领袖,而不在乎被领向何处。"前新加坡驻日大使李炯才的这番描述或者也让人们更清楚日本人身上为什么会有如此多的不统一与矛盾,却又呈现出外在的高度统一。②

所谓的跟风文化,实质上就是披着随大流的外衣,眼睛只盯着领袖或权威而不负责任地跟跑。

---

① 小泉八云. 小泉八云全集[M]. 第8卷. 东京:东京第一书房,1926:359 – 360.
② 王晔. 岛国人民的危机感[EB/OL]. http://news.sina.com.cn/w/2007 – 04 – 19/180312819814.shtml.

第三,自上而下的组织规则。社会组织大体上有两类组建方式,一类是自下而上组建,一类是自上而下组建。有泛家族规则起作用的组织,即便开始时是自下而上组建的,建成之后也会逐步改为自上而下的统治管理模式。大大小小的组织和个人的活动基本上都要由上级来认定并协调,不允许存在个人或下级非组织的活动。上级组织可以发号施令,还可以决定下级组织的生死存亡。明治维新最大的失败之处,是马赛克似的各级地方组织无法高效有序地组织上一层的中央议会,最后被军部所取代,在全国自上而下地建立起严密控制的法西斯组织。令人深思的是这一做法得到当时全民的拥护,皆因日本全民都认为组织就应该自上而下任命,不然天皇何以存在?下级奉命上级便是正统,像议会那样自下而上的组织就是乱来,国民的这种认识,来源于日本历史深处。古代对百姓的行政控制自上而下,邻组制度更是对百姓最彻底的控制,直到明治维新时期才被废除。可是到了1936年又被重新启用,连老百姓的日常生活也被规定了七条准则:"早起;对你所拥有的东西心存感谢;与政权机构合作;对公共事业进行报答;做事准时;厉行节俭以及加强肉体上和精神上的约束力。"①在"塑造人民的道德生活和精神标准"的口号下,如果违反,邻居必须互相检举,如不检举便互相连坐。战后这一制度虽然被废除,但影响并未消除。自上而下的等级制依然被人们认为是天经地义的。在组织内部,民众的、基层的意见自然会听,但那是俯瞰式的"听取"。如果听而不取,或者干脆不听,民众依然没有办法。派出去的机构必须一举一动都要报告批准,否则便是忤逆。这样的规定如今都明文写在日本各大企业和各大党派的文件之中,依然没有人认为有什么不妥。就是在社会党派政治会议选举中,表面上看是民众的选票在诉说着民意,而实际是党派大佬在左右着候选人。抛给民众投票的是"大苹果"还是"烂茄子",并不听取民众意见。民众真正能做的,也许就是在一堆烂茄子里选择一个看上去不那么糟的茄子。这就是日本民主不争的事实。

第四,大象无形的界限规则。家族与家族之间的划界必须清晰,日本式的传统家族,包括了大宅及其若干附属家族,其大宅之间的界限必须划清自不待言,就是大宅与附宅之间在很多方面的界限也必须清晰明示。界限规则可以说是动物的自然属性使然。把这一规则泛社会化地运用,便使国与国之间、组织与组织之间、同一组织不同部门之间、同一部门不同邻组之间,首先要考虑的事情不是竞争,而是划清职责范围或势力范围。黑帮社会如此,政府部门亦如此。在个人层面,从精神层面到礼仪层面乃至日常行为,都存在着严格的看不见的

① 时代生活丛书编辑.疯狂的岛国[M].唐奇芳,译.北京:中国社会科学出版社,2004:57.

却实实在在的界限。别人的界限不能去打破,自己的界限也不能容忍随意被打破。这一点加藤周一曾特别指出:"在日本,典型的集团在很长一段时间是家族以及村落共同体。不论在哪种情况下,集团的界限都很明确,对待集团成员同胞(insider)的态度和对待外人(outsider)的行为方式截然不同,也就是'福在内''鬼在外'。"①不管集团大小,对待集团内的人与对待集团外的人态度和方式都不一样,一如古代日本村落里的村民。即便到了今天,这种下意识中的界限规则依然根深蒂固。请不太熟悉的日本人一同喝酒,要小心引起猜忌,原因就在这里。只是,东方的界限规则不同于西方国家的个人隐私保护。泛家族界限规则更多地是为了确立个人或小集团在一定范围内的地位。上级可以打破下级的界限,但下级绝不能打破上级的界限,也不能去打破同级的界限。也就是说,各人自扫门前雪,休管他人瓦上霜。界限清楚自有极大的好处,但除非界限清晰,否则无人负责,也干不成任何事情。如果制度没有划清界限,那么群体将自动划定势力范围,形成一个个小圈子。圈子实质上是在人群中划定关系的界限。比如同乡会、同学会、战友会,日本军人还整出佩刀会、同年会等,便都是家族规则泛社会化后的杰作了。甚至同为小学生家长,也要整出各自的联络圈子。在这个方面,日本民族表现得比中华民族有过之而无不及。

第五,乖乖听话的用人规则。唯才是举,选贤任能,是儒家学说的重要内容。日本虽然历史上摒弃了中国选贤任能的科举制度,但选贤任能,是家国延续的现实需要,也一直为日本精英所倡导。选拔任用干部,一直是各类组织最核心的任务,却又是东方各种组织无一例外干得最糟的工作。口号宣扬是一回事,实际操作却是另一回事。在组织内部,若想将来成长为组织首脑,首先必须服从听话于现任组织首脑,谁也不会选一位反对自己主张的人来接班。这就注定这种居高临下选人用人的方式,只能选出"老小孩"或"阴谋家",而不可能选出年轻的干才。某一日再由这老小孩或阴谋家去选拔任用下一代。因此,在实际操作中,历史上的企业等社会组织都直接套用家族的长子继承制,而今天不过是选拔听话、乖巧、顺从的徒弟;国家层面上则由历史上的贵族承袭制,转变为今天的幕后选择听话的奴才。日本首相选来任去也就是出自那几个政治家族,偶然出自基层,便属石破天惊,临阵撂挑子的安倍晋三也就可以再度被提名任首相。骡马也是马,因为骡马最温顺最听话。看日本首相的前台表演,其底气十足地振臂高呼时,通常表明他正如木偶在表演;如果某一天突然"失言""口误",那才真正是他自身水平的暴露和展示。在日本公司内部,一个有趣的现象

---

① 加藤周一. 日本文化中的时间与空间[M]. 彭曦,译. 南京:南京大学出版社,2010:序言.

是,在明了上级意图之前,所有发言者都不会明确表态。抢先表态的后果也许并不严重,但触怒上级,带来的后果可能很严重。这不是说日本就没有唯才是举、选贤任能的典范,那些只能作为例外,就一般情况来说,绝大多数组织逃不出这个规则。涩泽荣一曾经盛赞德川家康为选贤任能、运用人才的"前无古人,后无来者"第一人,并说自己曾认真学习过他的用人方式。然而,涩泽也同样毫不客气地指出,德川家康是"将量才适用和以权谋私并存,并发挥到极致,让自己的权势和威望都达到极点的人。日本历史上除了他很难找到第二人"①。因为德川家康不但选择最老实听话的儿子接自己的班,而且在每一个潜在的对手那儿都能派出一个让对手忌惮的人,从而控制着各路大名诸侯无法动作,当然前提是他派出的人对他绝对服从和听话。

第六,无边无际的等级制规则。今天的日本虽然表面上实行了民主的政体,但依然是世界上等级制最森严的国家之一,这几乎是公认的事实。家族传承天然形成的一辈一辈上下尊卑的关系,泛化到社会上便是公司里、政府里、军队里森严的等级制度。儒家文化倡导的"礼",在日本,与双系氏族传承的文化结合得最深入也最完好。等级制在历史上也曾起过积极作用,但随着社会生产力的发展、随着人性自由的发展,已经越来越不适应于当今社会。等级制不可能全废,只是其适用的范围和强度必然会越来越受到限制,这已是管理学上的常识。但是在今天法律框架下平等民主的日本社会,人们具体生活和工作的各个层面也许在条文上并无等级制的规定,实际运行上森严的等级却无处不在。可以说,等级制依然架构着日本社会的各个层次,也左右着日本各类组织运行的基本方式。比如加藤周一先生曾经详细论证过,直到今天,日本的外交事实上就没有平等对待他国的时候,其来源就在于古代村落对外人就从无平等对待的习惯。② 再比如,民主制国家的教育系统应该是教导民主的主基地。战后日本《教育基本法》规定了日本各类学校和教职员工具有民主性、独立性和中立性,在地方教育法上也规定了行政与教育的"分家",应该是等级制最少的领域了,但据李春生等人的研究,在实际运行中,不说在学校里老师与领导之间、学生与学生之间存在着非明文规定的等级,便是在明文规定的学校与政府之间,"诸如在小学、初中和高中各学年、各学科课程的教科书的审查、审定方面,从它的指导思想到具体内容,文部省都实施很强的集权领导,非文部大臣审查通过的教科书不得使用"。在地方"教育行政组织中,地方政府首长的地位和作用,

---

① 涩泽荣一. 论语与算盘[M]. 余贝,译. 北京:九州出版社,2012:13.
② 加藤周一. 日本文化中的时间与空间[M]. 彭曦,译. 南京:南京大学出版,2010:85-88.

即他的权力是很大的"①。而且这种权力对公立、私营学校同样好用。私立学校也只是恩赐了校内的少量管理话语权给教师,以示民主,其余一律由层层行政管理,直至报告到文部大臣。日本等级制的最大特色还在于没有等级的地方也要分出高低上下来,如前辈,如先进,如主干教谕②等。在最松散的民间团体里,也一定会出现细微的等级区别。在十分重视等级的日本,不如此,人们就不知道怎么与人对话。至今日本最重视的礼仪教育中,敬语、谦语和简慢的语言方式完全视对方的地位而定。

第七,谨小慎微的垄断规则。在界限范围外,家族的扩张功能,演化为社会组织的自我膨胀。西方有人研究说这是组织的自发功能,其实这是一条典型的泛家族规则。垄断规则不同于界限规则,因为它具有不同于界限规则的三大功能:一是把别人的变成自己的,不断扩大自己垄断的范围;二是垄断了便容不得别人置喙,也不能容忍任何人了解全部情况,包括上级;三是垄断不容更改,即便是上级要打破垄断,也必定激起软硬兼施的抵抗。这里的谨小慎微不是指胆小怕事——事实上具有垄断规则的组织常常胆大妄为,而是指即便在微小方面,也绝不允许打破垄断。如果你想打破一个组织或团体的垄断,那么就应该做好该组织全体成员将以你为敌的心理准备。泛家族规则严重的地区和国家,垄断必定比比皆是。不幸的是,日本虽然有《反垄断法》,却极少实施。不是日本缺少垄断,而是人们对很多的垄断习以为常,并不认为那是垄断。公元813年,同为"海归"的最澄向空海③借用他从唐朝带回来的《理趣经释》一书,谁曾想名满天下的空海高僧痛批其行为是"盗法",从此绝交。现在最常见的是政府或者公司的各部门管辖范围之争:我的范围你不能过问,你的范围只要有可能就去挖一块。特别是一事来临,如果有利则不惜大打出手以争之,如果无利则退避三舍。争权于朝,争利于市,常常置大局于不顾。同理,不经"同意"便在町里开一间理发店,等来的不一定全是顾客,黑社会很乐意替原先的店老板"伸张正义"。一个显著特色是,日本人的垄断常常伴随着低调和谨慎,只要不打破自己的垄断地位,做什么都行;而只要威胁到自己的垄断地位,哪怕极其微小,也断不能坐视不管。客观地说,在这方面,中国人做得远比日本人高明。

第八,神秘莫测的暗箱规则。家族最高决策会议,通常并不全是暗箱操作,可是演化到社会组织内部,决策会议通常都有保密规定。久而久之,参与决策的人便形成核心的掌控局势的幕后小团体,决策会议反而成为形式。在社会生

---

① 李春生. 比较教育管理[M]. 南京:江苏教育出版社,2008:183、188.
② 日本2008年依《学校教育法》新设"主干教谕",相当于主任级教师。
③ 日本史上最澄与空海被称为平安新佛教之双璧,最澄创立了天台宗,空海开创了真言宗。

活的各个领域总有一些人习惯性地躲在幕后左右他人的命运,国家如此,党派如此,企业、单位、村落以及邻里街坊、学校同窗之间也是如此。哪怕不是上层领导,只要有机会参与临时决策暗箱操纵,便视为可以高人一等,以掌控别人命运为乐事,以控制事情发展来彰显其地位。日本政坛近些年总是被一小撮幕后人员掌控,这些幕后人员虽是一小撮,却可以跨越党派政界,打通内外,只要有利,便无所不为。所谓政党政治,不过是法律条文上的规定罢了。策划于密室、横行于街头的日本右翼组织在这方面更是无出其右者。日本著名的右翼头目、右翼理论家津久井龙雄在其晚年时深有体会地写道:"一切的政治问题都有被隐藏的内幕,外行自不待言,就算是内行,达到能够图解般明白的程度也是非常困难的。战争的爆发也好,落幕也好,还有之后的媾和及其相关的过程也好,都是内幕里面有内幕。如果想到内幕背后还有内幕的话,就只能说认真思考事情实在是太过愚蠢了。"①在日本,企业之间的并购,通常都是由收购方与被收购方最核心的那几个人坐在一起策划于密室,这已经不是什么秘密或奇闻了。三井银行与住友银行的合并便是这么干的。

当然,以上只是一些主要的泛家族规则,是司空见惯、不以为意的组织行为。不难看出,这些泛家族规则,一些仍然堂而皇之地明文写在各类组织制度之中,一些虽然无明文却为现实中常有。东西方的组织中都不同程度地存在着这些泛家族规则,区别只在于是突出了对个人的尊重,还是突出了对组织的尊重。当然,这些概括也只是初步的,完全还可以再总结出其他的泛家族规则,这一点还期待着后来者的跟进。

第三节　日本的泛家族文化

泛家族规则本身是民族文化的产物,在漫长的历史进程中,它又源源不断地滋养着民族文化。这一过程并非对应着哪一种泛家族规则就产生了哪一种文化,而往往会由某几种规则产生某一种文化现象,某一种规则也可能是几种文化现象产生的社会基础因素。当然,一种文化现象不可能只是单纯由规则派生的,总有多方面因素,对于有些文化现象是否能称为文化,还有争议。这里只是论及由泛家族规则起主要作用的文化现象,而且所称文化,是包括精神、观念、共同认识、约定俗成等宽泛的概念,不是狭义上的文化概念。

---

① 猪野健治.日本的右翼[M].张明扬,刘璐璐,译.北京:东方出版社,2013:221.

第一，泛家族的秩序文化。日本人守秩序，善创新，这看似有些矛盾的两面完整地统一在日本民族身上。其实只要理解了泛家族的继承规则、权威规则和等级制规则，就不难理解，在严守秩序的基础上进行创新，实在是日本民族不得已而为之的。岛国的环境相对封闭，祖宗的东西一定不能丢，传统形成的秩序不能破坏，这在日本民间是一种根深蒂固的理念。比如，日本人俭朴、洁净的传统在民间代代流传，虽家贫亦以素洁著称，其中固然有历史上官方的号召和强制，更多的则是百姓的家教、祭神和在环境驱使压力下的秩序性继承与服从。善于继承者，是守秩序的典范，能得到周边人们的点头称许；在继承的基础上有了创新，便是值得称道的楷模。仔细分析，从总体上看，日本人的创新大多发生在经过一番学习而继承的基础上，真正原始创新的东西并不多，所以守序与创新在日本人身上并不矛盾。在严守秩序而传承的基础上进行改进、创新，这是值得鼓励也是最容易成功的路径，无论在生产技能还是在艺术创作上都是如此。日本绘画学习借鉴中国画之后，逐步形成大和绘和浮士绘，而一旦形成，即便是受到西洋画的强烈冲击，依然绵延至今，成为最鲜明的日本民族艺术品。就是今天的动漫，虽然吸纳了不少西方技艺，却仍然可以看出强烈的日本浮士绘的特征和传统。经过持续多年的开放、教育和传承，特别是随着世界先进文化的渗入、全球经济发展的影响，日本民族今天在原始创新方面的能力也有所提升，与过去相比已经有了很大提高。

第二，泛家族的领袖文化。这种文化产生于权威规则、等级制规则和界限规则等。从古至今，日本主体文明可以变了又变，但对家长、主公（企业创始人）、天皇、权威的歌颂从来不绝于耳，真正做到了"君要臣死，臣不得不死"的地步。这固然与日本历史上引进中华儒家经典时没有引进"民为贵，君为轻"等"犯上"内容有关，但更主要的因素是在前文中已经详细论述的日本家族发展过程中家族内的领袖、家族之上的领袖所造成的人身依附关系和家族依附制度。无论是村落生活还是政治厮杀，这种依附可以解决很多问题，当然也要付出代价。天皇万世不替的文化便是源于此。在大家族中，与在大企业中、在国会中一样，听领袖的永远没错，错了也没关系；跟在别人后面跑没错，跑错了也能落个好学的名声。由此落下了日本人好跟风的习惯。前面已经列举了外国人对此的看法，其实日本人对此也有深刻认知。著名经济学家森岛通夫曾深刻地指出："迄今为止的整个日本历史上，个人主义从未昌盛过。结果，实际上也就无人强烈地、认真地提倡过自由主义。日本人一直被要求服从统治者、侍奉父母、尊重兄长、在社会中按照多数派的意见行事，没有留下什么余地来解决良心的问题。"①著名学者加藤周一也同样指出:"顺应大势主义的'大势'是大部分集团成员往特定方向的运动。该方向有时有明确的目标,有时目标并不确定。不论在哪种情况下,问题不在于那个方向的是非曲直,而只是因为大多数人都朝那个方向走,所以自己也加入该行列,与别人采取相同的态度,附和雷同,那就是顺应大势主义。"并且,有感于福泽谕吉对这种日本人的痛斥,加藤评论说:"福泽说的'日本人'在100年之后改变了吗?我觉得一点都没有变化。"②

  细数日本历史上对外来文化的引进、消化和吸收的进程,其大体上走过"盲目崇拜—全盘吸纳—与家族文化磨合—改良创新"的路子,表面上轰轰烈烈,实际上不过走出了改进的小步舞曲,社会创新的水平取决于有限的几位领袖的水平。中日维新,日本获得了成功,不是日本改革创新有多快有多广,而是中国基本没改,这才使得步履蹒跚的日本维新走在了中国的前面。日本文艺界也有挑战权威的文艺创作,但那多为"反"之类的创作手法,即挑战约定俗成以吸引眼球,最后都以纳入领袖的权威圈子(旧的或新的)而大功告成。这点将在后面第八章进一步加以论述。

  第三,泛家族的制衡文化。在大陆,自上而下的组织规则所产生的文化现象是平衡文化,但在日本岛国则发生了变异,产生出来的是制衡文化。因为日本历史上存在着双系氏族和家族联合体这样的发展过程,所以,虽然自上而下的组织规则同样需要平衡,但更需要制衡,即对双系氏族的控制以达到衡定状态。这种规则泛家族化的结果便是日本长期存在着府院政治和幕府制,大一统的国家内部是实质上的藩国制,中央政府双头鹰并不能完全平衡,也不能只靠平衡,而必须采取制衡的手段。由此产生的制衡文化不同于大陆的平衡文化,平衡的目的是造成均势,制衡的目的是不出现均势。制衡,就是控制方要有能治住被控制方的手段,迫使其不敢动也不能动,从而达到都不动的状态。也就是说,制衡是强势维持。中国处于弱势时,日本将中日亲善喊入云天;中国刚脱离弱势还没变得强大时,日本就感觉到威胁,一边到处散布中国威胁论,一边拼命扩充其军备。原先自我感觉强势的制衡格局被打破,造成局面不能掌控,未来看不清楚,日本政界人士便很不习惯、很不舒服了。正是这种制衡文化让日本人产生种种焦虑。在日本的公司,上级在年会上如何流泪感动,在酒会上如何醉酒歌舞,作为下级,心里很明白那不过是上级在耍着制衡的一种手段。制衡文化影响到艺术创作中,就是较少讲究对称与均衡,围绕一个中心,突出一个

---

 ① 森岛通夫.日本为什么成功[M].胡国成,译.成都:四川人民出版社,1986:12.
 ② 加藤周一.日本文化中的时间与空间[M].彭曦,译.南京:南京大学出版社,2010:62-63.

重点,可以有各种各样的变势,不对称、不均衡也不要紧。比如浮士绘硕大而夸张的人头像,便是如此结构。比如日本著名书法家井上有一持续30年每年写一个"贫"字,他写的这个字,有上宽下窄的,也有上窄下宽的,还有左斜右歪的,乍看让讲究平衡的中国人很难接受,可是如果你能理解抓住核心、统驭全局、不拘形体的话,还是可以咂出其中的一些顽强不屈、厚重沉静的制衡味儿来的(图3-3)。

第四,泛家族的极致文化。谦虚一直被中华儒文化圈内的所有国家都当成美德,日本也不例外。其实谦虚是家族之间礼仪交往时发生的应对行为。上级对待下级绝不会发生谦虚,也没必要谦虚,一如长辈面对晚辈、大宅面对仆宅、主人面对臣仆一样。谦虚是权威规则和界限规则所派生出来的。这些规则泛社会化后生产的谦虚文化,或可被称为礼仪文化和面子文化。但在日本,权威规则和界限规则除了产生上述文化现象外,更为重要的是产生了偏好走向极致的文化现象。

图3-3 井上有一"贫"字展

首先,岛国被浩瀚的海洋所包围,客观上有界限,实际上无界限;丰富的海洋资源与多灾的岛上现实有太多的制约却又似乎无边无际。其次,在社会行政实践中,在漫长的时期内,有没有最高领袖天皇的"玉音"①并不打紧,即便有也并不怎么管用,因为百姓对主公的指令是丝毫不能违背的,天皇御旨当然也要尊奉,但即便尊奉也是要先听主公的指令。再次,由于实行泛神宗教,本土的神道教尊崇的神并无边界限制,也无好坏之分。这些特殊的国情——宏观界限无形,局部界限分明,远处的权威无用,身边的权威森森,产生出来的文化是一种

---

① 玉音,指日本天皇的声音。

单向文化:界限分明至极却在某一方向没有界限,也就是说,界限之中存在着某一方向的无界限,由此产生出极致文化、耻文化和悲情文化。由于在体制内不能突破界限,从事一项工作便只剩下一条路:把这项工作做到极致,为此终生奋斗。这也是日本的官本位文化远比中国淡薄的根本原因。

为了个人荣誉、家族荣誉、团体荣誉,说到底就是为了面子,也必须拼命去努力,这在今天的日本依然被广泛认同。不能把一项工作做得比别人好,那便是奇耻大辱,因为一辈子从事一项工作还做不好,只能是傻瓜。拼命努力后也不成功,努力了,但做得就是不如别人好,那么可以自杀以谢罪,以极端方式证明自己没有被打败,依然是个勇士,从而挽回荣誉,挣回面子。这种悲情的结局在今天的日本也依然司空见惯。极致文化是否能称为文化,尚有争议,但它肯定包含了所谓的耻文化、悲情文化,也包含着中华儒学的谦虚文化、面子文化、礼仪文化,因为彼此关联,同于一源。极致文化在艺术创造领域也同样有着相当程度的影响,相当多的日本艺术作品表达出一种没有底线却有界限的强烈特色。日本最为发达的性爱影片,当数姐妹篇《爱之亡灵》和《感观世界》①,它们无一不达到了极致。它们不被认作是三级片,是很认真很道德地拍摄出来的,由此还被一些人称为性爱美学,实在是物哀论最好的注脚。2013年殿村任香展出的摄影作品《母恋》轰动一时,便是直接拍摄女性的生殖部位。以无视道德底线而著称,却严格遵循着艺术创作方式的各种规范(界限),从这一点上来说,确实是日本的创造。

第五,泛家族的忠诚文化。毫无疑问,这主要是由等级制规则、权威规则和界限规则所派生出来的。在党派、机关、企业、学校,甚至包括社会团体、邻里街坊,都存在着下级对上级不仅要服从,还必须保持忠诚的现实。忠于天皇、国家、企业、主公、家长、学长甚至前辈,都是天经地义的,忠诚的"美德"在日本从来没有得到清算。时至今日,日本相当多的企业仍在鼓吹忠诚文化,只不过把报效的对象由天皇换成了国家或民族一类的名词。描写二战的文艺作品,无论其作者用心如何,只要祭起为战争死难年轻人的忠诚奉献品德所感动的招牌,都一律会引起普通民众的共鸣,甚至不会遭遇反战者的抗议。因为等级制还在,忠诚文化就不会消亡。即使中华已经不再将忠诚作为传统美德来提倡,日本却依然抱残守缺,难以割舍。日本的中小学课本已经不再将忠诚列入德育课内容,此前有效忠天皇,后来改为效忠国家,现在没有了,但所有的毕业生一踏

---

① 《感官世界》和《爱之亡灵》分别于1976年和1978年上映,均由日本"新浪潮"电影的代表人物大岛渚导演,两部性爱影片为大岛渚奠定了世界级大导演的地位。

入职业场所,绝大多数都会补上这一课,必须让其明白应该忠诚于谁,为谁效力,并在每天或每周开始工作前的晨会上提醒一次。事实上,隶属关系的存在是任何组织都回避不了的,但下级对上级、部属对长官、员工对领袖是否存在着忠诚关系,是区分现代组织与泛家族组织的重要指数。指数高的企业,指向家族式企业;指数低的企业,员工的自尊系数就高,指向现代企业。其他的组织包括政府组织也是如此。

第六,泛家族的汲取文化。这是由垄断规则所派生出来的。垄断通常扼杀学习,在中国大陆,垄断规则产生的是稳定文化,各自的小圈子、大圈子都是为了稳定而设,既为了自身稳定也为了集团稳定,为此甚至不惜抱残守缺。但在日本,由于历史上日本存在着双系氏族、家族联合体,垄断的规则在建立之初便被赋予了取长补短的功能。再加上历史上日本多次被外来文明所征服,文化的传播通常由知识垄断逐步向民间延伸,虽然也有不同文明之间的争斗甚至屠杀,但从总体上说,日本民族发展的历史就是一个不断汲取外族文化的历史。这种汲取并不仅仅限于两次大的文明大融合,靠强权推进,更在于平时不间断地、时时自觉自愿地对外学习过程。垄断,催生的是各个圈子的学习精神,以便打败竞争对手,博取更大范围的垄断。学习中华儒文化如此,学习武艺技击、专业技术、西方舞蹈也是如此。只要不会,就去学习。只要能学到好的东西,哪怕是低三下四向敌人学习也在所不辞。我的是我的,你的也是我的,如同吸星大法,无论多强的外功也要内化为自己的功力。圈子内的不容许外露,圈子外的则多多益善。交流常常是单方向的,芝麻常常比西瓜还大。给人的感觉就像个破落户,总是从别人那里拿走最好的东西,自家拔一毛都难。同样是因为垄断,一旦学习成功,便傲慢,便盛气凌人,甚至干脆拔刀凌人。中国人学习是为了超越对手,而日本学习是为了消灭对手。善于学习的文化同样存在着负面。稍有所得,便沾沾自喜;一管之见,便成流成派。而在这些"流派"中,除了很容易发现外来文化杂糅的痕迹外,很少能真正找出其自身独创的审美感悟,却并不影响其作为一个流派传承下去,热闹非凡。佛教、神道教这些就不去说了,日本陶艺、茶道、花道,都是门派林立,能乐、俳句、歌舞伎,也是各有山头。人们看到的是其中少量的优秀作品,便以为很有些日本特色。其实,那些"流派"能够展示的精品是少数,大多数作品只不过是浪费了大量人力物力而制造出来的玩意儿,通常加上一点神秘的佐料糊弄学员,轻易不会把它展示给外人的。

第七,泛家族的神秘文化。显然这是由暗箱操作规则所派生出来的。由于日本家族发展过程与中国不同,因此产生的官本位思想和文化并没有中国严重。日本人也知道暗箱操作的利与弊,但极少反对暗箱操作,反而认为那是天经地义的。历史上双系氏族产生的高层小圈子决定机制,与神道教对神的敬畏以及后来的儒教宿命论、佛教的转法轮等相结合,将小圈子决策赋予了天命所归的结果,将天命的印记深深烙在家族成员心中。各安天命的现实表现便是各守本分,即使到了现代化的今天,依然各司职守、从一而终。把一件事做精做好,成为一种信仰,产生极致文化的同时,也产生神秘文化。对未知的未来充满神秘与敬畏的思想和认识,甚至左右着日本国民相当多的行为。比如工程祭祀、出海祈祷、开门仪式等匪夷所思的做法,让人瞠目结舌的同时,也彰显着日本人内心深处的神秘主义。这种神秘主义对自己产生心灵的安慰,对别人产生敬畏的折射,都有助于事业的发展,在艺术创作领域里影响更大。日本艺术作品中的神秘主义,过去经常被归结于神道教、佛教等宗教的影响,其实,也同样不能忽视来自现实世界中神秘文化的影响。如果说宿命论与宗教轮回说关系密切,那么日本人动辄自杀的消极避世思想除了与中华道教的影响密不可分外,同样还有来自于现世中个人无法抗争集团暗箱操作的悲叹。10世纪的紫式部曾引用古歌吟咏:"花艳天明时,零落疏忽间。欲明世态相,请君观朝颜。"朝颜花即牵牛花,晨开暮合。紫式部感叹:"此花极似无常人世,令人看了不免感慨万端。"① 村上春树的小说《奇鸟行状录》②的原文直译名应该是"拧发条鸟年代记",拧发条玩具鸟神秘的声响完全可以说是作者在暗示:日本人不过是一群被幕后操纵者拧足发条的玩具鸟,什么时候拧什么时候蹦,拧多大劲就能蹦多高。但作者对此并不明说,只是在小说中反复出现神秘的枯井和无处不在的拧发条鸟的鸣叫声,让其充满暗示。

上述七种泛家族文化,显然与潘茂群在《中外管理与泛家族规则的思考》一书中揭示的中华地区泛家族八种文化存在着一些不同,没有了官本位文化和谦虚文化,却多出来极致文化和神秘文化,平衡文化也变成了制衡文化。这些归纳是否准确、是否全面,都还有待于进一步的探讨。这里做此粗浅的归纳和阐述,是为了更好地分析日本各主要民族文化中泛家族规则和文化的影响力与作用力,反过来也证明深入探讨日本民族的泛家族规则和泛家族文化的重要性。

---

① 紫式部. 源氏物语[M]. 殷志俊,译. 远方出版社,1996:530.
② 村上春树. 奇鸟行状录[M]. 林少华,译. 上海:上海译文出版社,2009.

第四节　泛家族规则和文化作用下的
　　　　日本民族独特的思维特征

不同的文化产生不同的思维方式,不同的思维方式又进一步创造出不同的文化。中华文化、西方文化、印度文化、泛家族文化和日本本土文化,在漫长的历史进程中,在一个个日本家庭、组织中进行着杂糅、重组、磨合、融会,并作用于其中的每一个人,使得日本民族逐步形成了独特的思维习惯。在研究日本民族的一些主要文化内涵前,有必要先对日本民族的思维方式或者说思维习惯进行一些探讨,这不仅因为思维方式也是民族文化的一个重要组成部分,也因为知晓了民族的思维方式,将有助于在下一章展开对日本民族文化内涵的讨论。

探讨一个民族的思维方式是一个庞大的课题,很难在一个章节中说清楚。这里尝试用一种简单的方法来加以概述。现在中美国际关系上有一种流行说法,认为美国人是直线型的思维习惯,而中国人是曲线型的思维方式。这种说法虽然尚缺少足够的科学依据,却因为其大体说出了中美两国人民在思维方式上的差异,而得到较多人的认同。那么,以这种方法来看日本民族,日本民族又是属于哪一种思维方式呢?也许经过对比研究,可以在尽可能短的篇幅里对日本民族思维方式进行一番探讨。

人类的思维方式实际上是人类的行为方式和观念认知方式的叠加,不同的民族存在着不同的叠加,在此,试比较美、中、日的思维方式。

美国人是直线型思维方式,实际可以细分为行为方式的直线型(I)和观念认知方式的直线型(I),两者叠加成双Ⅱ型,或为 = 型。其闭路回环也是直线式的,简称为直线型。这是典型的基督教带来的海洋进取型思维方式,褒奖地说其为率直的利益取向文化不为过,贬损地说其为野蛮的海盗文化也不为过,美国人甚至以此为荣,因为北美大陆就是欧洲的一部分人在这种文化驱使下远渡重洋以某种方式抢到手的。自己打拼来的世界自然不允许别人来管,也不喜欢传统方式,所以他们没有传统,没有旧制,没有过去。其典型思维特征是直来直去,喜欢干脆利落,直接解决问题。目标明确之后,便一条道上奔到底。制定法律和制度后,执行的力度通常远大于制定的力度,更没有通融的余地。人们非常务实,认为一切行为皆应该逐利而定,不考虑变通,更不考虑道义——除非推行道义能够带来利益。对国家的认同取决于国家给自己哪些好处,没有就让它见鬼去。精于大局,疏于细节,实际操作又常常为了有利益的细节而置大局于不顾。强调实力,拳头一定要比别人狠才敢说话,大腿一定要比别人粗才敢行动。说话直奔主题,在会议室里同样主张炮口是校正边界的最好尺子。整个国家永远处在流动中,不承认自己有家乡,也不认为自己有朋友,更不承认自己属于某一个民族。永远以自我为中心,不能理解也不愿理解别的民族有什么想法。做错了就是错了,道歉和反思也是直线型的。所以,他们对待别人的研究报告,除非真正需要,否则从来不看。

中华民族的思维方式是曲线型的,借用符号︵来表示,细分起来有行为方式的︵型和观念认知方式的︵型,也就是说是双︵型叠加,简称曲线型。从A到B或相反,从上到下或相反,中国人在直线无法到达时,很自然地绕着走;有时在直线能到达时也要绕着走。军事上从孙武开始就有著名的"以正合,以奇胜",并在战场上屡试不爽,正是这一思维叠加的反映。经营管理上的"具体问题具体分析""原则与灵活相统一"也是这一思维叠加的典型代表。精于战略策划,更注重细节谋取,两面兼顾的后面,跟着的是"差不多""大约"和"可能"。较少正面对抗,喜欢旁敲侧击。围棋的历久不衰,传递着"不战而屈人之兵"的神话。在社会领域,漫长时间的儒家思想教育、森严的等级制、无处不在的泛家族规则与泛家族文化,促使中国人有话不能直着说,有事不能直接做,形成了世事都是相对的宇宙观。所以,很早中国人就养了曲线思维的习惯。一份情况报告很少直接到达最高领导那里,一个部门可以管好的工作经常安排三个部门去管;提拔一位有能力的部属先考虑把他贬到边远单位;把一件失败的工作说成丰功伟业的本领在全世界仅此一份。当行动上是正︵型的,观念认知上却是反︵型,或者正好相反时,二者叠加的结果常常就是一个闭合的∞,业绩是出现了,效率与效果却不见了。后来的人不断地重审制度以堵塞漏洞,制度越来越严密,非制度性规则也越来越烦琐,寒蝉越来越多,战士越来越少,不到最后的危急关头,中国人不会发出最后的吼声——国歌中就是这么唱的。所以,中国人看待别人的研究报告,习惯性地去看其中存在着哪些缺点。

日本民族的思维方式与中美都不同。日本民族历史上经历过两次大的文化融合,各种文化的杂糅,使得他们在行为方式上存在着︵型思维方式,而在观念认知方式上却存在着I型的思维方式,二者叠加成独特的︵型思维方式,简称曲直型。他们的行为方式与认知方式无法构成闭合,自信便无从产生。自卑便成为他们独处时的状态,狂妄便是他们对外掩饰自卑的方式。他们可以做成伟大的事业,却无法形成伟大的思想。他们精细而坚韧,在尖端的领域做着尖端的事情,义无反顾,真要反顾就会令人惊愕地错位在另一个领域。他们会千百遍地重复同样的操典,也常常会干同样的蠢事。无声的忍耐是惊人的,认错是诚恳的,再犯同样是认真的。他们茫然而神秘,把简单的事情做成复杂,又在复杂中找到宿命。他们偏爱悲观,不能容忍失败,常常以极端抗拒失败,却以屈膝接受现实,让人无法判断其行为。诺贝尔文学奖获得者大江健三郎说日本是暧昧的①,本尼·迪克特说日本人是既温柔又残暴的双面体,蒋百里在《日本人》中说"日本人很能研究外国情形,有很多秘密的知识,比外国人自己还丰富。但正因为过于细密之故,倒把大的、普通的忘记。"更多的学者认同日本人讲话又直率又含糊。"关键的话暧昧地说、后说或不说;人和物本身并不重要,重要的是人和物处于什么状态、做了什么动作;一口气解决相关的所有问题,这是日本民族的特殊思维模式。它反映在日语文字语言中就是:大量使用否定、疑问、形式名词、指示代词系列词;倒着说、关键的内容最后说、不说;表示人和物的'主语'不重要,表示人和物的状态与动作的'谓语'最重要;大量使用长句等。"②这些都是日本民族这种双向加螺旋的思维特征在不同领域的具体表相。由于这种曲直型的ꪴ思维无法构成有效回路,日本民族只能是有选择地反思、半通不通地反思,表现为部分或有选择地失忆。所以,日本人看别人的研究报告,总是看其中有无优点,哪怕一点点进步,也大加赞赏,而内心真实想法从不当面说出。

当然,如此简单地论述美、中、日的国民思维方式也许并不严谨,可以挑出很多的毛病。笔者只是借助这种方式来把日本民族与中国和美国做出一点区分,并非要证明它有着独特的思维方式,而恰恰是为了证明它是两种文化杂交的结果。那么,为什么其他岛国如英国、印度尼西亚、斯里兰卡等,也经历了大陆文明与海洋文明的叠加,却没有出现日本这样的思维特征?这其中,中华文化圈中特有的泛家族文化起到了无可替代的磨合功效。欧美等西方国家也有等级制,也有泛家族规则及其文化的影响,但经历政教合一的中世纪、启蒙运动和文艺复兴运动之后,家族文化被极大限制,人格的尊严和个性的发展得到了充分的肯定,并被法律等多种社会管理形式灌输到社会各个角落。这也是他们的思维方式大多为直线型最根本的社会原因。而中国人产生曲线型思维方式,恰恰是因为社会上存在着严重的等级制,存在着厚重的泛家族规则和强势的泛家族文化传统,所以中国人认为事情解决有很多方法和途径,解决得好只是相对而论,不可能完美解决。两河流域文明也是大陆文明,当其与海洋文化结合时,没有强势的泛家族规则和泛家族文化在其中的磨合与调整的功效,便没有

---

① 1994 年 12 月 7 日,大江健三郎获得诺贝尔文学奖时在斯德哥尔摩瑞典皇家文学院发表了题为《我在暧昧的日本》(直译为"暧昧的日本的我")的受奖辞。
② 陈庆发,丛艳华.日语长句"倒序翻译"法[J].日语学习,2007(7):40.

也不会产生如日本这样的文化,当然也就不会产生日本这样的思维方式,马来西亚、印度尼西亚、斯里兰卡等南亚岛国的文化便是例证。从这个意义上说,泛家族规则和泛家族文化是理解、认知日本民族文化精髓的一个重要入口。

以上初步分析了日本社会各种泛家族规则和泛家族文化,简单探讨了日本民族的思维习惯。下一章开始拟运用这些泛家族规则和文化的内涵,分别探讨在日本民族文化中影响最大、范围最广、时间最长的天皇文化、武士道文化、神道教文化、极致文化和审美意识、暴力意识等,而对于其他一些文化,如制衡文化、汲取文化、玄寂文化等,留待以后另行探讨。

第四章 日本民族的忠诚文化与天皇制[①]

日本天皇制是日本民族特有的一个谜：天皇制度历经千年以上，无论是战国时期群雄并起，还是近代外国列强打开国门控制列岛，无论是日本积贫积弱、乞怜求助之日，还是富强称霸、野蛮抢掠之际，也无论天皇是大权在握，还是被弃若敝屣，天皇的地位都屹立不动，未曾出现过中国历史上异姓王朝颠覆的情况，被后人称为"万世一系"。直到今天，进入发达国家行列的日本，天皇仍然被视为大和民族的精神支柱，被替代或废止的可能性都微乎其微。深入研究日本天皇制这个最大的谜团，对于有效地认知日本社会组织和企业乃至整个日本民族的特性，都有着非常现实的意义。

第一节 日本天皇"万世一系"的历史解说

美国佩里将军率领的舰队于1853年7月抵达日本，并触发了"黑船事件"，就此打开了日本封闭的国门。据说，佩里在登上日本国土之后才知道日本有个天皇，而与他作战的"国王"并不存在，只是天皇之下的幕府将军，这让佩里将军百思不得其解。当他进一步了解到这个天皇实际上是一位什么事也不做的君主，却居然历经千年而不倒台时，他更是搔破头也想不明白。自他之后，很多外国人都在努力想弄明白：日本天皇迄今为止存在125代了，为什么能够做到"万世一系"？或者换一种问法：日本历史上为什么没有中国项羽式的人物公开宣称天皇"彼可取而代之"？为什么日本神话中没有孙悟空之类的人物公开宣称"皇帝轮流做，明年到我家"？为什么在日本文学中甚至也找不到李逵式的英雄动辄大呼"杀去东京，夺了鸟位"？

明治维新以后，在天皇"万世一系"的研究上，包括日本学者在内的研究成

[①] 本章内容曾刊登于《世界民族》杂志2013年第4期《解构日本天皇"万世一系"的非制度性基础——日本社会的泛家族规则及文化的作用》。这里有所修改。

果大致可以分为四种解说。

第一，神说。相传日本天皇为天照大神的嫡系子孙，为神的传人，因而在日本无人可以替代。此说流传久远，很长时期内系日本官方说法，对日本民族影响很大。日本民族是个信奉多元宗教的民族，信奉多元的神主。除了本土的神道教，也信奉佛教、基督教、伊斯兰教等，就连中国儒教神化的人物也同样在日本受到祭祀。在所有日本本土的诸神之中，天照大神是最高之神，是诸神的共主。日本天皇是天照大神的嫡系子孙，因而也成为人间诸侯的共主。圣德太子以后，日本事实上确立了天皇制（此前的天皇且不论"断八代"，即便是见诸文字的天皇也多史无可考）。无论天皇是否执掌政权，作为神的直系后裔，古代确实无人敢替代，害怕亵渎神灵而遭"天怨神怒"，降祸于本家族和子孙。久而久之，日本天皇就成为日本国民信仰的精神支柱，成为国家的象征。二战之后日本颁布了民主宪法，虽然不再尊奉天皇为神，却依然尊奉其为国家的象征，《君之代》依然被确定为国歌便是明显例证。但"神说"需要说服世人的地方在于：历史上君权神授之说绝非日本一国专利，世界上很多国家都有，比如历朝中国皇帝都自称天子，是神龙在世，为什么龙子龙孙却不能延续万世？若想替代日本天皇，完全可以自称为远古某大神的后代，如创造日本列岛的男神伊奘诺尊（伊耶那歧命）或女神伊奘然尊（伊耶那美命）或曾与天照大神争夺权力的主管暴风雨的素戈鸣尊等，作为这些大神的后裔取代天照大神也是合情合理的。或者干脆像丰臣秀吉那样杜撰出自己是"太阳之子"，执掌天下，也完全可以替代天皇。但是没有人这样做。二战后，日本天皇自己走下神坛，亲自向全体国民宣布自己不是神。所以"神说"并不足以说明天皇万世一系的问题。

第二，弃权说。此说是因为日本天皇很早就对世俗权力的掌控采取了极为灵活的方式，有能力时亲自掌权，无能力时就放弃权力，交由实力者掌控权力，因此大权在握的实权者没有必要动摇天皇的地位。但是这一说法显得苍白无力，也无法解释历史上天皇万世一系的真正原因。圣德太子执掌朝政时，天皇是他的姑妈。此时的天皇并非大权独揽，而是事实上的分权制。但圣德太子制定的朝纲，确定的日本的封建制度，却是仿中国皇帝制，由天皇独揽大权；同时组织人员创作《古事记》等书，为天皇制的确立奠定了君权神授的理论基础和合法性。然而后世天皇像很多国家的皇帝一样，并非代代英武，很多的天皇大权旁落，形同虚设，甚至穷困潦倒，衣食犯愁。无论是藤原家族专权的"摄关政治"、上皇掌权的"院政政治"还是武家统治的"幕府政治"，都不是天皇本人直接掌权。即便如此，如同中国的曹丕废掉汉献帝、赵匡胤受禅周恭帝那样臣下篡夺天皇之位的事，在日本政治历史中从没发生过，这在世界上也是非常独特的事情。最典型的例子莫过于日本历史上第一个幕府——镰仓幕府的创立者源赖朝。天皇曾与源赖朝的弟弟勾结,企图让弟弟替代兄长。源赖朝逼死了弟弟,却没有废掉天皇。[①] 考其原因,并不是因为天皇放弃了权力,也不是因为天皇无"罪",而是因为天皇是天下的共主,是神的化身。为了给自己的统治披上合法的神圣外衣,源赖朝必须获得天皇的批准,哪怕这个批准只是形式上的。源赖朝的行为为后世创立室町幕府的足利尊氏和创立江户幕府的德川家康树立了效仿的榜样。

第三,利用说。此说是指日本天皇即便不掌权,也依然有可资利用的地方,掌握实权者可利用天皇来达到自己统治的目的,因而不需要取代天皇。日本历史上有很多次都存在着实权者可以取代天皇的机会,最大的危机就有三次。一是幕府制的创立者源赖朝。二是战国时期的掌权者织田信长、丰臣秀吉和德川家康等人,他们都有取代天皇的实力和影响。这些武士出身的实力派之所以没有取代天皇,最大的原因就在于他们需要利用天皇在民众心目中的影响来巩固自己的统治。三是1945年美军占领日本后,曾经发誓要让日本天皇血债血偿的美军统帅麦克阿瑟将军,在亲眼看见了日本本土军人在天皇的一篇昭告广播下,便自动从各个角落里走出来放下武器之后,他立刻给美国总统写报告,说日本天皇不能杀也不能废,其作用可以抵上100万人的军队[②],原因就在于此前美军刚刚在攻占硫磺岛时付出了惨痛的代价。但"利用说"最大的困难就是不能解释为什么日本天皇在穷困潦倒时也依然在民众心目中还有利用价值。以丰臣秀吉为例,这位自诩为"太阳之子"的穷小子掌握天下后,在民众心目中已经是神,完全有条件取代天皇神的地位,而且他也确实轻慢天皇,却终其一生也没有取代天皇。这里面的原因不是一句天皇可资利用就能够解释清楚的。

第四,综合说。此说是对上述三种解说的综合,认为日本天皇之所以"万世一系",并不取决于某一种原因,而是上述三种原因综合作用的结果。特别是日本进入现代化国家的行列之后,一些东西方国家的学者研究日本天皇制时多采取此说,以此来解释为什么在现代化的日本,国民依然爱戴着天皇。此说表面看似有些道理,但由于每一具体解说都存在着无法解说之处,而综合说常常忽略了其无法解说的集合,在逻辑上就存在着不能服人之处。

---

① 《吾妻镜》第2卷。《吾妻镜》为13世纪末至14世纪初编纂的记录了镰仓幕府历史的编年体史书,又称《东鉴》。全书共52卷,用变体汉文写成,作者不详。
② 麦克阿瑟. 麦克阿瑟回忆录[M].上海师范学院历史系,译.上海:上海译文出版社,1984:183.

第二节　泛家族规则是日本天皇"万世一系"的社会基础

其实,研究日本天皇的万世一系,不在于研究天皇的文治武功,而在于研究日本天皇不能被取代的原因,也就是说必须研究日本社会基础构成中是否存在着支撑天皇制的必然性。日本的学者和外国的学者对此亦有研究。后藤总一郎 1988 年出版的《天皇制国家的形成与民众》一书明确地告诉人们,之所以明治政府能够成功地将日本天皇打造成神明,在民众心目中塑造出绝对权威,除了在民众长久以来的谷灵信仰中存在幻想式的天皇信仰外,另一个原因就是日本民俗生活中存在着"神的双重结构",也就是死后成佛,33 年后再成为祖先或神。虽然出身家庭不同,但人们对此笃信不移。日本学者南博在所著《日本人论》中就此进一步指出:"默默支撑常民这种生生不息力量的是'家'以及'共同体'的团结。日本固有信仰孕育出来的无私情感,是根本上支撑近代日本天皇制及其信仰的来源。"[①]还有很多类似的从不同角度进行的研究,这里不一一列举。这些研究都对历史上天皇制万世一系给出了新的研究方向,为后人继续深入研究奠定了基础。

家庭是社会最小的单元组织,家庭的生存与发展离不开家族。家族的维系制度随着历史演变逐步渗透到社会组织之中,或明或暗地成为维系社会组织乃至政府运行的规则,即泛家族规则。家族的伦理道德演化为社会组织的文化,即泛家族文化。家族制及其泛家族规则并不是日本所独有的,但日本独特的自然、历史环境,加上在历史发展过程中产生的独特的双系氏族制,使泛家族规则在日本表现得特别强烈,并被发挥得淋漓尽致。可以说,正是日本社会最深厚最稳固的家族制度及其衍生品——盛行不衰的泛家族规则和深入人心的泛家族文化,才是支撑日本天皇制最深厚最稳固的社会基础。

一、家天下的物质生活基础支撑着天皇制

日本是个岛国,长期与世隔绝和生产能力低下,在与自然的抗争中,日本民族自然而然形成对家和家族的依赖,并进而形成对以氏族部落为基础的利益共同体的依赖。强烈的家族意识和集体主义倾向可以说是自然环境影响下的一个现实产物。另一方面,交通的不便,闭国的竞争,狭窄的空间,渡来人强行嫁

---

① 南博.日本人论[M].邱琡雯,译.桂林:广西师范大学出版社,2007:328.

接的父系社会制度,都同样迫使日本民众除了利用血缘关系,还必须充分利用亚血缘关系,形成共同的家族联合体进行对外抗争以获取食物和利益。历史上,日本遣唐使从中国学去了先进的经济管理制度,如均田制和租庸调制,实行"公田公民制""班田收授制""租庸调制"等,但仅实施了半个世纪就被改为"不输不入权"的庄园制①,而庄园制正是家族联合体自我发展的现实需要。大宅统领着众多仆从家族,为共同利益和各自利益结成的联合体,正是天皇得以建立古代日本中央政府的现实参照模式,也是中央联合体获得豪强家族支持的现实保证。

自然环境的锁闭和社会竞争的激烈,造就了日本家族的强大与繁荣,造就了所有的社会组织与企业的运行规则都与家族非常相似,也造就了日本民族的两大特征。一是所有的组织无论其形式多么现代化,其内部运行都有着浓烈的家族氛围,都有着森严的等级制,都有一个"家长"或者"名誉家长"。天皇可谓全社会的家长。二是日本国民性格中有着双重人格。作为个人,日本人讲究礼仪,因为个人的礼仪关系到家庭和家族的声誉;而作为家族的一分子,日本人讲究不择手段,因为只有不择手段才能最大限度地维护家族利益。所以,作为个体的日本人是有礼貌的,作为集体的日本人是野蛮的。作为个体的日本人是有责任感的,他们要对自己的言行负责;而作为集体的日本人则毫无责任感可言,他们只需要服从"家长"的命令就行了。20世纪日本军队在亚洲各国侵略的野蛮行径和21世纪末日本企业在国外的集体买春事件都证明了这种民族特性。

现实物质生活中形成的这种日本民族特性,使得无论在政府、团体还是在企业、家庭,都必须有一个人来承担集体的责任。如果掌握实权者不愿意承担这个责任,那也必须有一个名义上承担责任的人。因为只要有这个人来承担责任,哪怕只是象征性的,实际掌权者便可以以集体的名义实施权威统治,并取得民众的理解,因为全体民众都是在这样的环境中生存成长的。"而天皇制的睿智就在于,对民众中多层构造间的纠结与对立,做最大限度的利用。最终天皇得以以救世主的身份高高在上。"②日本社会心理学家齐藤哲雄曾在1977年至1978年间,以东京23区有投票权的人为对象,调查他们对天皇制的看法,得出的结论之一是:对天皇的支援度越强者,权威主义的倾向越强;权威主义越强烈,越能忍受来自权威的压迫。③日本人只专心于实践权威的命令,而对行为正确与否并不太在意。就是实际掌权者也认为自己只是权威的代理人,对自己的

---

① 王新生.日本原古史纵论[J].读书,2009(3):56.
② 色川大吉.民众史的百年历程[Z].讲谈社学术文库,1991:21.
③ 南博.日本人[M].邱琡雯,译.桂林:广西师范大学出版社,2007:327.

行为并不负责,养成了所谓"无责任性"。齐藤哲雄认为天皇制法西斯主义下军国主义者的"无责任性"就和这一点有关。直到今天,日本人对组织内的强烈责任感和对组织外的毫无责任感的例证依然时时处处可见。而这样的民族特性,正是植根于日本岛国家庭所特有的物质生活基础之中。天皇是日本社会的家长,当然就是最大的责任承担者。无论他是否亲自执掌政权,实际掌权者都可以以他的名义号令百姓,实施威权统治。

二、泛家族的社会组织基础支撑着天皇制

日本家族制的泛社会化程度也远比别的国家来得深入。中国和日本的封建领主社会都是世界上最长的,但日本的封建领主制,因为大宅与小宅家族的关系、领主与所属住民的关系,更多地表现为人身依附关系,所体现出的奴隶制成分则更为深厚。著名的武士阶层则干脆就是领主的家臣,为了领主的利益,武士可以倾家荡产甚至杀身成仁。忠、义、勇、信等所谓武士道的核心价值观都是针对领主而言的,只是到了明治维新之后才被当政者有意识引导到对天皇的效忠方面。这种对领主的绝对忠诚扩展到社会的各级组织、各类组织,将家族规则泛社会化,使得日本民族成为世界上最容易形成共同体的民族。在日本,无论你去哪个单位或组织,最经常听到的话就是:"××组织(会社、单位、机构等)就是我们全体职员的家,希望大家共同努力,争取更大的成功! 拜托啦!"

在共同体的内部,共同体的利益高于个人和小家族的利益;在共同体的外部,残酷竞争就是其维护共同体利益的不二法门。有公司员工因为完不成销售任务而羞愧自杀,同业竞争的公司也会以不光彩的手段逼迫竞争对手退出市场。历史上,为了协调各个共同体之间的竞争关系,圣德太子确定天下共同体的共主就是天皇,并且通过神道来加以确认。为了避免两败俱伤,日本各地的共同体逐步承认了天皇的共主地位。通常人们只关注到天皇代表神的旨意这一面,却常常忽视了天皇还代表着天下共同体的共同利益,维系一整套大家所共同遵循的共识。哪怕这种代表只是名义上的,也必须要有,否则每一个共同体的存在不仅存在着合法性问题,而且存在着是否能得到其他共同体承认的问题。承认天皇的存在,等于承认继承规则、权威规则、界限规则、用人规则等泛家族规则,承认这些"游戏规则",大家才能共同"玩下去",否则便是另类,便无法彼此取得信任。德川家康及其子孙都有"挟天子以令诸侯"的事实,没有取代天皇并不完全因为天皇还可以利用,而是不能取代也无法取代,否则他将损害各类共同体共同遵守的规则和"共识",从而就有可能导致天下分崩离析。直到现代,日本国内的各种各样的利益共同体、联合体、联盟、结社之多常常让外国

人为之瞠目,甚至有工业企业与银行结成的共同体,经常让欧美等国外投资者难以应对。

泛家族规则在民间、在企业、在社团、在政府组织内部广泛起作用的结果,便是天皇成为最受欢迎的角色,尽管他已经不代表神,不代表权力,但他代表着大家都愿意遵守的共同规则(不是法律的法律)——泛家族规则。据1946年5月日本《每日新闻》关于宪法草案的舆论调查,支持天皇制者占85%,反对者占13%,工农的支持率最低,也达55%。1989年,日本《读卖新闻》进行的舆论调查结果显示,有82%的日本国民不反对目前的天皇制。[①] 四十多年过去了,随着工业经济和科技的突飞猛进,日本社会外观上已经有了天翻地覆的变化,但是对天皇制的认识变化不大,只能证明在日本社会内部的运行机制上,泛家族规则盛行的状况并没有太大的改变。可以这么说,只要日本社会的基层组织——企业、团体、机构等各类组织依然由泛家族规则牢牢控制着,天皇就必然是民众尊敬的最高偶像,尽管他们极少有机会接触这位偶像。

第三节 泛家族文化决定了日本天皇"万世一系"的文化基础

都说日本人敬业爱岗,也都说日本人干事"轴",问日本人为什么会如此,有时他们自己也说不清楚。其实,在日本各种文化熏陶之中,泛家族文化对培养日本人的精神作用最大。泛家族文化中又以忠诚文化对日本人的影响最大、最为显著,也最有日本特色。它是天皇制万世一系的文化基础,也是日本其他文化的内核之一。忠诚文化在发展的过程中,融合了儒家的家国文化,也融合了神道教的敬畏文化,更由于特殊的岛国家族传承和社会文化融合的历史习惯,使得忠诚文化并不常见于文字条规,却无时不在日本人的左右。很难想象,没有全社会的忠诚文化,日本天皇的万世一系能够长久支撑下去。

一、泛家族文化决定了忠诚的对象

忠诚文化最核心的问题是:对谁忠诚。很显然,日本没有哪一层组织会做出这样的统一规定,但泛家族文化则巧妙地解决了这个问题。如前所述,日本家族发展过程中,除了产生个人对个人的依附关系,即个体对个体的忠诚外,更为重要的是个人对家族的忠诚,在泛社会化后演化为个人对主公的忠诚,以及

---

① 南博.日本人[M].邱琡雯,译.桂林:广西师范大学出版社,2007:328.

家族对整个家族联合体的忠诚、联合体对集团的忠诚,进而演化为对天皇的忠诚和对国家的忠诚。也就是说,日本的忠诚文化包括两层核心关系:一是个人与家族集团的关系;二是家族与集团的关系。在日本,很早就形成的与中华大陆不同的事实是,个人与家族或集团的关系不是松散的关系,而是紧密的依附关系。历史上日本人就很难迁徙,甚至离开村子便无法存活。家族和村落(集团)便是其终身不得不忠诚的对象。而家族与家族之间也不是中华大陆那种松散的关系,而是小宅紧密依附大宅的关系。规范这种忠诚行为的内容,来自于中华儒文化的"义、礼、智、信",独独少了"仁",而被加上了"忠"和"勇"。尤其是"义""礼"被发挥到淋漓尽致的地步,显现出日本民族的特色,那就是个人的渺小与个人英雄主义古怪的结合并达到登峰造极的地步。对于主子、家族、集体而言,个人永远是微不足道的,"忠"和"礼"是个人应该尊奉的最高信条;而对于主子、家族、集体以外的人而言,"义"和"勇"则是个人英雄主义的强烈表现。卑贱和尊严的古怪结合便是蔑视自我肉体以达到精神上的升华,这或许就是所谓"大和魂"的精髓。生若樱花之灿烂,死如秋水之静闲,其源头之水便是泛家族文化里的忠诚、信誉、礼仪、勇敢等。忤逆家族、集体、组织的事即便在今天也为日本社会所不齿,当然也就不可能忤逆远在家族、集体、组织之上的最高形象代表:天下主子的主子、各家族的总掌门人、各集团的总头子——天皇。尽管在相当多的时候这个最高形象代表只是名义上的,但在老百姓的心中是传统文化的总代表,是民族文化形象的具体外在,或者说是一个总符号,那是必须尊敬与效忠的,忤逆他便如同表明自己在忤逆家长一样。在这里,天皇本人的文化修养和对外形象在日本人民心理上所起到的影响作用并不是没有,但只是浅层次的,根本的影响还在于民众对传统文化形成的心理习惯和对传统的认知。

二、泛家族文化决定了忠诚的方式

效忠,是表达忠诚最简单也最有效的方式。效忠的方式多种多样,日本最有特色的效忠方式,是通过对神的祭拜来达成对家族、对集团的忠诚。身为神裔的天皇在这种方式中得以万世不替。

从历史到今天,日本一直自诩为神国,日本民族也自称为神的子孙,这一点在日本民俗的各种祭祀和各个节日里都充分得到体现。普通民众自觉自愿参加这些祭祀活动,并不都指望能真正得到神的启示,更多的是表达一种敬畏的情绪——那些毕竟是不得不参加的集体活动。日本是个多神教国家,由家庙与村落崇拜形成的神道教成为日本的国教,天皇就是这个国教的总教主。全体日本国民无论贵贱都是神的子民,这使得日本神道教与东亚各国神灵崇拜不一样。在中国的神话里,普通民众并不是神的子民,只有精英才是天上星宿下凡,是上天派来统治芸芸众生的。神话在中国等亚洲国家,与家族文化还是有一段距离的。尽管中国人也祭祖,但只有功绩卓越并为国献身的祖先才能成为神话中的人物。而日本国民则不同,大家都是神的后代,家族的祖先是神,要祭祀,家族所侍奉的领主的祖先也是神,也要祭祀,再推上去,领主的领主祖先是更大的神,就更要祭祀,最后天皇的祖先是最大的神,其受到全体国民的祭祀自然也就毫无疑问。对于日本人来说,很难想象经常祭拜的神会在某一天消失,没有了天皇就如同没有了祖先一样荒谬。2000年笔者在日本访学期间参观过多间神社,讶于神社之普及,几乎每个社区都有,而且神社里并没有偶像。神官在仪式中拿着一个类似于招魂幡的大物件在民众的头顶上扫来扫去,颇有些像佛教的摩顶和基督教中的受洗仪式。经询问才知道,原来那是为了扫除民众身上的秽气,让大家不要让灰土蒙住了神灵,不要自甘堕落。换句话说,日本人自认为都是神的后裔,进入神庙,日本人并非完全像中国人那样向神祈求或索取什么,有非常事时自然祈求神灵庇佑顺利达成;无事时也经常去神社,祈求的多为保佑自己的神光不被湮灭。只要神光不被湮灭,自然就有达成愿望并最终成神的那一天。二战以后,天皇已经公开宣称放弃神的地位,但民俗对神明的景仰和崇拜并没有因此而消失,日本本土的神道教依然香火兴旺便是证明。民众虽然不再祈求成神成仙,但祈求愿望实现,达成心灵慰藉,仍然是普通百姓的日常生活内容之一。而团体、组织透过神明的祭祀来达到精神层面的团结,获得职员灵魂上对集团的忠诚,则是不言而喻的事实。一些大公司的高层领导集体参拜某一神明的事并不鲜见,一些组织的集体活动简直就是一种祭祀仪式。小泉纯一郎、安倍晋三之辈甘冒天下之大不韪,执着地参拜靖国神社,正是为了迎合日本社会这样一种心态。所以,日本民众对天皇的崇拜固然受到明治时期造神运动的影响,但更大而深刻的影响则来自于日本神道教的泛家族文化内涵。都说日本民族是多神信仰的民族,是宗教自由的国度,但细究起来,并非像人们理解的那样自由。当年麦克阿瑟就曾说过:"除非彻底修改那种古老落后的并由国家控制和资助的称为神道教的宗教,日本永远做不到真正的宗教信仰自由。"[①]忤逆神明的事在今天的日本即使是不信神的人也不愿意干的。

三、泛家族文化决定了忠诚意识的传承

就像大多数民族教育构成一样,日本的民众教育实际上是由三部分构成

[①] 麦克阿瑟. 麦克阿瑟回忆录[M]. 上海师范学院历史系,译. 上海:上海译文出版社,1984:209.

的。所不同的是,日本的教育在这三个部分中都充斥着浓厚的泛家族文化内涵。

第一部分是家庭的教育。这一点上文已经说了,家文化的传统教育至今在日本依然是教育的重要内容之一,而且这部分教育通常是终生难忘的。通过家庭教育与长辈的言传身教,一代代人习以为常地传承了对家族的忠诚、对神明的敬畏和对工作的服从。

第二部分是学校的教育。如果说家庭教育充斥着传统家族文化内容并不是日本民族独有的特色,那么学校的教育充斥着浓厚的泛家族文化则是日本的特色。日本走向近现代化,学校教育功不可没;日本走向军国主义,学校教育同样功不可没。在这个国家的学校教育中,除了传授知识外,还有一个重要内容,就是教育学生怎么做人,传授学生学会集体生活的潜规则,学会融入组织的等级次序,重视个人和集体的名誉。这些教育并不表现为课堂上的说教,而更多地体现在学校组织的各类活动中。所以日本的当政者无论过去还是现在都十分重视学校教育。举一个最简单的例子——学校唱歌来说,日本学校有各种各样的集体唱歌,早晨升旗时集体唱国歌《君之代》,至今还是初、高中寄宿制学校的必备节目。大学各类集会中必有集体唱歌。这种唱歌的本领是从幼儿园就开始培养的,是各类大学从新生入学时就刻意培训的。19 世纪末日本学校的歌声曾经让中国清朝大员项文瑞感到"悚然心惊",他在日记里写道:"歌声十分雄壮,十分齐一,其气远吞洲洋,令人生畏。余心大为感动,毛骨悚然,不料海外鼓铸人才乃至若此。"①20 世纪末日本大学的歌声同样让一名中国留学生大为感叹:"一分不差的 10 点整,典礼开始。随着司会的一声令下,全场'刷'地一下起立,又'刷'地一下鞠躬。铜管乐又起,全场同声高唱校歌……这首歌已经唱了一个世纪了,曲调和歌词都还带着浓厚的着明治维新时代的印迹。但这四千多人真诚严肃的大合唱,这人海声浪卷起的阵阵波涛却震撼着我的心。一股说不出来的力量聚在我心头。我仿佛看到眼前是一条崭新的路:它蜿蜒曲折,它凹凸不平……"②在歌声中传递的是集体荣誉和整齐划一的力量与信心,也是振奋人心的具体手段。事实上日本各类组织中都有唱歌的传统,厂歌、社歌、团歌、店歌、队歌比比皆是,而领导者都热衷于在各种集会场合甚至宴会上指挥下属唱歌,骨子里的原因或者说潜意识就在于培养部下对集体的忠诚。

第三部分是组织的教育。如果说日本的学校教育在泛家族文化的传递上

---

① 张静蔚.中国近代音乐史料汇编(1840—1919)[M].北京:人民音乐出版社,2004:87.
② 小草.留学日本一千天[EB/OL]. http://bbs.cst.sh.cn/cgi-bin/bbs/bbsanc?path=/groups/GROUP_5/Story/DBE1B41DA/D545973E6/D799D7019/DA870DD5E/AA2ED39CA.

还只是初步的,那么日本社会各类组织则是严格而系统的泛家族文化教育的完成者。学生在学校还比较自由散漫,特别是随着日本现代化的完成,日本学校受西方教育方式的影响,对学生控制并不像过去那么严格。当学生踏入社会后,无论进入什么样的组织内,他们都是最底层的"后辈",必须严守前辈或领导决定的一切事情,必须恪守组织里的各种或明或暗的规则。比如说日本人下班后的"自动加班制"。笔者曾向日本某著名公司一位高管询问过:如果现在年轻人不愿意在每天下班后"自动"加班三四个小时,公司会怎么处理? 强迫他加班则违反日本的《劳动法》;放任他自由则要打破"规矩"。这位负责人回答说:这种大家加班,个人擅自不加班的情况基本上没有。真碰上了,一般情况下上司会授意他的前辈找他谈话,告诉他这样做会引起大家的反感。而如果大家都反感他的话,那么他在单位里的前途就堪忧了。如果他不理睬,继续我行我素,他的上司则会亲自出面找他谈话,委婉地劝说他要么遵守大家的规则,要么另谋高就。也许他没有什么过错,但单位不需要他了。不过这位负责人最后也叹气地说:"当然,如果这个人是公司离不开的技术尖子,那么公司也只好迁就他了。公司会教育其他的人,如果你们想学他,那就快一些成为公司离不开的人吧。"他说的这种我行我素的人在一般日本公司里是没有的,在大公司里也极少见,除了极个别从国外引进来的高精尖人才。

日本公司、机构、机关、学校都存在着严重的等级制并不是秘密,其秘密在于这种等级制并不完全在于其外在的表现形式,而在于其沁入骨髓的泛家族文化教育。规则和潜规则、集体荣誉和个人荣誉、无我的牺牲与事业的成功、尊敬领袖与服从前辈等泛家族文化的教育在每一个机关、企业、机构、学校、团体一日复一日地实行着,以至于不少研究日本的学者都误认为日本人没有普世的价值观,而只有小集团的价值观。其实人类社会普世的价值观也存在于普通日本人的理念中,他们更在乎这种普世的价值观为领导、前辈所倡导,并被身边人群认可。即便个人价值观与之不同,口头也绝不敢表达出来。而正是对领导、前辈的服从与尊敬,潜移默化地影响着一代代日本人对天皇这一最高精神和形象领袖的尊敬。这种尊敬已经成为日本人的习惯,就像他们在单位里尊敬领导、尊敬前辈一样。只要看一看丰田汽车的人是如何将丰田佐吉、丰田喜一郎奉为神明,其一代代高级管理人员即便长期在外工作,却连家庭也不搬离丰田家族所在地,就可以理解他们是如何教育和培养一代代丰田员工的了。[①] 尽管下级、后辈可能对上级、前辈有不满,有意见,但尊敬和服从则是不满甚至是反对的基

[①] 读卖新闻特别取材班. 丰田传[M]. 李颖秋,译. 北京:中信出版社,2007:序言.

本前提。现代日本即便有研究西方文化、接受西方进步思潮的少数人提出废除天皇制,也基本得不到大众的响应,道理就在这里。

四、泛家族文化决定了忠诚文化的发展

一个民族的文化习惯来源于这个民族在长期发展过程中形成的文化积累与创新模式,这种模式最鲜明的特点往往表现为如何对待外来文化从而形成文化融合惯性。毫无疑问,日本长期从海外吸收文化,但在引进外来文化的过程中,由于外来文化与日本浓烈的泛家族规则产生碰撞和融合,因此形成了日本独特的文化吸收模式。其最核心的内容就是外来技术可以全盘引进,而外来文化则必须与日本泛家族文化相结合。日本泛家族文化的核心内容是从中国引入的儒家文化,这一点在日本学界是得到公认的。但日本在引入儒家文化时并不是全盘照搬,而是基本摈弃了儒家文化中积极抗争的内容,如"人定胜天""民为贵、社稷次之、君为轻"等内容在日本的儒文化中是找不到的。甚至在对儒家文化最核心的"仁"的概念引进上也是有所曲解或肢解的,并且还说成是日本的特色。著名数理经济学家、马克思主义学者森岛通夫就说过:"忽略仁慈而强调忠诚,只能被看作是日本的儒教所独具的特征。"① 从圣德太子时期到今天,日本国内都将孔子的"仁"理解为仁慈,这可不是如美国人赖肖尔将日本的"神道"理解为神之道路一样的低级错误,而是有选择地回避了"仁"对君主的约束和要求,而只引入了臣属的忠诚概念。从这一点来说,天皇的"万世不替"也与没有准确引入"仁政"概念有很大关系。后来引入的佛教文化、基督教文化也无不经过这样的处理。这就构成了日本民族文化中独特的在技术上全盘吸收而在思想上有选择引进的特色。正是这种特色或者说民族文化惯性,形成了日本民族非常鲜明的排外与崇外并存的特色:在技术上,日本人崇拜所有的外来文化,表现为忠诚地照搬和执行;而在思想上,对危及他们家族式管理制度和思维惯性的文化拒之门外,实在拒绝不了的时候,就要逐步加以改造,常常给人以排外的感觉,表现为忠诚地固守传统。外国人喜欢日本人的礼貌待客,真的移居日本,却发现很难融入日本社会;外国企业很喜欢日本人的谦虚和合作,真去日本投资了,就会发现很难打入日本企业之间的各种战略联盟,特别是日本银行、产品供应商、生产商、销售商之间的联盟,道理就在这里。中国隋唐时期,日本从中国学去了几乎全部政治、经济、文化等各方面当时世界上最先进的制度,但即便是科举制这一后来在中国绵延千年之久的制度,引入日本后也很快就变味,被

---

① 森岛通夫.日本为什么成功[M].胡国成,译.成都:四川人民出版社出版,1986:10.

改造成只维护贵族利益的制度,甚至贵族子女考试成绩不好也照样授予官爵。科举制就这样被改造成符合日本泛家族规则的制度。① 而同时期从中国引入的绘画、音乐、建筑、雕塑等,则得到顶礼膜拜,全盘吸收,认真学习,并在后世力争取得创新,形成日本独特的风格。也正是日本的这种忠诚文化的两面性发展,造就了日本民族很少能够开创新的领域,却能在别人开创的领域内将事情做到无人企及的民族特色。因此,外来文化很少能够危及日本的天皇制,也就不足为怪了。

第四节 日本天皇还会走上神坛吗

日本天皇"万世一系"的这一特点是岛国社会政治、经济、文化作用的结果,是特殊环境下日本浓厚的泛家族规则作用下的必然产物。只要泛家族规则在日本的基层社会还有着稳固的基础,在日本的经济和文化领域还在继续发挥着巨大作用,日本天皇便不可能被废除,也无人可替代。

真正需要关注的不是天皇是否可被取代或废止,而是日本国内依然浓厚的泛家族忠诚文化。这种忠诚文化虽然只是泛家族文化的一种,诚如前文所说,却是影响最深远、范围最广大、时间最持久的文化。简单地说,忠诚没有什么不好,但没有是非的忠诚,也就是中国人常说的愚忠,并不可取。而在日本,却没有这样对愚忠的批判历程。相反,忠臣武藏至今活跃在电影、舞台等各种艺术载体上。四十七浪人的不灭遗音,至今传唱不绝。二战时期日本的母亲们不仅送出儿孙走向侵略战场,而且拼尽全力劳动生产支援战争的画面,连日本人自己都不排除在今天完全可能重现。有一个细节值得注意。东京市谷台纪念馆坐落在日本防卫省大院内,原是二战期间日军参谋本部办公的地方,后来是远东军事法庭审判战犯的地方,2009年改造翻新成纪念馆对外开放。很少有人注意,大门正中当年的菊花图案被悄悄地改为了樱花图案。这个小小的改动意味深长,相信读者自能体味。可以肯定的是,这个改动不会是现场工匠的一时失误,而是有文化的精英们决策所致。日本文化精英特别是掌握话语权的媒体对战争的期待从过去的扭扭捏捏到现在的赤裸裸表白,以至于日本前驻华大使丹宇一郎回国后在博客上写道:现在日本国内的氛围与二战前相似,应警惕战争重演。当反战被一些人推论为对国家、民族不忠诚的时候,反战的声音就将会

---

① 王新生.日本原古史纵论[J].读书,2009(3):56.

越来越低,因为战争中最能表现的忠诚文化是日本民族所不能舍弃的男儿本色、民族之魂。在今天的日本,这个忠诚文化气息浓厚的国家仍然极易走向军国主义。

现代日本几代人共同生活的大家族日渐萎缩,以血缘为关系的家族越来越小,逐渐"核家族"化。以亚血缘为纽带的组织越来越大,越来越泛家族化。泛家族规则成为日本社会运行的基础规则,在新的社会基础中依然如鱼得水。泛家族文化特别是忠诚文化依然如纳豆,成为各类家组织不可或缺之物,也是"家国家"不能舍弃的传统和法宝。在世界发展和日本现代化完成的当下,日本的执政者已经不会也不需要再把天皇推向神道教的神坛,而只需要在精神层面上动员全民族一致对外,就像明治政府所做的那样。在这样的爱国主义和民族生存的旗帜与号召下,日本现代政府仍然存在着带领全民族走向军国主义的可能。天皇有可能走向另一种形式的神坛,以便激发全体国民对新军国主义的忠勇报效,因为民间的土壤还在,忠诚文化发酵的基础还很雄厚。这使得日本民族成为一个极易被国家动员的民族,这也正是全世界特别是亚洲各国人民所需要高度警惕的。

第五章　日本武士道文化

　　武士时代和武士道,是日本最特殊也最引人注目的历史产物。武士时代虽然在江户末期走向式微,武士道却在全盘西化的明治时代突然得到格外重视,在军国主义时期更是成为全民族共同的追求与信仰,成为奴化日本人民的一种精神制剂,成为日本帝国对外扩张的残忍工具。直至今天,虽然日本官方不再倡导武士道,但在很多的日本企业、社会团体乃至日本国民的个人身上,仍然可以看到武士道深深的烙印。对武士道进行的研究很多,但对大多数外国人来说,武士道文化依然是日本民族的一个令人难以理解的谜团。

第一节　古典武士道的文化内涵

　　关于"武士道",日本《大辞林》的解释是:"武士道是在日本武士之间形成的一种道德。它始于镰仓时代,到了江户时代,受儒教特别是朱子学的影响发展起来,被视为明治维新之后的国民道德。它重视对主君的绝对忠诚,要求有牺牲、礼仪、俭朴、俭约、尚武等品质。"①而另一本在日本影响广大的辞书《广辞苑》第五版对此的解释是:"武士道是我国武士阶层发达的道德。从镰仓时代发展起来,江户时代受儒家思想影响并集其大成,成为封建统治体制观念的支柱。武士道重视:忠诚,牺牲,信义,廉耻,礼仪,纯洁,俭朴,俭约,尚武,名誉,情感。"②中国的《辞海》解释说:"武士道是日本武士遵守的封建道德准则。始于镰仓时代。要求武士有忠勇、节义、廉耻、守信、坚忍等品质。目的在于培养封建统治者的忠实仆从。明治维新后,武士等级在法律上废除,但在教育中仍长期宣传和灌输'武士道精神'。"③

　　中国《辞海》关于日本武士道的表述至少不够完全准确。明治维新之后,武

---

① 松村明.大辞林[M].东京:三省堂,1988:2111.
② 新村出.广辞苑[M].5版.东京:岩波书店,1999:2328.
③ 辞海编辑委员会.辞海[M].上海:上海辞书出版社,1980:918.

士等级制度在法律上已被明确废除,但武士道文化并没有废除,官方提倡的不仅仅是武士道精神,还有武士道的行为规范。这种行为规范也并不仅仅局限在军方或行武之人,而是深入日本教育、社会活动之中,相当大的一部分成为全民族精神上共同遵守的约定俗成的东西,在行为上甚至依然是国民自觉的规范。日本的辞书对武士道的解释就更成问题,什么"明治维新之后的国民道德",什么"发达的道德",如果没有经历过或了解武士道精神熏陶下的日本军卒在亚洲各国犯下的残忍、血腥侵略,仅看这些词条,还真以为武士道作为一种民族精神、一种历史文化确实是"发达的道德"。其作为一种行为规范,对人性的扭曲和自由的剥夺,在解释中完全消失了,日本人引以为自豪也就在情理之中了。

无论日本的辞书还是中国的辞书,都没有对武士道做出历史的区分,而事实上,以明治维新为维度,可以清晰地看出日本存在着古典武士道与近代武士道的巨大分野。

一、古典武士道的起源

古典武士道是指日本明治维新之前的武士道。起源于何时,目前学术界说法不一,但无可争议的是,日本武士道成为一种"道",成为一种行为规范,是在武士阶层夺取了政权之后。公元1192年,武士源赖朝建立了日本历史上第一个幕府政权,标志着日本武士从一个奴仆阶层正式走上社会政治舞台。这个阶层所信奉的条律也正式成为全社会效仿的规范。这种规范逐步发展并完善,到日本战国时期(公元16世纪中叶—17世纪初叶)已经成为武士阶层在思想和行为上都必须遵循的基本准则。

日本从中国学去了在贵族之下的"士农工商"四个阶层的社会划分法,但在实际执行中名不符实。中国的科举制度产生的"士大夫"排在四个阶层之首,而日本没有学会科举制度,也没有真正实施,因而没有"士大夫"这一阶层。再加上天皇"万世一系",不能被推翻也无可取代,所以日本历代没有像中国那样严防武人篡位。文士的作用和地位甚至还不如武士,引进来的"士"的概念就逐渐演变成了对武士阶层的专有称呼。在武家执掌政权之后,武士亦成为贵族,日本社会事实上只剩下农工商三个阶层。只不过人们依然习惯地称"士农工商",大约是把没落武士或最低级的武士算在"士"这一层级之中,毕竟他们的境况与身为王公贵族的武士有着天渊之别。

日本武士阶层的出道也不同于中国的武举选拔,表面上看是落实了"猛士必拔于步伍"的学说,事实上也确有不少武士是从战争中一步步走上高级武士地位的,但其真正产生的基础,却是日本社会历史发展进程中出现的家族依附关系。当家族需要保卫时,家族的男丁自然就是冲锋的武士,家长便是武士统领。当家族出现依附关系时,家长便成了大宅的武士,大宅的家长便是众武士的统领。当大宅成为更大的大宅家族武士时,大名及其统率的武士团体便形成了。当大名们服从于将军、组成幕府制国家时,便出现了武士阶层。武士阶层,从国家层面上来说,是典型的家族规则泛社会化后的产物。

二、古典武士道的双重规范

镰仓幕府建立后,古典武士道作为一种个人的技艺和规范开始向全国推广,其实用的功效也同时得到逐步扩大和完善。主要包括了两大内容。

一是作为社会阶层,武士道规定了武士阶层的社会制度。当时,作为贵族的最末一层,古典武士道规定了武士可以享受的社会地位,包括武士世袭的传统、侍奉主公的职责、享有的食邑或俸禄、自我训练和参战、在社区里应得到的尊重、犯罪的豁免等。这些制度性规范,确立了武士在社会层面上的地位,也确立了武士在日常生活中的功能。丰臣秀吉刚侍奉主公时,职责是为织田信长提草鞋,但作为最低层级的武士,他已是公家人,享有稳定的年薪,可以佩刀、衣锦,与农工商发生争执时有免罪等特权。更有记录显示,因为武士特权成为社会制度,所以有时仅仅是为了试试新刀的锋利程度,武士便可以在桥头随意斩杀过往庶民。武士肩负保家卫国的重任,很显然,武士首要的任务,是保家。当武士成为一个社会阶层之后,才又增加了护国的内容。这里的"国",实际就是指领主的公国,是一个放大了的"家"。所以,古典武士道从它诞生之日起,就是家族规则在起作用,其后是泛家族规则及其文化在其中发挥着重要作用。

二是作为特殊贵族,武士道形成了一整套规范。这里所说的特殊,是指武士随时听取"公家"的召唤,无条件以生命为代价替主公排忧解难,也就是俗话所说的"玩命的人"。这样的特殊人群,必须要有一些特殊的行为规范来约束,来训练,来豢养。这些规范大体上包括:

第一,武士必须独立,有独立姓氏和身份。

第二,武士必须拥有忠诚的品格。

第三,独立又忠诚,必然遵循信义,遵守对主人、家族和朋友的承诺。

第四,忠诚又讲信义,就必然要求武士勇于牺牲自我。

第五,为了不轻易地牺牲自我,武士就必须坚持训练以掌握高超的武艺。

第六,要学会高超的武艺,武士就必须专心致志,学会坚忍,所谓宁静如秋水。

第七,要坚忍,便不能承认失败,名誉大于生命。即所谓追求樱花片刻之绚丽。

第八，要达到上述掌控自我的精神境界，武士必须有文化，各种高雅技艺如歌、舞、诗、茶、书等均有助于武士内心的修炼，达到掌控自我的精神境界，才能练成上乘武功。

武士必备的看家技艺当然还是练武。当一种技艺与文化紧密结合起来，成为有理论且有实践的一种行为规范，才能称为"道"。所以，并不是所有的练武者都可以成为武士。不独立、不识字的日本忍者尽管武功可能更高强，却不能入武士堂，而只能成为高级武士利用的工具。著名的伊贺和甲贺的忍者家族，世代相传，历史上除极少数因战功被主公破格提拔为家臣外，绝大多数终其一身不能成为武士。这个时期的武士道基本上完成了武士道的全部内容，包括成长为一名武士的全部理论和程序，因而武士道也就成为一种"道"了。

三、古典武士道的文化内涵

仔细考察这一时期武士共同遵循的思想和行为规则，其基本内涵可以概括为五个字：忠、勇、信、达、雅。这五个字蕴含了武士修炼的三个层次。

第一层次是"忠""勇""信"，这是武士必须具备的基本素质。忠诚、勇敢、讲信义，三方面内容缺一皆不能称为武士。

第二层次为"达"，这是对武士较高的要求。武士不仅要做到"忠""勇""信"，还要通晓武士道的全部理论和规则，不仅自觉信奉之，而且在"忠""勇""信"三方面都能达到较高的境界。

第三层次为"雅"，这是对武士最高的要求。武士不仅要做好"忠""勇""信""达"，而且要能够通过各种方式来增强自身修养，比如书画、

图 5-1　伊达宗政的雕塑（图片来源为百度）

茶道、参禅、歌舞等，以提高坚韧卓绝、深藏不露、静若处子、动如雷霆的品格，达到静如秋水、灿若樱花的化境。

日本家喻户晓的武士伊达政宗（1567—1636）出身武士家族，可是他先天缺陷（生下来就是独眼），又碰上后天失调（遭母亲嫌弃）（图5-1）。这些苦难的经历培养了他的"忠""勇""信"，13岁第一次统军作战便大获全胜，其后统率著名的3杰24大将屡获大胜，勇冠天下。他可以屠城，可以斩杀下毒的弟弟，但他

在放逐母亲后闻知母亲无处可依,便又接了回来。手下大将可以叛他,也可以回来重新归依他,皆是被他的信义所折服。然而他最终成为日本最著名的武士,还是因为他善于忍耐和坚忍不拔的精神。当他清楚不可与丰臣秀吉、德川家康争天下后,便一忍再忍,最大限度地保存了自己的领土,以至于丰臣秀吉对他"又爱又恨又无可奈何",德川家康则夸奖他"不愧是一个多智的大将啊"。这种坚忍,得益于伊达政宗能诗能歌、能书能茶的"雅",所以他成为日本后世武士推崇的典范。

第二节 近代武士道文化的衍变

明治维新之后的武士道,可以称为近代武士道。近代武士道与古典武士道在诸多方面存在着较大的不同。

1882 年,明治天皇亲自向陆军卿颁授《军人敕谕》,开篇就强调自神武天皇以来的日本军队,"世世代代由天皇统帅","朕为汝等军人之大元帅,故朕赖汝等为股肱,汝等仰朕为首脑"①。且不说日本天皇无视历史上相当长的时期从来没有统率过军队的事实,仅就这个敕谕来说,最大的改变就是把古代武士对领主、大名(将军)的绝对忠诚转变成了现代军队对天皇的尽忠。也就是说,明治维新以后,日本才打破了千年的传统,军队不再隶属于各领主,而真正属于了国家。天皇的敕谕,又把这支国家军队变成了他私人的武装集团。

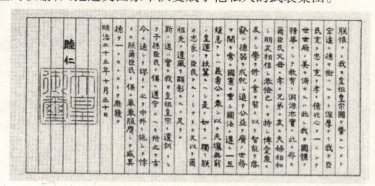

图 5-2 《教育敕谕》

1890 年颁布的《教育敕谕》(图 5-2)把武士道精神从军队扩展至全体国民。

---

① 《军人勅谕谨解》(军人会馆图书部 1941 年版)原文:"我国の军队は世々天皇の统率","朕は汝等军人の大元帅なるそされは朕は汝等を股肱と頼み汝等は朕を头首と仰きて"。

这是日本走向军国主义最重要的标志性文献,也是古典武士道向近代武士道发展的转折点。该敕谕要求全体日本国民日常要遵守各种礼仪道德规范,"一旦缓急,则义勇奉公以扶翼天壤无穷之皇运"①。这等于将武士道的对内对外道德标准——对内要有恭俭礼让、仁爱之心,团结一致等;对外则要有"长刀杀敌、短刀杀己"的非人类决绝——扩展至所有受教育的国民,首先是青少年群体。②

当然,将古典武士道变为近代武士道,并不仅仅是两篇天皇的敕谕就能够完成的,而是与维新领袖、军国主义分子和媒体精英共同合作的结果。天皇的敕谕只不过给了他们一面手中挥舞的小旗。这种改变更是在日本民众深厚的泛家族规则和文化基础之上完成的,没有这样的基础,武士道也不可能完成向近代武士道的转变,更不可能成为全民的信仰。

近代武士道的基本内涵发生了重大变化。

第一,忠诚的对象与古典武士道不一样。古典武士道忠诚的对象是自家的领主,而近代武士道忠诚的对象是国家和天皇。德川幕府可以调整各地大名的封地和人口,以控制大名的发展,却无法调整大名所统率的武士。大名去自己的新领地上任,不能带走原领地的人口、牲畜等财物,却可以带走自己的全部私人武装。

第二,因为忠诚的对象发生了变化,所以忠诚者的成分也随之变化,全体国民皆可成为忠诚于国家和天皇的武士。明治维新以后,全体国民都有了姓氏,已经具有独立的社会地位,这符合武士道的惯例要求。

第三,因为全民皆可成为武士,所以自然对武艺不再追求高深修为,而是改为对武器或机器等各种技艺的熟练掌握。

第四,对武士的文化要求也不再严格,而更侧重于精神的训练和追求。

第五,由追求和维护个人和家族的名誉,改为以尽忠于天皇、报效于国家为最高荣誉。

实质上,这个时期提倡的武士道不过是一个军人的品格和基本素质,是每一个日本人经过训练都可以实现的奋斗目标。明治时代的思想家、道德家、军人、领袖之所以都认同这样的武士道,一是为了在民众心目中把日本历史上著名的武士英雄树立为全民族的楷模,借古典武士道的精神和行为规范来教育民众;二是为了全民皆兵、积极扩张,解决兵源不足的问题,这一点更是现实的迫切需要。也就是说,历史上的武士英雄在这一时期被刻意描画成"忠""勇"

---

① 《教育勅谕》原文:"一旦缓急アレハ义勇公ニ奉シ、以テ天壤无穷ノ皇运ヲ扶翼スヘシ。"
② 石岩. 日本军国主义是怎样形成的?[N]. 南方周末特刊,2005-09-01.

"信"的典范,而略去了他们身上难以普及的"达""雅"。而这一略去,恰恰略去了日本古代武士对自我控制的认知、路径和标准。所以,明治以后的武士道训练出来的日本士兵包括日本平民,将盲目而狂热地报效天皇当成其理所当然的信条,坚忍而富有牺牲精神成为其道德标准,服从而缺乏个性主见成为其显著特征,个体的礼仪和集体的野蛮成为其民族标签。近代武士道就是这样成为日本军国主义最有力的扩张工具的。

乃木希典(1849—1912)出身旧武士家族,自幼接受古典武士道的教育和训练。然而,习武训练尚未达成,时代就变了,他也转为奉行近代武士道的军人。实际上他是一个连"忠""勇""信"这三个层面都没有达标的近代武士道奉行者。他担任联队长时打了败仗,丢了军旗,难称勇武;甲午战争期间他率军攻打旅顺,久攻不下,却有守军弃城后屠城旅顺、再屠复城的劣迹,难称武功;他任督台湾,残杀岛民,却平息不了当地人的抵抗而想卖岛,连好友儿玉大将也讥其"无能"、不称职;日俄战争再攻旅顺,因指挥无方造成日军重大伤亡,在天皇庆功宴上自惭是"杀乃父乃兄的乃木",难称信义;征战东北,更是让中国人"陷于枪烟弹雨之中,死于炮林雷阵之上者数万生灵,血飞肉溅,产破家倾,父子兄弟哭于途,夫妇亲朋呼于路,痛心疾首,惨不忍闻"[①]。这样一个军人,即便以日本的标准也"軍人らしい軍人ではない"(算不上是真正的军人),却被日本军国主义分子和媒体精英尊奉为四大军神之一。因为他有三大优点,一是对天皇绝对忠诚。他平日里统驭部下言必称陛下,每逢败绩便要自杀谢罪。那年月,自杀谢罪的人不说比比皆是,至少年年都有。这位乃木希典先生从中级军官开始,每次自杀都要直接上书天皇,似乎他的自杀非要天皇批准不可,自然,每次都有天皇御赐免死而未遂。后来明治天皇驾崩,不知是报批新天皇恩准了还是没有上报,这一回他和妻子一起自杀成功,忠心耿耿地追随明治天皇而去了。二是这个人不怕死。每战必身先士卒,连两个儿子也因为老子的指挥无能而战死。准确地说,在"勇"这个方面,他的确是一个勇敢的士兵,却不是一个称职的军官。三是他克勤克俭,无不良嗜好,爱兵如子。可以说,他确实"忠",只不过是愚忠;他确实"勇",只不过是笨勇;他确实"信",为了集团严于律己。近代武士道,或者说倡导近代武士道的日本人,只需要全体军人和国民有这样的"忠""勇""信"就够了,所以他被树为军神。他写的诗歌还被收入小学生课本。乃木希典得到歌颂,本身就是古典武士道与近代武士道在不同时代的不同注脚。

---

① 《盛京时报》1906年10月18日报道,第一版。该报刊由日本人中岛真雄于1906年10月18日在沈阳大西门外创办,至1944年9月14日终刊。

区分古典武士道与近代武士道并非只为了纯学术上的意义,而是一种非常现实的需要。这种区分有助于人们更好地理解现代日本社会浓郁的武士道精神,看清现代日本企业等组织浓厚的武士道文化,识别何为真正的军国主义灵魂、何为富国强兵的民族需求。

第三节 武士道是泛家族规则下的畸形产物

从表面上看,武士道是一种个人修身的规范,很多日本学者也都坚持这样认为,并为之辩护。但一种古代的个人修身规范为什么在现代日本社会仍然大有市场?如果仅仅从个人修身的角度来研究武士道,就显得过于肤浅了。

一、武士的个人修为首先源自氏族发展的需要,其次才是个人发展的需要

古代日本经历了双系氏族的发展过程,又经历过部落——家族依附制度的发展过程,这些都是日本的家族构成与其他国家和地区的家族不太一样的地方。狭小的岛国空间和激烈的氏族竞争,使得日本家族里的男子形成了对家族集团的人身依附和忠诚牺牲的两大特性。这些家族勇士演化为职业武士,是伴随着家族之间的联合和依附——家族演化为部落,部落演化为公国,家长演化为领主的过程发展起来的。在漫长的发展过程中,氏族对武士的控制和培养吸收了大量外来文化中有利于氏族发展需要的内容,形成了武士道。

首先,武士道的理论基础源于中国儒家的"忠"和"义"。无论忠诚于主公还是忠诚于君主,忠诚于家族还是忠诚于朋友,"忠"始终不仅仅是个人培养最优秀品质的需要,也是家族发展的需要。"义"原本具有正义、道义、主持正义之意,社会流传又增加了讲信义、重然诺的意思。在《论语·学而》里,曾子曰:"吾日三省吾身,为人谋而不忠乎?与朋友交而不信乎?传不习乎?"李白在《侠客行》中高歌:"三杯吐然诺,五岳倒为轻。"可以说,在中日两国,都有将"忠""义"联系在一起、视其为做人准则的理论传统,虽然两国在氏族发展过程中略有不同,但建有共同的家国文化传统是相同的。故而中国的"忠""义"理论能够很快被日本家族接受,并成为其训练武士的基本理论。同理,正是因为有共同的家国文化传统,明治时期的政治家才能够轻易地将忠诚于领主的古典武士道改变为忠诚于国家、报效天皇的近代武士道。

其次,武士道追求的境界源于中国儒家的无我和印度佛教的寂灭。稍加改变的是,无我和寂灭的前提在日本都成了氏族或团体的发展,个人精神成为次

要，或可有可无。在《孟子·告子上》中，孟子曰："生，亦吾所欲也；义，亦吾所欲也。二者不可得兼，舍生而取义者也。"孟子在这里所说的"义"，即所谓春秋大义，为了匡扶天下的大义而舍身，并无什么不对之处。但是到了日本，"义"成了氏族利益、集团利益甚至朋友道义（中国宋朝以后甚至成了江湖义气）。这也是儒家文化不尊重个体、重视集团的理论内核在日本的具体体现。印度佛教的寂灭思想如"人生无常""涅槃重生"等，对武士道的牺牲奉献精神同样有着重大影响。

再次，武士道的行为仪式来源于中国儒家的庄严和印度佛教的宝相。这种庄严和宝相在日本也被打上深深的氏族和集团的烙印，不再是简单的个体尊严。细数日本古代战国时期自戕的武士和日本近代海外战败时自杀的军人，关乎个人尊严的越来越少，大都鲜明地表现出为集团、为国家挽回荣誉或利益而献身的意义。

无论是古代还是近代，武士道都是氏族或放大的氏族——国家发展的需要。区别在于，当氏族演化为国家的时候，个人修养便可以省略；当氏族演化为企业或各类社会组织的时候，个人修养又十分必要，这就是武士道的各类变种在现代日本企业和各类组织中依然存在的思想基础。

二、武士道的古典追求本质上是一种低成本高回报的奉献精神，在现代日本社会依然适用

古典武士道所提倡的"忠""勇""信""达""雅"的要求，在现代日本社会都仍然不同程度地被提倡。之所以会出现如此复古的现象，并非缘于日本人对传统的偏爱和继承，而是因为现实的市场竞争，使企业管理者需要培养自己的员工具有这些精神，那是降低成本的最好方式。

"忠"是不讲回报的，对于领导者来说就是无成本。"勇"在现代社会就是技能，职工越勇，其效率越高。"信"是经商之本，现代社会仍然加以提倡。"达"在现代社会就是知识和经验的积累，企业达人越多，战略决策越不容易出现偏差。"雅"虽然是个人修养的最高境界，但对企业的经营管理多有益处。这样的人通常被企业树为后辈学习的榜样。

时至今日，日本的很多大型企业，其生产营销运行机制是现代化的，而上下级人事管理却与之并不配套，无论对错都听命于上级，这点正是现代版武士道精神在企业的体现。古典武士道的严于律己、甘于奉献的精神是任何现代企业或组织都难以拒绝的，甚至会刻意提倡，只不过换了一些名词罢了。但是，这样的武士道精神虽然被欧美企业管理者所羡慕，却无法学去，因为无论是古典武士道还是近代武士道，都是基于对个体生命的无视和对人格尊严的践踏的，在欧美根本没有这样的社会基础和文化氛围。

值得一说的是,现代日本社会对武士道从未做过上述分析,似乎一说武士道就是指古典武士道,然后又根据现实社会发展的需要,来证明企业或其他各种组织提倡武士道精神并没有错,又以此来证明明治维新时提倡全民武士道也没有错,从而证明军国主义者当年借助武士道发动战争也没有错。在这里,偷换的不仅是前后两种武士道的概念,更重要的是混淆了两种武士道文化之间的差别所带来的截然不同的后果。而最大的问题是:日本历史上的武士道对人格和生命的极端不尊重与现代日本国民的民主平等自由之间的矛盾,被一句"继承传统文化"轻轻掩盖了。

三、武士道的制度基础是泛家族规则

当今各国的企业都存在着等级制下的泛家族规则,只是程度不同罢了。日本的企业和社会组织至今依然是世界上最忠实的泛家族规则的执行者,武士道在日本就必然成为企业家或社团领袖追求的规范。武士道在日本难以被深入批判并加以清除,其根本原因就在于日本社会不可能批判武士道赖以生存和发展的泛家族规则,他们甚至根本就没有意识到泛家族规则和泛家族文化的广泛存在。

丰田公司的企业文化集中表现在《丰田纲领》,在那里面虽然能够感受到强烈的日本特质,但似乎并没有武士道的原则在里面,甚至有中国企业拿来认真加以学习和借鉴。但仔细研究则不难发现,丰田公司就像它的所在地历史上盛产著名的"三河武士"一样,它培养出来的一代代员工都太像武士了。比如极为看重新员工对企业的忠诚度培训,甚至第一期培训的员工就干脆自称"丰田的直系家臣"。比如对技艺的追求达到了疯狂的地步,为研发一款新车,3年内各部门自发的专题会议就达668次,而且多在休息日召开。比如公司就是一个大家庭,这在其《丰田纲领》有明确宣誓,其内部森严的等级制度也不言而喻。比如要求员工奉献奉献再奉献,以至于有员工妻子抱怨说:"拼命让人工作,工作,这简直太残酷了,就像是过去的奴隶制。"比如雇佣关系变成了主仆关系,主人的恩情无法回报,以至于高级管理人员无论在天南海北工作,每年都要在固定的日子里回去参拜丰田创始人的陵墓。其实类似于丰田公司的这些明文规定和约定俗成的做法,在日本的企业比比皆是。比如三井集团、住友集团、索尼公司等,都有领导人员参拜创始人神社的传统。一位日本企业的人事管理官员说:"日本人的精神深处,潜藏着这样一种意识:领导魅力是通过血缘关系传承

的。这是同天皇制和家族制相通的一种很自然的情感。"①

四、泛家族文化的影响依然控制着日本,武士道精神不可能得到批判,甚至还会得到歌颂

日本的文化精英特别是媒体可以批判明治维新以来的军国主义和穷兵黩武,也可以笼而统之地批评近代武士道是一种损人不利己的精神桎梏。可是这种批判一到具体人的身上则往往语义含混起来,因为在他们生活的各个角落里都看不出武士道特别是古典武士道精神有什么错。除了不再需要练习骑马射箭外,作为个人修养的武士道精神基本上都与日本企业和组织大力提倡的精神操守高度吻合。文化精英们看不出为什么要反对,甚至他们自己工作的研究所、报社杂志、出版社、电视台等场所内,每天都充满了同样的泛家族文化,同样需要一些武士道精神追求。他们中间的大多数人浸润其中,看不见弥漫在周边的泛家族规则和文化,久在鲍肆而不觉其臭,自然也就无法抗拒武士道精神。作为文化精英,他们感觉到不舒服,特别是当他们的个人尊严和人格受到践踏与限制时,他们也会反抗;但在其手下的文化作品中,他们依然去歌颂武士道精神,认为那就是民族文化,或者说民族精髓。

1945年美国大兵们占领日本后,观看日本二战期间的电影,发现几乎所有的电影都深刻真实地揭露了战争的残酷和血腥,便认为日本人民早已经在反战。其实美国人大错特错了。日本电影人这样的揭示其实全为了更好地衬映主人公们那忠诚、勇敢、坚忍、不屈的武士道精神,歌颂的是他们的奉献牺牲和服从命运的精神。这才是他们真正想号召全体国民学习仿效、参加战争的榜样,才是他们参加二战法西斯行为所能做出的最大贡献。战后30年拍摄的《啊,海军》,标榜的却是另一样的主题:也许战争是个错误,作为战争中的武士,山本五十六是个英雄,全然不顾他是一名不折不扣的战争罪犯。又30年后,日本那个极右分子石原慎太郎在任东京都知事时,仍然

图5-3 日本报纸上刊登的电影《我这是为君而死》广告。相比较而言,中国人拍摄的《南京,南京》几乎没有日本媒体愿意为其发布广告,媒体的倾向性便体现在这样的细节中

---

① 读卖新闻特别取材班.丰田传[M].李颖秋,译.北京:中信出版社,2007:11、114、197.

主持拍摄了一部电影《我这是为君而死》，公然歌颂二战时实施最残忍、最无视生命的神风特攻队（图5-3）。三个时期的电影异曲同工，恰恰说明无论时代怎样变化，日本的企业和各类社会组织都仍在提倡这样的武士人才和武士道精神，也反映出日本的社会运行规则中还充斥着大量的泛家族规则。也许用不了多久，二战的战犯头子东条英机也会成为这样的英雄登上日本文艺舞台，因为相比较而言，东条英机比山本五十六更严于律己，更克勤克俭，更有奉献精神，自然也更加符合武士道精神。

第四节　武士道文化的现代影响

到了现代，由于日本军国主义的彻底失败，武士道也几乎成了东亚各国人民批判的对象而臭名昭著。但在日本国内，对武士道精神的追求并没有消失，就像虽然中国的儒家早已不存在，儒家文化虽经多次批判，却仍然滋生蔓延一样。日本人将武士道改装成民族文化，打扮成"国粹"，纳进传统文化继承和现代组织教育之中。突出表现在四个方面。

一是武士道这个词不再提起了，但武士道的内容，比如"忠""勇""信"，比如"奉献""牺牲""服从"，等等，仍然是全民族歌颂的品德。

二是不再提忠诚于天皇的口号，报效国家成为企业和个人追求的最高境界。

三是员工忠诚于企业或集团仍然是天经地义的，服从仍然被许多正式组织和单位列为明文规定。

四是严于律己，追求极致，至今在日本企业和社会组织中得到推崇，虽然没有明文规定。

反过来看，如果一个日本人不具有上述行为，则在日本被认为离经叛道，甚至很难自保。美国占领日本时竭力推行西方经济制度和西方文化，但不要说被改造的日本传统企业，就是新生的企业如丰田公司，尽管在公司架构上可能完全西化，但在公司运转上真正起作用的还是日本传统模式。比如丰田公司的经营理念就是如此规定的："①上下一致，至诚工作，产业报国。②致力于研究和创造，永远领先于时代潮流。③戒华美，追求质实刚健。④温情友爱，营造家庭般的和美氛围。⑤尊崇神佛，心怀报恩感谢之情而生活。"[①]一个新生的企业不

---

① 读卖新闻特别取材班.丰田传[M].李颖秋,译.北京:中信出版社,2007:28.

以利润最大化为目标,而以产业报国为终极追求,这样的企业纲领让美国占领者们百思不得其解。为什么会这样呢?1959年创办京都陶瓷株式会社(京瓷)的稻盛和夫曾经遇到过因为拖欠员工工资而遭到新招收大学生集体辞职的事件,当时公司墙壁上悬挂着的西乡隆盛的"敬天爱人"条幅给了他巨大启示。后来他在谈到确立"敬天爱人"为社训和公司经营理念时说:"'在追求全体员工物质和精神两方面幸福的同时,为人类、为社会的进步发展做出贡献。'这个经营理念的确立,既非圆技术者之梦,更非满足经营者的私心私欲,而是为员工,继而为社会、为世人——这就确立了公司的大义名分。"①

为什么稻盛和夫认为如果他这样做了,就能够让全体员工具有崇高感和大义感呢?或者换句话说,为什么崇高感和大义感就能够激励日本员工而不能激励其他国家的员工为企业的发展殚精竭虑、奉献终生呢?根本的原因就在于"营造家庭般"的基础,有了员工没有理由拒绝、反之就会被视为异类的崇高与大义,自然就有了"京瓷公司的全体员工才能齐心协力,团结一致,推进创造性的技术开发,继而多方面拓展事业"②。员工无法反对的正是人人皆知的一种精神,这种源于家庭而充满了大义的武士道精神和文化气息弥漫在环境中,明知对个人的诉求不利,却又无法摒弃,无法躲避,无法不用,就像空气。忠诚于国家,还是忠诚于天皇,对于普通日本人来说并无太大的区别。他们首先需要一个忠诚的对象,因为他们生活在一个不忠就是背叛的"家族"中,至于忠诚的对象是谁倒是次要的。

武士道作为一种"道",在日本已经没有太大的公开市场,但武士道作为一种文化,一种精神,还会在相当一段时间内持续发挥着作用,并且随着日本企业组织规则以及日本社会组织规则的衍化而变化。至少在没有改变武士道文化赖以生存的基础之前,武士道文化大体在两个层面上正发生着变化。

在国家层面上,武士道文化正日益受到四个方面的巨大冲击。一是公司股权多元化的冲击。历史上双系氏族的冲击,让勇士们由忠诚于母亲转向忠诚于家族集体。现代社会股权太过分散,让公司员工难以明确忠诚的家族对象,不得不向忠诚于企业转变。这是武士道的"忠"的思想在现代日本社会最大的变化。二是跨国公司的冲击。随着日本公司走向海外,多元文化和庞大的公司管理架构都对企业管理规则形成冲击,化解森严等级和界限壁垒需要员工更多的合作、各层面的协调,势必使得过去重视武士道个人的"勇"或高超技艺受到相

---

① 稻盛和夫.活法(三)[M].蔡越先,曹岫云,译.北京:东方出版,2009:66.
② 稻盛和夫.活法(三)[M].蔡越先,曹岫云,译.北京:东方出版,2009:67.

当程度的影响。武士道的精神将更多地侧重于转向团队拼搏,让团队合作成为个人奋斗的新衍化。三是现代技术的冲击。现代技术特别是网络技术必然带来个性张扬,以员工的"忠""勇""信"为基础的制度和规则受到强烈挑战。特别是日本年轻人,在现代网络开放的环境里成长,从小受到的泛家族文化教育远比长辈要少得多,对公司里严酷的等级制挑战也越来越多。尤其随着越来越多的企业无力提供终身雇佣制,这种挑战也将越来越不可遏制。四是日本妇女的影响。日本历史上没有女性武士(个别例外)。作为公民,日本妇女受近代武士道的影响很大,二战期间的日本妇女也是为法西斯战争做出巨大牺牲的团体,让世界震惊。尽管如此,妇女身为母亲和妻子,过多的牺牲与奉献从表面上看符合家庭利益,其实不然。尤其是进入现代化、全球化时代,越来越多的日本妇女不满家庭的禁锢,希望兼顾家庭的同时追求自身社会价值的呼声越来越高,妇女的投票权也越来越影响到日本政局。这也是战后日本极右势力虽然猖狂却总是难以成功的原因之一。

在社会基础层面上,大量存在的中小企业和社区组织中,武士道精神依然还大有市场,因为泛家族规则在基层也特别深厚。这些组织和企业却是日本社会的中坚力量,大多数日本人都是在这些企业和组织中就业。从某种意义上说,日本的民族特性也是在这个层面上养成的。

在这个层面,依据武士道文化的强弱程度,可以将企业和组织大致分为三类。

第一类是武士道文化强烈的企业和组织,其特点是企业短期效益突出,而长期发展艰难,常常陷入孤注一掷的博弈,是典型的家族企业。这样的企业寻求的必然是超速发展,但超速发展是毁灭,不超速发展也是毁灭。日本经济从20世纪60年代开始起飞,直到今天还经常可以看到这类流星式的企业,不胜枚举。

第二类企业和组织是依附于大企业或上级组织的,长期依托大企业稳定的订单或者上级组织的任务而存在。日本大企业上下游都有很长的产业链,在产业链上中小企业如葡萄串似的对大企业有着很强的依附性。这些中小企业本身无所谓自身文化,大企业经年累月向它们灌输着泛家族规则和文化,武士道文化不想听不想学恐怕也难。下级社会组织更是如此。

第三类是武士道文化比较弱化的独立企业和组织,其特点是发展比较稳健,能够吸纳其他文化精髓,也最能代表日本特色。这类企业和组织近年来受到海外文化的影响,在企业内部对泛家族规则的抵制也越来越强烈,在文化艺术领域对武士道灭绝人性的规范也越来越反感。同时,这类企业更接近日本家庭和社区,现代日本家庭少子化趋势和单亲家庭越来越多的趋势,以及社区和平主义的倾向,都影响和制约着这类企业和组织的泛家族规则的复制和衍生。反过来,这类企业和组织的存在,也影响着社区和平主义的发展。

  总之,武士道文化在日本还有着根深蒂固的非制度性社会基础,还可能以别的面目出现,其自身受到的挑战和制约虽然越来越大,但在成为极端民族主义精神支柱的同时,也必然会在相当长的一个时期内成为深刻影响日本国民生产和生活的文化因素。全盘否定或全盘继承都是要不得的,这一点只能寄希望于日本人民有区别地吸收和顺应潮流地扬弃了。[①]

[①] 奚欣华.武士道的历史区分及其存在的社会基础分析[J].学术界,2011(1):183.

第六章 日本神道教文化

就宗教信仰而言,多神信仰并不是日本民族的特色。日本民族宗教信仰的特色是一个人可以有多种宗教信仰,并且形成了全民族的习俗,成为其独特民族文化的重要构成因子。大多数日本人出生和成长时祈祷于神社,结婚典礼要在基督教堂里举行,死后却由和尚超度并葬在佛寺。一个人的墓碑上,既刻有现世姓名,也刻有神社祝词,还刻有佛堂谥号。

日本民族似乎是一个特别信奉宗教的民族。据1981年日本政府的统计,全国宗教教徒共达20927万人,是当时日本人口总数的1.8倍。据2015年3月公布的统计,截至2014年12月31日,随着人口的下降,全日本有19017万人信奉宗教,依然是总人口的1.5倍,表明一个日本人信奉几种宗教的习俗并没太大的改变。其中,2014年1.27亿总人口中信仰神道教的信徒高达9126万人,比信仰佛教的要高出5%。[①] 如此大比例的信仰,就不能简单地说日本是个多元宗教信仰的国家,而有必要深入探讨为什么现代社会的日本民众对神道教信仰依然如此居高不下。尤其是:在多宗教信仰中,日本神道教究竟是些什么内容、对日本民族文化起到了什么样的作用?日本右翼政客及部分军政要员为什么要顽固坚持参拜靖国神社?本章试图通过对日本神道教与日本社会泛家族规则进行解读和分析,勾勒两者之间存在的对应关系,尝试对上述问题做一些较深层次的探索,以便更好地认识神道教对日本民族精神的促进和挟持,更好地尊重日本民族的宗教信仰,同时也有助于认清日本右翼如何利用神道教信仰来达到其目的。

---

① 引自日本政府统计综合窗口:http://www.e-stat.go.jp/SG1/estat/NewList.do? tid = 000000l018471。

第一节　不能用普通的宗教理念套观日本神道教

如果一定要把日本的神道教称为宗教,那么只能说它是世界宗教界的一个异数。深入考察日本的神道教,观其行,视其义,察其表里,度其演化,再较之世界主要宗教,便不难发现日本神道教一直游走在世界宗教的边缘,存在于宗教与非宗教之间的含糊地带。神道教被日本人骄傲地称为本土宗教,更多的是因其历史源远流长,还曾一度贵为国教。在日本,神社林立,神官众多,信徒遍野,有样学样,加之本居宣长、平田笃胤等人不遗余力地鼓吹宣传,不是传统也变成了传统,不是宗教也形成了宗教。

可是,源远流长的未必一定就是宗教,要看宗教是否发育完善和成熟。中华儒学就不是宗教,虽然它早已经被称为儒教。印度的锡克教源并不久远,流也不太长,但依然是印度的主要宗教之一。这样的现象在世界各民族中比比皆是。说日本神道教是世界宗教界的一个异数,是基于以下几点分析。

第一,从信仰内涵看,神道教只解决民众信仰的当世问题,并不关注民众的过去与未来,是个半截子宗教。

流传广大的宗教,就其本质来说是一种哲学,是有关人的世界观的学问,解决的是人的过去、现世与未来的问题。基督教、佛教、伊斯兰教、道教、印度教、拜火教,甚至一部分邪教,都有一个共同点,那就是以虚妄的过去与未来,求得解决当世的心理问题,也就是如何看世界、如何看人生的问题。这些宗教自教祖创始以来,历经演变,形成了一套完整系统的教义来对这种世界观加以诠释。严格地说,日本神道教没有教义,从神话传说演绎至今,虽然教派学说林立,却没有统一的经典文献,既难成系统,也难以服众。不同时期不同派别的代表人物对神道教的解释,亦多集中在如何帮助信徒解释自身的内心世界,也就是如何解决现世问题,只为今世,不问过去,也没有未来。在这些著作中,有一个潜在的前提:那就是日本是神的国度,民众是神的子民,生无原罪,死后成神,所以不需要解释为什么今生受苦,也无须修行以求来世。

加入日本籍的欧洲人小泉八云说:"日本的神话,没有产生至福的世界与黑暗的世界的观念,没有使天国与地狱的观念发达起来,这是值得注意的事实。"①牟成文也指出:即便在后来与佛教融合过程中,"佛教的转世轮回或因果报应叙

---

① 小泉八云.神国日本[M].曹晔,译.长春:吉林出版集团,2008:2.

事却被神道教悄悄地剪除掉了"①。日本走向军国主义的道路上,神道教贵为国教而成为全民族的政治信仰,信徒们的未来也就是进入靖国神社受到供奉,类似于中国的图像凌烟阁,与进入天国或下地狱、成神成鬼、轮回转世还是有很大区别的。凌烟阁在中国的后世都不大见重建,因为那只是表彰的一种手段,并非未来的出路,所以不是宗教的一部分。

日本历史上,源赖朝、丰臣秀吉、德川家康等一干历朝领袖,死后并没有进入国家祈祷的神社,当时也没有这样的神社,他们静静地埋在高野山金刚峰寺庙内,配享于自己的神社中。各种神社的祭祀,除去纪念的功能外,主要祈祷神灵对信徒现世生活的庇佑。人们无论是去神社还是在家中对神龛祈祷,并不是如同中国

图 6-1　神社里的绘马(图片来源于百度)

一样祈祷逝者在另一世界安康富顺,从而庇佑家人,而是直接祈祷保佑自身的安康,不要坏了运气或神明。小泉八云就观察过日本妇女祭祀古时一位自杀贵妇的灵,是为了祈祷自己或者自己的孩子不要有不美的地方,不要落到那贵妇的地步。② 今天随便去一个日本神社看看祈祷者留下的绘马,那上面无非是祈求升学、升职或家人的无病无灾(图6-1)。不能系统解释人的前世、今生与未来之间的关系,在哲学理论体系上存在缺陷,在宗教实践上也只强调现实功效,难称完整,个中原因,除了日本古代家族发展的特殊情况外,与当初日本编撰《古事记》《日本书纪》时大规模学习中华儒家文化也有相当的关系。儒家学说有强烈的现实入世观念,不谈过去未来(子不语怪力乱神),因而不是严格意义上的宗教,儒家学说影响了古代的日本人,形成了神道教这一显著的特点。今天的日本人出生后要进神社,实质上是认祖归宗,回避原罪有无之说;死后葬在佛寺,求托于另一美好愿望的未来,也证明了神道教在教义上存在着严重缺陷。明白了神道教的这一基本特征,当今日本政客参拜靖国神社根本不是个人宗教信仰活动,而完全是为了现实的国家政治目的,也就不言自明。

第二,从信仰对象看,只要是神都祭拜,不分好坏,不分他我,彼亦可此亦

---

① 牟成文.神道情绪与日本民族性格[J].世界民族,2009(2):86.
② 小泉八云.神国日本[M].曹晔,译.长春:吉林出版集团,2008:81.

可,是不加选择信奉对象的半吊子宗教。

完整意义上的宗教因其教义的约束,在信奉对象上不能不有排他性,甚至可以说,正是排他性区分了世界上大部分宗教的界限。从自然敬畏和祭祖功能演化而来的日本神道教,号称有八百万神。由于没有天国与地狱的区别,人间"凡死者皆为神"(平田笃胤①语),这种初始的祭祖崇拜又由于双系氏族关系演化成家族依附关系,自然延伸到对强者尊奉之神的崇拜,进而扩大到对天皇之神的崇拜;又由于外来强者信奉的神灵亦要崇拜,延续发展至今,是神皆敬拜,是鬼也敬畏。彼亦可,此亦可;好亦可,坏亦可;有开放无收制,有尊崇无排他。这成为神道教信仰的基础,也成为其最大的特征。神话、释佛、道教、伊斯兰教、基督教等,神道教徒都可以并信不悖。期间的区别或者说信奉与不信奉,是力辟还是融合,全看现实的需要。

历史上,日本的学者与统治者也不是没有看到过这其中的缺陷,也曾采取过严格区分甚至残酷打击的手段,如日本战国时期对佛教和江户时期对基督教的残酷打击便是如此。打击的结果是政治目的都实现了,宗教目的却没有成就神道教的纯洁和一统,根本原因就在于神道教信奉对象上的这种不确定性。

第三,从宗教制度看,有程序无制度,有规定无戒律,是一种没有发育成熟的左撇子宗教。

既然每个日本人死后都可以成神,又何必苦修当世以成未来?又何必需要那些帮助修行的教规戒律?更何况神太多,也没有多少深奥统一的人生旨意教诲,本无所谓违反不违反。除了不能不敬外,没有明确的教义要求,没有严谨的修行目标,也就很难提出严格的朝拜与修行制度。即便是现世神天皇的旨意,历史上也多次长时间被弃之一旁,无人理睬。天皇旨意是否贯彻执行,全看领主们对现世政治的判断。综观日本各大神社和遍布全国的中等神社,大多有自己的朝拜祭祀等相关规定,却没有全国统一的祭拜与遵守制度。即便是贵为国教的时期,一度也曾拟订过这种制度上的约定,大约是觉察到"国教"不能有此缺失,平头百姓和各等神社都被强制尊奉,随着军国主义的破产,也就荡然无存了。所以,日本神道教的祭拜形式是有的,其特点正在于各神社的尊奉形式不一,其弱点也在于这些形式都无法上升到统一制度层面,或者说还没有发育成制度性的约束。比如信徒敬奉方法上,各神社都有各自的祭日和形式,却没有统一的全国性制度性规定。所以有一个神道教,却没见一本教规;天下遍布神

---

① 平田笃胤(1776—1843),日本思想家、理论家,复古神道领袖。他主张人死后都会到大国主神所主宰的"幽事世界"去,按照现世功罪接受奖惩。

社,养活了一大批神官,却没有统一的宣讲、布道、修行的制度。各神官也似乎穿上神服便成为神的代言人、掌握祭祀权力的人,脱去神服比普通百姓还会敛钱过日子。

第四,从传播方式看,神道教信奉对象除少数神如天照大神等为全国性尊奉外,绝大多数为区域性的,导致其传播方式有很大的区域性特点,没有全国传播的内生动力与外在方式,是一条腿宗教(图6-2)。

神道教的神与人相通,现实功利性极强,内涵上的缺失,导致信徒们祭拜什么样的神就根据自己的现实需要进行选择。另一方面,众多神灵如山神、树神、水神、稻神、鱼神、祖宗神等,都有很强的区域性或内置性,不可能传播广远成为公众共同的神,也不需要传播广远的方式。就某一神社而言,传播的具体形式是有的,但综合性的全国性的传播方式受其内涵所限,没有形成。被称为日本三大神社的春日大社、伊势神宫和石清水八幡宫各立"山头",历史悠久,却不像佛教在中国,在"四大圣地"

图6-2 日本熊野山中不仅有熊野大社,也有徐福宫这样的祭祀中国神的小社(摄影:asanohi)

仪规之上还有全国性的统一传播方式。即便是供奉天照大神的伊势神宫(图6-3),一度因政治需要成为国教的"总社",借助行政权力强制推行其祭祀

图6-3 伊势神宫最古老的神殿,还可以看出绳文时代高架仓库的轮廓(图片来源于百度)

与传播方式,也因为二战的失败、天皇的《人间宣言》发布,没有最终形成全国性的传播方式。直到今天,日本四大名山举行的典礼仪程仍很难统一。日本渔夫出海之前祭拜海神、船神的仪式,与丰田公司每年祭拜创始人神的仪式也许只有合掌默祝这一点相同;日本航天局举行的火箭升空祭拜仪式,与日本全国最多的稻荷神社祭拜狐仙的仪式当然更难达成传播上的沟通。

从以上论述可以看出,日本神道教不是一个普通意义上的宗教,与很多普通意义上的宗教相比有太多的不同之处。从日本神道教的历史演变和深层次内涵上看,神道教被腰斩过,被外来宗教冲击过,当然更多的是与外来宗教包括儒教等文化进行过拼接和融合。在岛国的环境下,这种历史形成的宗教不以哲学甚至玄学吸引信徒,构成信仰,而是以其他方式进入人们的信仰领域,在这一点上与世界上大多数宗教如佛教、基督教、伊斯兰教构成强烈的分野。另一方面,日本神道教始终与信徒们共生存、共发展,无论受到打压还是吹捧,本土神的信念始终在民间扎根。不能也不应该仅仅用西方宗教的概念和范式去探求神道教的思想内涵和社会功能,而必须跳出宗教的范畴,从民众信仰与民众生活两个侧面的结合去探求其独特的思想内涵和社会功能,以及历史形成的行为特征和所蕴含的不是严格的宗教意义上的教义。

第二节 神道教独特的思想内涵与泛家族规则紧密相关

如果仅从日本历史上主要教派所留存的经典著作去研究神道教内容,人们很容易陷入巨大的混乱之中:剔除外来文化的深刻影响,神道教各大流派阐述的教义真正属于日本民族的并不多,更无法解释混杂了大量外来文化内涵的神道教又是如何成为日本本土宗教,并且传世千年却既未消亡也未扩大的。更让人费解的是,在今天现代化的日本,神道教作为一个宗教,不仅依然有着庞大的信众,而且实实在在产生着巨大的作用,因此有必要从神道教在民众现实生活中所产生的作用入手,反推其表现出来的思想内涵。不论是在经典著作之内,还是在神官祝仪之外;也不论是其原始信仰的基础内容,还是在与外来文化碰撞过程中的吸收变形,与民众生活息息相关的内容,甚至化为民众习惯的内容,都应该成为研究对象,从中可以得到一些新的答案。限于篇幅,本节不可能全面研究神道教所表现出来的全部现实功能,而只能就其对民众生活主要的影响方面,揭示其核心的思想内涵。概括起来,主要是四个方面。

第一,日本国民强烈的危机感,是创造神道教并使之持续发展的客观社会条件,也形成了神道教"敬畏与奉献"的思想内涵。

众所周知,日本国民有着其他民族所不具备的强烈的危机感,居安思危,不需教化,几乎自然成了日本国民的思维习惯。这种强烈的危机感主要来自于三个方面:

一是岛国的自然灾害如火山喷发、地震、风暴潮等频频发生且无规律,时刻强化着日本国民的危机意识。辛辛苦苦奋斗一辈子,也许在一瞬间便毁灭殆尽,给人们带来的思想冲击是无法用言语来表述的。生活可以一切从头再来,危机意识却积累在人们内心深处,已经如同基因一般遗传下去。日本社会应对灾难的各类组织,组织化程度之高、衔接环节之严密,至今都堪称世界之最,便是这种"基因遗传"的最好证明。

二是岛国的自然资源匮乏,获取不易,不仅是日本国民赤贫的主要因素,也是社会架构中特殊的人身与家族依附关系形成的客观催化剂。有时思无,用时珍惜,养成了岛国居民对自然资源使用时分外精打细算的习惯,同时,也培育了敬畏山川河流等自然资源的思想意识。在远古,祭祀便是人们感谢和乞求自然之神慷慨赐予的仪式;在今天,在神社里默默祈祷一下,同样表达获取资源不易、企盼神灵庇佑的一种心愿。

三是岛国可居住区域内人口相对高度密集,使得日本国民除了自然危机之外,很早就产生了强烈的社会精神危机。这种危机助长了日本社会组织的高度泛家族化,并且在泛家族化过程中进一步促生了国民的敬畏与奉献的特性。

应该说,正是这三种危机因素,共同组合成日本本土宗教的社会意识基础。原始宗教崇拜向神道教的转化,正是充分利用了民间百姓对当世生活不可控的危机意识,尤其是利用其对自然存在和力量的敬畏与膜拜而发展起来的。敬畏与膜拜演化为祭祀,祈求神灵庇佑自然需要奉献和牺牲,敬畏与奉献的意识也就成了神道教最主要的教义。日本学者村上重良指出:"神祇信仰没有教祖教义,无所谓信或不信,仅仅是存在于人们脑海里的对未知世界的恐惧的一种意识。"[①]很显然,这一思想内涵来自于民间的精神需求,也在逐步演化为宗教内涵的过程中反过来强化了民间的这种精神需求。直至今日,这三种危机在日本岛国并没有消除,反而随着现代化的进程越演越烈,日本国民乞求神灵慰藉现实焦虑的精神需求自然也越来越强烈,也就成为日本神道教仍然为国民普遍接受的重要原因之一。

第二,日本社会历史演变过程中显著的泛家族化,促使神道教的生存与发展扎根于集团与地域,也形成了神道教突出的"忠诚与服从"的思想内涵。

---

① 村上重良.神和日本人——日本宗教史探访[M].东京:东京东海大学出版会,1984:6.引文为作者译。

原始初民集结成部落，以集团的力量对抗自然和外族，毫无疑问宗教在其中起着相当重要的作用。但这并非日本早期社会独有的特色。岛国的环境，生存的不易，使得日本国民在部落向早期藩国的演进过程中，不仅个人沦为强者的奴仆，而且整个家庭、整个家族甚至整个村落都依附强者家族，成为其家仆（家臣）和奴隶，并且世代不替。强者家族规则的泛社会化（即泛家族规则）的极度发达，才是日本早期社会的最大特色。

日本战国时期，当德川家康在三河的家族较其他公侯家族明显弱小时，一方面他不得不先后对织田信长、丰臣秀吉俯首称臣，忍辱偷生；另一方面他得到了三河所有武士家族忠贞不渝的支持和牺牲。最终，随着江户幕府的建立，成就了"三河出武士"的传奇。强者家族祭拜的神，家臣与奴隶自然也要祭拜，再加上区域性共同祭祀的自然神，产生了神道教鲜明的地域性特点。对此小泉八云有过观察："最初所谓氏神，与其说是共同的祖先之灵，不如说是各地古时统治者之灵，或作为统治一地的家族的守护神，而受该地人民的礼拜，这样想，似乎真实一点。"① 内藤湖南在对近畿地区的神社进行考证时，曾明确指出在古代日本外来强族的神甚至外国来的神（如朝鲜王族的神）是如何取代当地氏族之神而配享共同祭祀，使得原先氏族神社只能屈居于小小的"地主神社"之位的。② 而祭祀着共同的神，又反过来以神灵的名义促进了强势家族将家族规则泛社会化，形成了以紧密的人身依附和家族依附为特征的社会组织架构与人际关系，才是日本古代社会构造的特色。

日本大化革新之后，虽然国家颁布了统一法令，但这种以人身和家族依附为特征的社会藩国，并没有因为统一国家的出现而消亡，反而更加强势。在共同神灵的庇佑和强权的威逼下，无论天皇大权在握还是被弃如敝屣，各藩国的武士只知主公不认天皇，百姓更是只知领主不知国家。皇粮国税不是交给天皇，而是交给主公，主公再向天皇敬献，出现了国家是封建制的、藩国却是奴隶制或奴隶制特征很强的社会架构。日本战国时期就是典型的代表。即便其后江户时期三百多年内，实行了对各藩国大公的严密控制，也无法改变武士和臣民效忠主公而不是天皇的社会格局。武士以自称主公的家臣而自豪，农民以敬纳主公粮草为良民，商人更是想方设法输钱依附各位领主而不屑于皇族大臣。"各人将其心身完全献给领主，故除对于领主之义务外，对天皇国家忠诚之观念，未尝有机会显示于家臣之心。"③

---

① 小泉八云. 神国日本[M]. 曹晔,译. 长春:吉林出版集团,2008:52.
② 内藤湖南. 日本历史与日本文化[M]. 刘克申,译. 北京:商务印书馆,2012:28 – 29,37 – 38.
③ 小泉八云. 神国日本[M]. 曹晔,译. 长春:吉林出版集团,2008:149.

上千年的这种忠顺养成了日本国民对家族集团无条件的忠诚与奉献的习惯,养成了国民缺乏个人独立意志而推崇集团主义的思维方式。对自然神的敬畏和奉献,与对家庭的敬畏和奉献,共同促成了对主公和集团的忠诚与奉献的制度性设置。家族规则泛社会化的过程中,神道教功不可没。也正是在这一过程中,忠诚与服从逐步成为神道教宣扬的重要内涵。"神道的伦理完全包含在无条件的服从中,大体出自家族祭祀的习惯。"①二战中,日本侵略者以区域性国民组成师团,其战斗力之高,野蛮性之烈,服从性之强,为别国罕见,其中乡谊与供奉同一神祇所维系的力量不容忽视。直至今日,日本大企业内,其元老级职工自称"丰田家臣""三井家臣""三菱直系"者比比皆是。

第三,日本民族从家族制度及外来文化汲取的内容,催化出神道教显著的"多元而实用"的思想内涵,又反过来灌输于民众意识中。

宗教是哲学。而哲学从一定意义上说都是以某种方式来收窄、限制人们的想象空间的,这才有了不同的哲学与哲学的不同流派、不同思想前赴后继和继往开来。前文说过,神道教在发展过程中,本身就有着很强的现世实用诉求。这种现世实用性,很大程度上来自于远古时代日本家族发展过程中的双系氏族制。古代先民对神灵的祭祀,因为双系氏族的存在,打破了一家一族一部落一氏神的祭祀排他,父系家族的神和祖先要祭祀,母系家族的神和祖先同样要祭祀。出现家族依附制度之后,更多的氏神需要祭祀崇敬,在现世实用的基础上,排他由此进入多元。因为存在太多的神灵,过去未来容易混淆,不如弱水三千我只取一瓢饮,还是众神灵庇佑我今世来得便捷。同样,只佑我今世,自然神灵多多益善,有灵显灵,有神显神,来者不拒,心慰神宁。

圣德太子时期开始,向强者学习成为日本社会的主流思潮。在学习的过程中,一方面外来文化启迪了日本民族精神诉求上的多元化;另一方面外来文化与本土神道教的神魔平等、人神不分有矛盾也有契合。外来宗教和神道教都曾遭遇过灭顶之灾。现世实用性很强的神道教在这一过程中,表现出惊人的灵活性,本身处处是神、区域神不排斥域外神的信仰理念与外来神极易相通。无论是与外来神的嫁接,还是把外来神变成自家神,反正在百姓那里,自家的神要供奉,自然的神要供奉,主公的神要供奉,国家的神要供奉,外来更强者的神当然也可以供奉。八百万众神之中不多如来、耶稣、孔子甚至关帝爷几个,只要能给现世生活带来精神上的安慰和信念,那就信奉好了。日本神道教学者石田一良

---

① 小泉八云.神国日本[M].曹晔,译.长春:吉林出版集团,2008:98.

曾经将神道教说成是频换服装的"偶人"①。神道教这一表相特征实际上来自于多元实用的精神内涵,这种内涵植根于同样的现实社会需求。

日本神道教虽然有神魔之分,却无崇神降魔之说。江户中期的本居宣长对神道教给出新的解释,其在筑摩书屋1963年出版的《古事记传》一书中对"神"进行了以下的注释:"凡称'神'者,从古典中所见的诸神为始,鸟兽草木山海等等,凡不平凡者均称为'神'。不单称优秀者、善良者、有功者。凡凶恶者、奇怪者、极可怕者亦都称为神。"好人恶人死后都成神,同受祭祀,恶人生前的罪孽可以因其死亡而一笔勾销。其实,这一理念的产生还是缘于现世日本人的实用性,对于"人非圣贤,孰能无过"的现世人来说,死后不因生前犯罪或犯错而入地狱,真是莫大的精神慰藉。神道教的这种多元和实用内涵,对日本民族文化中"此亦可彼亦可"的实用主义,产生着极大的影响。

第四,岛国的现实环境,迫使神道教的存在与发展采取特殊的展示方式,也构成了其鲜明的"简洁而精致"的思想内涵。宗教外在形式的发展,离不开其流传区域的社会与自然环境。就教义来说,释迦牟尼和耶稣都反对偶像崇拜,更反对奢侈浪费,然而后世恢宏寺庙与峨峨教堂林立,皆与其流传广大地区的社会环境紧密相关。神道教没有偶像崇拜,少数有雕像的也没有非常态的展示,不需要非常态的建筑。除少数神宫有资金实力搞宏大建筑外,大多数神社因其为区域性神,没有实力也没有必要建立宏大的山场和辉煌的建筑。自然多灾的国情和历史上的兵燹火灾也迫使神社如同民居一样尽可能小巧。在相对狭小的区域内要充分展示神的灵性和至尊,以便让信徒保持强烈的敬畏与虔诚,神社的建设者们不得不绞尽脑汁精心设计,在整洁、宁静、肃穆、典雅上以求精致。既要给人以神的气息,又要给人以美的享受,这样才能不断吸引人。就自然环境而言,日本列岛多雨雪风暴,自然净化功能强。追求洁净、去除污秽本是民众的自然喜爱。神道教因势利导,神社设计简洁,管理上力求简单宁静,以劝导信徒在洁净静默中与神沟通,去除心灵上的污秽,消除现实的烦恼,从而完成对民众的精神劝慰。神道教的教义中也就有了"神道认为身体的不洁等于道德上的不洁,是对于神们不可宽恕的罪"。神道教对祖先、神祇的祭拜,不仅借助了民众对祖先节俭精神的继承、对自然洁净的需求,同时也实现了居民对精神上洁净的乞求。再加上历史上官府借神道教这一功能强行对平民消费实施严酷削减,又进一步强化了民众的节俭生活。"这样养成了质实、简朴、俭约之念,厉行

---

① 刘立善.没有经卷的宗教——日本神道[M].银川:宁夏人民出版社,2005:92.

了清洁、礼节与刚健。"①神社成为教育信徒们追求简单、简约、洁净、精致的一个重要的现场展示场所,信徒们在祈祷、参观、游玩的过程中受到潜移默化的教化作用,神社至少是日本国民生活习俗养成过程中的重要场合之一。至今日本许多的中小学把学生的一些课余活动放在神社里举行(图6-4)。

图6-4 在笼取神社里举行的日本小学生书法比赛(拍摄者:周红)

不仅建筑如此,其宗教仪式及庭院布局亦体现了简单易行、洁净精致的特点。既方便信徒参拜,也方便神官节约,却同样要求达到庄严肃穆、敬畏祈祷的效果。尤其是现代社会生活日趋烦嚣浮躁,神社的简洁宁静也正好是人们放下焦虑、冷静思考的一个好去处。所以,不仅传统习俗上有三五七节以及祭日去神社的约束,便是平时,日本普通民众也有去神社的习惯,而并不全是为了祭拜和祈求。应该说,神道教所展示的简洁而精致的功能,也是吸引日本国民踏入神社的重要方面,在帮助神道教成为日本国民摆脱现世生活中烦恼、寻求精神慰藉方面发挥了不可替代的重要作用。

以上这四大内涵也许并不全部见诸各种神道教的经典著作,却在神道教的历史与现实中发挥着实际的作用。说是神道教的四大教义也许会有争议,但至少可以说神道教有这样四个功能或内涵。笔者曾就此请教过一位资深的日本高中国语教师。他想了一想回答:"也许没有你说的那么强烈作用,但细想想,还真都有那么一点影响呢。"

第三节 神道教与当今日本社会泛家族规则互相促进

通过以上分析可以看出,无论日本神道教有无经典教义,也不管人们理论上承认不承认神道教这四大功能,在日本的现实社会中,其显著实用的四大内涵都凭借神道教的形式,实际上每天在对民众、对社会、对舆论发挥着不同程度

---

① 小泉八云.神国日本[M].曹晔,译.长春:吉林出版集团,2008:92、112.

的作用,对普通信徒产生着润物无声而绵长深远的影响,引导着人们:敬畏与奉献,忠诚与服从,多元与实用,简洁与精致。因为无论日本社会如何标榜已经建成了现代民主制度,神道教的这些内容与日本基层社会中弥漫着的浓厚的泛家族规则依然相通,互相作用,潜移默化地影响着社会各阶层团体和民众的思想与行动。日本经济的现代化,社会的开放,都不能掩盖其社会运行的基础规则:在社会基本结构中,始终是西方法律框架与泛家族规则并行融合。而泛家族规则的"亚血缘的继承规则""无所不在的权威规则""自上而下的组织规则""大象无形的界限规则""乖乖听话的用人规则""无边无际的等级制规则""谨小慎微的垄断规则"以及"神秘莫测的暗箱规则"等,恰恰是神道教赖以生存和发挥作用的社会基础。

第一,日本党派政治中浓厚的泛家族规则,需要神道教对内凝聚宗派成员,对外扩大影响。

日本自夸早已建立了民主政体,这一点无可否认。但同样无可否认的是,在日本民主政体的框架内,日本各政党,或者某一政党内部的各宗派,其创始人几乎就是"家长",其权威不容挑战,其领袖身份是党派的旗帜。下属对领袖的忠诚与服从是天经地义的。党内民主的多寡取决于党派领袖个人的"恩赐",而并不完全取决于制度。这些典型的泛家族规则几乎是日本政治的常识。政治利益、国家利益与党派利益密不可分,不仅需要属员的忠诚与服从,也需要引领全体国民对其主义的敬畏与奉献,而神道教则是其最好的教化和借力工具。媒体以此鼓吹,假借神的名义,歌颂忠诚而扭曲公正,赞扬奉献而掩饰党派利益,欣赏服从而淹埋公民个性,既是为了迎合大众的神道情结,也不能说就没有偏狭的岛国认知,因为岛国的媒体如同党派一样,内部也弥漫着浓厚的泛家族规则。

另一方面,日本神道教也借助于这样的政治现实获得自身的地位。它所宣扬的忠诚与服从、敬畏与奉献,对于普通民众来说,既是日本民族传统美德,也是日本社会现实的需要。老百姓清楚,在一个标榜民主社会而实际上泛家族规则浓厚的社会里生存,必须从小就要学会敬畏、奉献、忠诚、服从、洁净、简约,否则将来不仅不能出人头地,而且反而要吃尽苦头。日本孩子三五七节、成人礼都要在神社举行,这是日本民众对子女教育的现实选择。毕竟,孩子在成长的过程中需要培育敬畏和感恩的理念,东西方国家的百姓都认同这一点,据说这也为现代教育心理学所证明。同样,由于神道教的发育不完全,它所宣扬的一切逝者皆可成神,依然影响和安慰着日本民众,在社会高度竞争中和泛家族规则的双重压抑下,激励着日本民众更加坚定地奉献与服从。

时至今日,天皇虽然不是神了,但天皇就是国家这一理念在日本依然深入人心,为天皇献身就是为国捐躯,在21世纪的日本依然随时可以得到响应。企业创始人不是神,但死后肯定是企业供奉的神,全体员工都要敬畏和祭拜,这样的例子在日本可以说俯拾即是。单位最高领导不是家长也不是创始人,但员工对其恭敬与从命的程度远远超出制度的要求,甚至法律也常常对之无可奈何。在日本,也许你可以表示对国家不敬,你可以谩骂首相,但你不能对天皇、对创始人、对单位最高领导不敬。反过来,天皇、创始人、单位最高领导往往强调下属要为国奉献,因为这一冠冕堂皇的口号可以强化员工对集团和领袖的服从与敬畏。这其中显而易见泛家族规则紧密依托神道教而存在。

图6-5　门阙上写"奉纳",石座上写"奉献",其意自明(图片来源于百度)

第二,日本经济的发展需要神道教的精神力量推动,神道教也在经济发展过程中得到发展。

战后日本企业从废墟里成长,追求高效和极致是其最显著的特征。而维系高效和极致的精神动力,在于各个企业的文化。虽然提出的口号各有不同,但有些部分惊人地相似,如尊神、奉献、忠诚、敬业、坚韧、创新等(图6-5)。这些企业文化的提出与其企业的家族化或泛家族化高度一致,也与神道教的精神内涵相通,容易在全体员工中取得共鸣。即便是上市公司,同样不能掩盖企业内部的泛家族规则,需要以神道教的谆谆教诲作为职工为企业殚精竭虑的精神动力,需要以神道教的现世实用功能来维系员工的共同信念。企业的文化、管理制度无论多么现代,对企业发展和进步推动最大的却是制度与规矩的混合体,其中就有企业内的泛家族规则的身影。丰田公司的一位高级人事经理就曾认为:丰田的成功秘密就在于"将其建成了一个以丰田的当家人为教主的宗教国家"①。在这些形同宗教的组织内,教主(即会社的会长或社长)向自己的信徒(即职员们)传播着自己的经营哲学和处世观念,对神的敬畏几乎是每一位企业领袖必讲的内容之一。

等级制不仅是制度,同时也是内心世界的规矩。乱了规矩,惩罚你的有时并不是上司,而是你的同级前辈。思维可以多元发散,但必须在组织的约束之下。朝会,晚训,社歌,集训,每天举行的仪式,每周举行的礼仪,每年举行的大放会,实际上都是宗教仪式的另一种表现:通过反复规范最后达到整齐划一。所有这些,都是管理层求之不得的。谁能说这里面没有神道教在员工意识中的巨大功效?叶芃博士说:"日本企业就像一个个的宗教,都具有自己的宗教思想,企业最高领导者就是教主,他为实施自己的教义,不断向他的教徒传播他的经营哲学,企业员工则是一群宗教的狂热信徒,为维护他们的信仰,可以舍生取义,因此日本企业能够取得令人难以想象的成绩来。"②

正因为如此,日本企业不仅内部有自己的神社,对于区域的神社祭祀活动也都支持员工参加,甚至慷慨解囊直接资助神道教的大型活动。这还只是明面上对神道教的支持。在深层次,企业严酷的等级制,残酷的竞争压力,无处不在的泛家族规则,也在源源不断为神道教输送着忠实的信徒。京瓷公司曾经遭遇IBM 公司的 20 万个产品退货,而生产那批产品已经用尽了公司的技术极限。全公司弥漫着"努力已经达到极限,实在无计可施了"的悲观情绪。夜里,创始人稻盛和夫问一位现场哭泣的年轻技术员:"你向神祈祷了吗?"稻盛和夫自己也承认:"这不像一个工程师讲的话。"③如果就此说稻盛和夫的经营哲学有很大程度的神道教旨恐怕过分,但受神道教的巨大影响则显而易见。同样的行为,甚至同样的话语,在日本的军人中、渔民中、机械手中、商贩中甚至公务员中也经常听得到。

第三,日本社区的发展需要神道教的凝聚力,神道教也需要扎根在社区才能生存。

都说现代化的进程与社区居民的相互疏远成正比,但日本似乎是个例外。笔者在日本千叶大学访学期间曾参加过日本社区的几个活动,如千叶稻毛小目町的"盂兰盆节"。晚上,社区广场搭了高台,张灯结彩,家家户户男女老少盛装出席,自带食物集体吃晚饭,饭后围成大圈擂鼓跳舞,热闹喜庆。盂兰盆节是佛教的节日,在飞鸟时代传入日本后,便逐渐从救苦脱厄的本意演化成祭拜祖

---

① 读卖新闻特别取材班. 丰田传[M]. 李颖秋,译. 北京:中信出版社,2007:10.
② 叶芃. 日本企业文化和宗教信仰[EB/OL]. http:www.emkt.com.cn.
③ 稻盛和夫. 干法[M]. 曹岫云,译. 北京:华文出版社,2010:86.

先的节日,是典型的外来宗教与日本神道教融合的例证。节后笔者在社区做进一步的研究,发现参加活动者大体有三层次心态:一是参加形式简单,劳累了一天之后集体娱乐一下也不错;二是能够与邻里进行沟通,或可互相帮助;三是不参加后果可怕。唯其第三点特别重要,要是被邻里视为异类,在日本的古代和今天都是不可想象的事情。100年前的小泉八云观察后得到结论:邻里"绝交的处罚,比暴行还要可怕"①。如今若不参加,那就不仅仅是孤立的问题,可能还会惹来许多不必要的麻烦,比如警察、税务、银行或小区工作人员会对你"特别关照"起来。

很显然,前面所说日本历史上形成的人身与家族的依附关系,在今天的日本社区里还依然残存着,并与神道教的内涵和影响相得益彰。日本社区组织的现代化不能摒弃传统的泛家族习俗,这其中神道教有着相当大的影响。同一区域的居民供奉着相同的神祇,对神的祭拜和共同活动,让社区内的居民有了共同联系纽带的亲切感,有了某种程度的相互认同,最终成为确认归属感的一项重要内涵。在这一过程中,参与神社活动的人们,分享着为神祭祀的心灵快乐,也巧妙地通过某些神道教的仪式,如抬"神舆"过街的方式表达对社区居民日常行为的夸赞或不满(通常"神舆"在门前摇摆的居家就要想想自家有什么地方不合规或者惹起众怒了),社区的管理、建设也就能得到推进,居民的行为诸如遵守乡规、信奉礼仪、爱护环境等也易于形成共同的约束。不要小看了这种认同和约束:在平时,企业或单位对那些知晓并服从集团行动、言行简单而极致的员工是喜爱有加的;在战时,社区的认同还可以极其方便地组织起日本历史悠久的"邻组"或"村八分"②等团体。

北京大学的刘金才教授说日本"氏神信仰的最大特征是比起血缘更重视地缘性结合……在这样的氏神信仰下,人们为了祈愿共同体的稳定发展和自己及子孙的安全幸福,积极参加共同体组织的各种'祭'或'氏神讲',而祭祀活动又反过来强化集团的权威和神圣性,使人们在个人与群体的关系上,束缚个人的欲望而服从集团的意志,以免被实行'村八分'"③。理解了这一点,就能够明白近一百年前周作人说他弄不懂日本抬神舆的汉子究竟是为了什么样的真实原因了,也就能看懂京都的"大"字篝火的火焰照亮了什么。

第四,日本民族文化的发展割舍不下神道教,而神道教的持续发酵也离不

---

① 小泉八云.神国日本[M].曹晔,译.长春:吉林出版集团,2008:62.
② 村八分:一种日本古时的村落制度,意指如果某村民不能遵守村规,全村都要与其家绝交。
③ 刘金才.论日本神道教信仰的性质与特性——兼谈日本"历史认识"误区的文化原因[J].日语学习与研究,2004(4):59.

开日本民族文化的基础。

神道教的敬畏与奉献、忠诚与服从、简洁与极致、多元与实用的内涵,已经差不多成为日本民族的优秀传统。这一点已经为太多的有关日本民族文化的论著加以论证。然而,神道教对民族文化影响的另一面,在造就优秀文化传统的同时,也滋养着民族劣根性。奉献养成了残忍,极致养成了偏狭,忠诚养成了个性缺失,服从养成了僵化保守,实用养成了道德无底线,等等。这些缺点在汗牛充栋的关于日本民族文化的书籍里同样有揭示,神道教的哺育自然也是其中重要的一个方面。人们阅读日本的神话故事,参观神社时对祭祀对象的介绍,观看能乐等古典戏剧所展示的神,会发现宣扬凶暴、残忍、报复、愚忠、偏狭的内容比比皆是,历历在目。欣赏美的同时,也欣赏恶,日本民族同样不能例外。

问题不在于民众欣赏恶,而在于日本思想界不能舍弃神道教负面的东西。神道教传递了太多的文化传统和现实有用的精神内涵,日本思想界当然也不愿意看到另一面,只是泥沙俱下,玉石同焚,不可能对神道教做出切割。日本思想界不是痛下决心批判揭示另一面,他们最常做的就是小心翼翼将不好的那一面掩饰或隐藏起来,然后宣称根本没有那一面,一如猴儿掩饰自己的红屁股、孔雀只展示正面一样。虽然也有《丑陋的日本人》一类的著作,但数量稀少,难成气候,作者还被威胁以子弹。日本小说家太宰治以深刻揭示大和民族人性的弱点而著称,最后投入玉川上水自杀,身后却落了个"死有余辜"的骂名。人们因为他污染了东京饮用水源而咒骂他,却无人理解也无人探究他为什么要污染。村上春树有心揭示日本民族的暴力性一面,却受到舆论攻击、只能选择长期旅居国外。日本前首相鸠山由纪夫来到侵华日军南京大屠杀遇难同胞纪念馆参观,在刻有30万遇难同胞字样的石碑前低首默哀道歉(图6-6),并对媒体记者称"那些说大屠杀不存在的人,应该来这里看看再说话"①,可是日本国内媒体

图6-6 鸠山由纪夫在南京大屠杀遇难同胞纪念馆低首默哀(泱波摄 图片来自《新京报》)

---

① 日前首相鸠山为南京大屠杀道歉[N].新京报,2013-01-18(1).

谩骂他是"卖国贼"。

不是说日本思想家们的深度不够,而是在他们看来,论说神道教的四大内涵同时还会产生负面的东西,就如同拿刀子割弃日本民族传统一样痛苦。批判地吸收原本是日本民族的强项,只是这一强项面对神道教时似乎失去了效力。他们不知道如何面对神道教对文化习俗的深刻影响,不知道如何面对那些"神"。在民间,批判神是不可想象的事。譬如说在对待武士道问题上,武士道虽然已被明文禁止,但武士道所宣扬的那些"神"以及那些"神"的精神,在今天的日本政治、经济、文化及至社区生活中都依然盛行不悖。各种各样好的坏的神以及供奉的神社被小心翼翼地保存修茸,被冠以文物头衔,至于如何批判则不能提也不愿提。神道教就是如此挟裹着日本民族文化,一起走在通向后现代化的道路上。

麦克阿瑟当年写道:"他们的文明的整个拱门的拱顶石变成了对武士道的力量和智慧的几乎神话般的信仰。这种思想不仅渗透了和支配了政府各个部门,而且也渗透和支配了物质、精神和宗教生活的各个方面。它不仅交错编织于政府处事的过程中,而且也交错编织于日常工作的各个方面。它不仅是日本生存的精髓,而且是它的经纬了。"①美国大兵的这些话在今天的日本依然得到印证,也就可知日本思想文化界这些年来在精神和宗教方面,特别是神道教方面所做的努力收效甚微。

第五,普通民众的精神生活需要神道教,深厚的泛家族规则正源源不断地持续培养着神道教信徒。

宽泛地说,包括神道教文化在内的日本民族文化有着厚重的家文化色彩。它所倡导和鼓吹的内涵,如毫无原则与条件的忠诚、服从、奉献、牺牲,无不弥漫着强烈的泛家族规则气息。这些规则在现代社会里或以法律、纪律的形式出现,或以习惯、风俗的形式出现,或以潜规则的形式出现,交织成无所不在、无可逃避的森严的行为规范之网。这一巨大而无形的网络存在的现实,使得网内之人极容易产生精神上的焦虑,由此,日本人是世界上焦虑感最强的民族也就不足为奇了。日本作家村上春树在小说中对日本社会有过精准的描写:"从每个角落到每个角落都张满了网子,网子外面还有网子。什么地方也去不了。要是丢石头的话,会弹回来打着自己。"②而长期的焦虑驱使着日本的普通百姓只有走进宗教来舒缓情绪和精神压力,走进神社来祈求自身的平安与好运。至于是

---

① 麦克阿瑟. 麦克阿瑟回忆录[M]. 上海师范学院历史系,译. 上海:上海译文出版社,1984:208.
② 村上春树. 舞,舞,舞[M]. 赖明珠,译. 台北:台北时报出版社,1996:83.

什么造成他们工作和学习的日益焦虑与不安,却得不到深入的分析与破解。

近代以后的日本社会,并没有因为外来文化的强势注入、社会的多元化而摒弃神道教,相反,神道教在多元化社会环境中继续保持着实用、宁静、简洁、精致的功能,在潜移默化之中,施行着独特的教化作用。现实中在严酷等级制下工作和生活的信徒们,更需要精神上的凝神聚气,神社就是一个好去处。在神社可以找到安宁,在神社可以体会神的精神,在神社可以舔舐伤口,在神社可以结识盟友。那个弃政从商、号称"日本企业之父"的涩泽荣一(图6-7),平时十分抠门,却一掷巨资联络三菱、三井等财团共同修建明治神宫,目的就是"把中兴日本帝国的明治先帝的遗志永传于后世"①,说明他十分清楚神道教在培育日本国民精神层面上不可替代的独特功能。军国主义时期,神道教与武士道是日本军国主义分子继承发扬到无以复加的两大传统文化,是皇军们勇于赴死杀戮的利器,为日本对亚太人民犯下滔天罪行立下"汗马功劳",这一点已经无须证明了。当今日本社会依然是比较完备的西方法律框架与泛家族规则紧密结合的混合体,普通民众在这种混合体中产生的精神焦虑较之以往有过之而无不及,同样驱使他们自觉或不自觉地走进宗教,走进神社。

图6-7 涩泽荣一(1840—1931)

第四节 神道教的政治化程度是日本右倾的标杆之一

本书无意夸大神道教在日本民族文化中的作用,因为大多数日本人是多宗教信仰者,神道教充其量也只是其信仰的一部分,更多的恐怕只能算作民俗给予尊重和遵守而已。著名电影演员三浦友和在其新著《相法》中就坦承他并不相信神,这也代表着战后成长起来的一代对待神道教等宗教的现实态度。事实上,随着全球化进程的推进,日本民众对宗教信仰的兴趣近年有所下降。2014年日本信奉神道教的总人口为9126万多人,占当年总人口的71.8%,比2011年的78.85%下降了7个百分点,比2004年的85%下降了13.2个百分点。这其中,信徒下降比例最大的是神道教,2014年比2011年净下降951万人(而同

---

① 涩泽荣一. 论语与算盘[M]. 余贝,译. 北京:九州出版社,2012:78.

期佛教徒上升219万人)。① 可见,日本政客们顽固参拜靖国神社不仅遭到中国、韩国等国家人民反对,也正在引起其本国国民的不满。不过,尽管日本信奉神道教的人数在减少,可至今依然超过总人口的三分之二,所以绝不能因此而低估宗教信仰在日本社会教化方面的潜移默化的功能。民族信仰、民族习惯本身就是民族文化的重要内容,对于一个民族性格的养成甚至对于一个国家的政策制定都会产生重要作用。

现在的日本,与150年前的日本,在很多方面非常相像。那时日本明治维新,旧道德沦丧,新观念四起,国家经济在快速发展之后极需要新的领域,民族信仰包括神道教在内被严重质疑。此前一批文人精英如本居宣长等人为国家民族"独立""富强"而重新解释的神道教和武士道,明治维新之后被一大批政治家、军人和媒体精英充分利用并高度政治化,成为国粹。神道教被定为国教,武士道成为全民的精神力量之源泉。西化的国防军成为皇军,连妇女都为国家的侵略扩张政策而不惜真正献身,成立了"挺身队",神道教可谓功不可没。当年麦克阿瑟占领日本后就曾感叹:"神道教与佛教已经被政府控制和吸收到如此地步,以致几乎成为法西斯领导集团统治的一个组成部分了。"②

现今的日本,经济在迅速发展之后陷入长期停滞,极需要新的经济增长刺激。长期的富足生活与紧张的资源危机交织,竞争对手的逼迫与精神压抑的苦闷交织,社会上民主的宽松环境与工作中森严的等级制交织,信仰的淡化导致精神危机与安逸的追求导致盲目崇拜交织。这些交织使社会生活沉闷而沮丧,人们渴望改变而得不到改变,演化为盲目追求"石破天惊",看谁语出惊人,看谁能出其右。民族主义、民粹主义、保守主义甚至军国主义在政客、军人和媒体等精英的共同作用下持续发酵升温。

现今的日本,有批评政治右倾的声音,也有批评缺少外交人才导致不善于外交的声音,但批评靖国神社收纳罪犯的声音微乎其微。相反,日本媒体把政客们集体参拜靖国神社说成是个人信仰啦、民族习俗啦等,为之辩护的声音甚嚣尘上。日本内阁和参议院众议员的部分政客并非不懂其政治身份的特殊性,之所以不惜惹怒周边国家也要顽固坚持把参拜神社政治化,就是要利用神道教的现世功能为其叵测居心造势,而根本就不是什么个人信仰问题。只有一点不同:今天日本政界的不肖子孙自以为可以欺骗全世界,这一点就不如他们的祖宗来得坦率。

---

① 据日本政府统计综合窗口2015年公布的相关数据计算。
② 麦克阿瑟.麦克阿瑟回忆录[M].上海师范学院历史系,译.上海:上海译文出版社,1984:176.

民众信仰神道教并不可怕,可怕的是民众的信仰被右翼分子打着民族传统的旗号加以利用,加以政治化;可怕的是日本媒体对日本政治家参拜靖国神社的推波助澜,强化神道对民意控制的兴风作浪。不能说日本政治家和媒体不懂其中的正义与非正义,只能说他们或其背后的团体借助神道教在民间的影响而另有所图。随着全球化进程的发展,日本民众对宗教特别是神道教的热情有所下降,这才是日本所谓"精英"们焦虑所在,也是他们敢冒天下之大不韪、顽固参拜且反复参拜靖国神社的根本原因。所不同的是,今天的这一批人较之他们的祖先更怯懦、更卑劣、更狂妄,也更无知,因为他们根本听不懂已被他们尊奉为神的涩泽荣一曾经说过的一句话:"神之道,皆恶满盈。谦虚冲损,可以无害。"①

---

① 涩泽荣一.论语与算盘[M].余贝,译.北京:九州出版社,2012:187.

第七章 日本民族的极致文化[①]

1946年1月1日,日本昭和天皇发布《人间宣言》,其中有一条是要求全体日本国民将国家"至高的传统知耻等发扬到极致"[②]。

似乎没有人关注诏书文本中前后的措辞,既然日本传统知耻已经达到"至高",又何以还要发扬到"极致"呢？这一表述出现在如此重要时刻的重要诏书上,显然不是文法的错误,而是从中透露出一种日本举国公认的民族精神。这种精神就是基于制度和规则之上又长久运行于包括家庭等各类社会组织之中的一种民族文化:极致文化。简单地说,就是已经到了制高点,还要不停步地继续向前以达极致的一种意志和精神。

极致不是极端。极端无论左右上下,都有端点,也就是有一个目标点,只是这个目标点有些超过了一般常识所认定的范围,所以被称为极端。而极致连这个目标点也没有,只有方向,没有终点。爱走极端只是极致文化中的一种表现,其本身永远不可能成为一种意识形态,更不可能成为一种文化现象。国际社会很多人觉得日本人有"爱走极端"的特点,其实他们不过是将自己的思维观点和认知水平套用在日本人身上,却很难得到日本人的认同,因为日本人觉得自己并不爱走极端,而是在不断地追求更高更远的目标罢了。

第一节 日本民族文化中"极致文化"的提出

大约是因为日本时常宣称自己是单一民族的国家,因而有相当多的人误以为日本文化等同于日本民族文化。其实,一国之文化,是存在于本国民族文化基础之上,又融合于当世各种文化的互相影响、互相渗透的综合性文化。而植根于特定民族历史和社会之上的基础性和独特性的文化,才是其民族文化的根

---

① 本章部分内容发表于《学术界》2014年第5期。
② 原文:"能く我が至高の伝統に恥じざる真価を発揮するに至らん。"

本内容。这两者有着很大的区别。通俗地说，不能简单地从日本一时一地奉行某种文化的人数多寡来判断哪些是其民族文化，一如不能从历史上曾经有过"一亿玉碎""一亿白痴"的举国行为，就判定日本民族文化中存在着"军国文化"一样。而应该从影响人们日常行为的内在意识，从历史的角度和独特性的角度来揭示支配和影响日本人的行为与创造的东西，那才是其真正的民族文化内涵。

回看日本的发展，真正由日本人原创并奉献给世界的东西并不多。但是，大到空间探测器、大型机械、重型装备、节能设备，小到大米、苹果、生活电器、垃圾处理器等，一经日本人的手，其性价比都较原创者提升很多。日本人推出的一代代产品让全世界竞争对手紧张焦虑，让原创者压力倍增。普通消费者在乐享其成的同时，也往往感叹日本人的聪明才智，而经常忘却了原创者是谁。

日本民族善于学习外来的东西，这是事实。但对日本民族稍有研究便可知道，日本民族真正的本领并非简单的拿来主义。早在20世纪30年代，周作人就曾指出："日本文化古来就取资中土，然而其结果乃或同或异，唐朝不取太监、宋朝不取缠足、明朝不取八股、清朝不取鸦片。"①实际上日本人汲取中国文化的时间历经千年，拿去的东西非常之多，不取的也远不止这些。人们以往过多地关注于他们如何取舍，其实真正值得重视的问题是：日本民族在取舍之后，会对他们取到手的东西持续不断地加以改进，孜孜以求，不离不弃，直至登峰造极。为什么会持续如此，而且是在社会的各个领域都如此？在这些民族文化表象的背后，是否还存在着一种可以概括出民族内在精神的"极致文化"？是否正是因为有了这种文化的存在，并深深植根于日本民众内心深处，才影响日本在引进—吸收—创新的极致道路上出现全民族的高度一致？

也许称其为极致文化学界未必都能认同，因为它并不像其他日本民族文化那样具有鲜明的外在表象，在日本国内和国外的学术界似乎也没有太多的论述和研究。说极致的有，说极致文化的似乎还没有，尽管大家在不经意间都会脱口而出一些相类似的词汇，如"较真""注重细节""锲而不舍""好钻牛角尖""执拗""偏狭"等。因为大家都意识到，在日本诸多文化现象的背后似乎还有一种精神、一种意识、一种文化在支配或左右着他们的言行。它隐隐约约，闪闪烁烁，却顽强坚固，如深藏大山中的矿藏，支撑着大山的体魄，却并不经常显现。极致文化所表现出来的意识形态，作为日本民族文化的主要意识形态内核之一，正是这样每日每时激励着日本民族孜孜以求、进取不止。这种全民族精神

---

① 周作人. 周作人论日本[M]. 西安：陕西师范大学出版社，2006：55.

上的极致文化,才是历史上两次促成日本在较短时间内跃居世界强国的真正内在原因之一。被称为"狂人"的小泽征尔,虽然长期在西方学习、生活与工作,这位"连头发都可以调动乐队情绪"的世界级著名指挥家却在中国曾经训练某乐团首席小提琴师至其失声痛哭,他却温和而执着地说:"请再来一次。"这让所有在场的中国人都见识到什么是日本人的"认真"和孜孜以求。①

然而,在日本,极致文化并没有被哲学或社会学正式地提出来加以讨论,充其量只是一个话题,是一个口中都有而著述却无的"民间传说"。事实上,日本国内对极致文化不是没有思考和研究,但大多散见于别的名目之下,并且经常以极端而名之。说明日本人自己并没有注意极致与极端、具有极致意识与爱走极端之间存在着多大区别。这里试举几例。

第一次世界大战后的1923年,日本出版的国立小学课本在分析国民性缺点时如此表述:"生活于狭窄的岛国,在安逸乐土上享受和平,国民容易陷于极端沉思,缺乏奋斗努力的精神……"② 1972年心理学家宫城音弥评论说:"日本人的优点是表面看似内向、计划性高、勇敢、自制力强、屹立不摇,但也有不守信用、不妥协、不服输、自我中心等缺点。日本人的疯狂行动常常吓倒外国人,这些行为看似抗争性的偏执,其实是抗争性的歇斯底里。"③历史学家天沼香1987年撰文更是一针见血地指出:"日本人容易成为狂热分子,无法自我抑制,只会朝单一方向前进。"④在汗牛充栋的日本国民性研究中,这样的研究并不多见。究其原因,在于岛国上的学者,无论是明治时期的、昭和时期的,还是今天的,一是习惯于拿外国的研究方法来研究本国问题,二是习惯在各专业领域内走向精深和极致,缺乏跨领域的视野和勇气,三是"不识庐山真面目,只缘身在此山中",限于民族感情或限于政治需要,不愿也不能去加以研究。

至于日本之外的研究大家,如美国的本尼·迪克特、埃德温·赖肖尔,荷兰的伊恩·布鲁玛和中国的戴季陶、蒋百里、周作人,等等,都以极其赞赏的态度去评价日本人做事精细、讲求效率和认真负责的民族特点。蒋百里先生就曾经说过:日本这个民族"一高高到天上,可以征服亚洲,即可以征服世界——西方自杀的文明没落了——一低又低到了地狱。贫富不均,生活困难,革命共党,虚无主义,暗杀手段……不仅把舵的失却了罗盘针,全民族也就导入了一种疯狂

---

① 小泽征尔的坚持[EB/OL]. http://news.163.com/10/1210/11/6NHQVKFU00014AED.html.
② 南博. 日本人论[M]. 邱琡雯,译. 桂林:广西师范大学出版社,2007:69.
③ 宫城音弥. 日本人是谁?[M]. 东京:朝日新闻社,1972:12.
④ 天沼香.《頑張り》の構造——日本人の行动原理[M]. 东京:吉川弘文馆,1987:19.

状态,战争！革命"①。其后的研究者,也大多提及日本民族好走极端,但对于该民族性格中的极端与极致的区别鲜有研究,专门对日本民族的极致行为进行一番文化属性研究的就更少。这样不可避免地出现了读者对日本民族特性的一些误读,如上文所举的是偏执还是认真、是坚忍还是狂热、是温顺还是残暴以及本尼·迪克特列举的所谓系列矛盾体。人们往往不清楚究竟哪一面才真正代表着日本民族文化的主旨,或许日本民族本身就是一个矛盾体。矛盾体在今天似乎已成公论,却还是没有回答日本人为什么是一个矛盾体,还是在一个误区内打转。

民族文化通常包括两大部分内容,一是显性的民族文化内容,主要是以文字、影视、美术、建筑、工艺、音乐、舞蹈等有形载体表达出来的民族思想和感情。二是隐性的民族文化内容,主要是以法律、制度、规章、习俗、惯例等无形载体所体现的民族意志和认知。对日本显性文化的研究可以说已经汗牛充栋,而对隐性文化的内容,很多专家在某一方面进行过独到的研究,提出了很多真知灼见。相对来说,跨学科的研究,对隐性文化中所包含的主流意识、群体意志和共性认同等方面,都阐述了各自的感觉,却缺乏系统性的整体指认。比如很多人都指出日本人的精细与呆板,也有人研究了日本人精细能细到什么程度,呆板又能呆板到什么地步,却极少有人指出日本人的精细与呆板内在的统一因素是什么,又是在什么样的历史传统和现实环境中接受了哪些主流意识的培养和熏陶,从而源源不断地产生着一代又一代"呆板的精细鬼"。主流意识是构成民族精神的主要内核,是渗透所有民族文化的重要因素,是促进独特民族文化产生的基础动因。极致文化便是这种主流意识之一,其本身也是日本民族文化的重要组成部分。

因此,有必要在前人各方面研究的基础上,从更高的层面去研究这些矛盾体是如何产生、发展,又是如何作用于普通日本民众的日常行为的。这里提出日本民族文化中的"极致文化",是对日本民族已经在各个方面创造出来的极致成果给予客观的肯定,更主要的是从管理学角度出发,以日本岛国社会的宗法、组织、习俗、泛家族等综合运行机制为研究对象,深入剖析日本民族是如何在各种现实"鞭子"的抽打下走向极致并形成极致文化的,探寻它在民族行为与心理发展上的规律和作用,研究其巨大的优势与缺陷。相信这样的努力将有助于人们重新解读日本的过去以及可能的未来,有益于去探索日本民族文化的内在特性,并解析日本民族特性看似矛盾的两面是如何统一的。

---

① 蒋百里.日本人——一个外国人的研究[Z].国防学会辑,1947:8.

日本天皇的诏书,已经对什么是极致文化给出了一个最简洁的通俗解释。本章开始时也只对极致文化概念做了简单说明,希望能够引起讨论或争议。因为有争议,有否定,才有可能逐步把对日本民族文化的研究推向深入。有一点是肯定的,民族文化必须是这个民族自身发展起来的富有民族特征的文化内容,它产生于民族的社会历史发展进程中,融汇于民族日常生活内,影响于民族思维与行为的深处,不需要也不可能用另一种文化来解读或否定。日本极致文化亦如此。

第二节　日本极致文化的精神内涵

日本的国花是菊花,用于皇室族徽,代表着柔美和坚忍的统一。然而至今崇拜天皇的日本民间百姓并没有将菊花列为他们的最爱,就整体而言,他们更爱樱花。日本政府对外最佳赠品也是樱花树。樱花七日红,在最绚丽的时刻飘落而去,这种极致精神才更符合日本民族的欣赏标准,并成为民族精神的象征。日本的茶道、柔道、花道、书道、剑道、武士道等各类原本是技术性的活动,除了不断追求技艺精湛,更上升到精神层面"道"的高度,道无止境,因而都成为日本极致文化的典型范例。再扩大一些范围,在日本的企业管理、工程设计、机械制造乃至服务领域,日本的产品也多以精细入微、功效卓越的品质引领世界潮流,只不过不再或不能以"道"名之,却同样是精益求精,永无止境。为什么单单在日本会出现这些"道"?极致文化又有哪些精神层面的内涵来促使和支撑日本民族在各个领域都能"不约而同"地追求卓越以达无止境?这里初步分析日本民族的极致文化中所包含的八种意识,即精细意识、节约意识、创新意识、求变意识、奉献意识、危机意识、敬畏意识、崇拜意识。这八种意识共同构成了极致文化的核心价值谱系,是其在民族精神层面上发挥巨大作用的主要成分。

第一,精细意识。日本民族最大的特色就是在诸多方面精细入微,把别人的东西做得比别人还要好,这就是精细意识的表现结果。一个人的精细不能代表一个民族,而标准化的行为和标准化的目标,却可以通过千百遍的行为重复,让某些信条成为全体民众的自然反应,其出手的产品自然精准无误,极少瑕疵。日本的企业,几乎所有厂房车间里的显著位置都醒目地写着"5S"管理标准,即

"整理、整顿、清扫、清洁、躾"①。不要小看这些最基本的标语口号,它在各个岗位传递着同样的"有条不紊"的标准化要求。这些标准化要求经过周而复始的日常渗透性教育,形成集体的精细化行为。这种长期由标准化制度培养成的精细意识不会随着时间的推移而流变,反而养成了凡行动都制订缜密计划并严格执行的民族习惯。欧阳蔚怡说:"在日本,从车站的每一个站台到小小的超市,从学校的每一个教室到社区的小公园,被固定在明显位置的时钟静静地为人们显示着时间。由于人们对时间的感觉精细,讲究事情的计划性和效率,半个小时不被认为微不足道,但时间的错位会让人感到不安和烦躁……日本社会所有的系统都严格地按照规定的方式运行,所有的人都遵守时间规则,这使得所有的环节都可以达到准确无误。"②精细,不仅是理念,更是行动。理念和行动的统一精细才是真正的精细意识。

第二,节约意识。有了上述精细意识,通常日本人做每件事都很自然地恪守计算成本、厉行节约的原则。在日本,因做事无计划或欠考虑而造成人力资源、时间成本以及经济上的浪费被认为是可耻的。"节约无止境",这在日本各行各业的管理信条中几乎有清一色的明确表述,并且在实践中有着强迫性的要求。"丰田家族的管理思想是:'干了的抹布还要拧。'在生产车间,他们就是这样努力地削减即使是一日元的成本。"③产生这种节约意识固然有日本岛国资源匮乏的因素,同时也有儒家文化勤俭持家的因素,还有神道教讲究精细、节俭的各方面教育的因素。同样使用中东的便宜石油,日本远不像美国那样大手大脚。世界上最省油、最省钢材的汽车始终由日本人制造,日本废旧物资再生利用的环保技术能够力压美国成为世界第一,并不是没有道理的。

第三,创新意识。创新是每个民族屹立于世界民族之林的必备技能,所以创新并不是某一民族特有的品质。日本民族的独特之处就是善于对别人创造的产品不断改进,并在改进的基础上进行创新,使之最终成为本民族的产品。无论在科学技术、思想文化还是在生产制造乃至居家生活中,日本民族无不体现了这种鲜明的引进—消化—再创新的意识。要精细,要节约,便不得不创新。航母并不是日本人发明的,但最早实施航母集群海战从而颠覆传统海战模式的是日本人。最新的物联网技术最初是美国人提出来的,但《经济日报》2011年9月28日第14版载文报道,中国国家知识产权局规划发展司提供的数据表明:

---

① "整理、整顿、清扫、清洁、躾"在日语中发音的第一个字母均为"S",所以称为"5S"管理标准。"躾"指的是素质修养。
② 欧阳蔚怡.感受日本[M].武汉:湖北教育教育出版社,2008:54.
③ 读卖新闻特别取材班.丰田传[M].李颖秋,译.北京:中信出版社,2007:134.

截至2011年5月10日,世界范围物联网技术专利申请共20542件,其中,美国第一,6641件;日本第二,5490件。在世界物联网专利申请人前11位中,日本6家公司;美国3家;韩国2家。按人均占有该专利申请数不难算出,日本几乎是美国的2倍。在创新上,最让人称道的是日本的缩小和放大的创新本领,称其为独到的创新特色并不为过。奔月的宇宙飞船和卫星,无论是体积还是重量,日本的都是世界上最小的,却在到达月球后同时释放了三颗绕月卫星。饮茶的技艺是从中国学去的,却被"放大"到精神追求的高度而成为一种"道",茶道演化为日本传统文化之一而成为全民族的共同爱好。这样的事例可谓不胜枚举。

第四,求变意识。求变有别于创新。创新是在原有基础上寻求新的突破,求变则是遵守常规时寻求新的变化,或者寻求与众不同,只是改变而没有突破。据统计,高峰时期的索尼公司每年推出1000种产品,其中800种是改进型,其余是新创产品。通常人们都喜新厌旧,按道理200种创新产品完全可以替代不断推出的800种改进型,但盛田昭夫及其员工不这样认为,他们对用户和产品负责,"喜新"不"厌旧",这为公司保住了大批老客户。北海道的柳月甜品公司无论产品多么受欢迎也坚决不走出北海道,其原则是坚守产地自销,并不断改进自家甜品。而岛根县的中村复健器材总公司的产品畅销海内外,却偏偏坚守在最偏远的山区,既不去寻求产业范围的突破,也不去发达地区新建厂房。他们要做的就是专注于一个产品,不断地改进假肢的生产设备,改进产品品质,做出来的假肢皮肤几可乱真。① 求变,并以最小的代价来博取新的成功,是日本企业界相当普遍的行为。创新与求变的界限有时并不太好区分,以日本最擅长的放大和缩小来说,在一定程度内属于求变,只是把体积、重量、外观等缩小或放大。可当这个程度越来越高,达到一定的临界点时,就必然涉及新材料、新工艺甚至新技术的集成创新。当然,求变过了头,并不一定是创新,追求极致过了界也可能变成荒唐之举。马桶造成女人屁股模样,只会让人发笑,相信大多数正常家庭都会拒绝购买。

第五,奉献意识。日本人所称的奉献,是对自己的要求,并不看对象。从历史的角度看,是奉献给主公、领主、天皇,还是奉献给国家、民族甚至是企业、社区、神社,并不重要,重要的是能够奉献。只要能够奉献,日本人就都给予肯定的赞赏。日本企业的管理者大力提倡奉献意识,除了为自己赚取更多的利润外,还有更深一层的意义,就是给员工灌输一种理念,让他把枯燥呆板、千篇一律的工作做得精彩,做到极致。前面说过,这正是大多数日本企业都把产业报

---

① 坂本光司.日本最了不起的公司[M].蔡昭仪,译.银川:宁夏人民出版社,2010:96、106.

国、民族振兴等口号列为企业第一信条的根本原因所在。日本的海外志愿者队伍，以较低的生活保障费到世界多个国家协助工作，往往比其他国家的志愿者更受欢迎，就是因为其具有较强的奉献精神。

第六，危机意识。岛国生存空间狭小，人口众多，资源稀缺，暴风、海啸、火山爆发、地震等自然灾害频发，加之残酷的封闭竞争，生死无常时刻伴随着这个民族的每个家庭。今天的事必须今天做好，因为不知道明天会发生什么，这种危机意识在家庭里被灌输给每个幼小的孩子。在没有成功的时候拼命奋斗，以时不我待的精神只争朝夕。企业精细化管理的思想起源于美国，却在日本大范围开花结果。在成功面前反思不足，在胜利时刻警醒危机，差不多成为日本创业者共同的特征，只有程度不同的差异。危机意识是促使日本人追求极致的重要心理支撑因素。日本人的这种危机意识并非仅限于正面的，在无法化解危机时，不少日本人会走上另一种极致。自杀率在日本一直居高不下，甚至历史上还传承有美化自杀的传统，这与危机意识的畸形发展有很大的关联。

第七，敬畏意识。敬天敬地敬祖先并不是日本民族特有的历史传承，但由此演化为对事业、工作产生敬畏，兢兢业业地干好本职工作，则成为日本人特有的品质。敬畏领导、长辈、组织、家族，为人处事一丝不苟，处处示敬，这些典型的泛家族文化下的行为，成为日本人做人的基本准则。上至国家政府组织的重大活动，下至百姓日常生活中的重大事项，日本人都会举行祭拜仪式，认认真真地完成仪式的每一步骤，表达的就是一种敬畏。敬畏使得日本人即便外出单独工作时也能循规蹈矩，一丝不苟地很好地完成任务。在单位千日如一地重复着最单调枯燥的工作程序，即便是拖地，也从不更改前辈教导的拖地之法，只专注于把地拖得更干净。这固然是对前辈的敬畏，但更主要的还是对工作存有敬畏之心。每一个人的敬畏，汇成一个企业对工作、对产品、对技术科研的敬畏，那就是一种达成极致的无限力量。中国的汽车制造商都知道，日本汽车的工人与生产流水线的"人机磨合率"最高，不是日本工人更聪明、技术更好，而是在上万道工序中每一个人都能做到精准无误。这种每个岗位的精准无误，与企业的求变和创新并不矛盾，而恰恰是求变和创新的基础。当然，敬畏意识过了头，"祖宗"之法不能动，也是墨守成规、死板僵硬的根源。

第八，崇拜意识。崇拜在日本有着与敬畏很大的不同之处。如果说敬畏在相当程度上是对上的，那么崇拜则可以是全方位的。由于泛家族规则中存有领袖与权威规则，因此日本社会上形成对精英人物的崇拜与模仿就一点也不奇怪。领袖、明星、专家、有特殊技能者不论地位高下，都可以成为崇拜的对象，成为普通民众思想与行动上的表率，也是其生活、处事上追随的榜样。他们的言行极容易形成日本全社会的"跟风"。电影《座头市》描写了一个社会最末流人物——又老又瞎却身怀绝世武功的乞丐按摩师的故事,他不仅被学习效仿,电影播出后几十年也一直深受民众喜爱,不仅民众学其语言行事,电影界也跟着拍出《新座头市》《女座头市》等。跟风与崇拜并非日本特产,但日本民族的独特之处在于,对于普通民众而言,明明知道终其一生也未必能达到自己崇拜的精英所倡导的极致边缘,也成就不了英雄般伟业,但崇拜精英和英雄的心理驱使这些人一如既往、无怨无悔地去学习和模仿,并且竟然能够形成潮流。"粉丝""铁丝"这些网络用语最早出现在日本并非偶然。精英们的极致行为常常成为民众的极致行为,而全民的一致行为又促使精英们更加追寻极致,崇拜意识也便成为日本民族极致文化的助推器之一。

毫无疑问,上述八种意识,很早为人们所熟悉。人们所不熟悉的,是这八种意识共同合成一种极致倾向,构成极致文化的精神内核。正是这些意识各自的独特功用与思维作用形成的合力,促使日本民众以不同的方式在不同的领域、不同的方向走向极致,这才是形成全民族极致文化的最核心的秘密所在。人们很难在极致文化中区分哪一种意识发挥的作用更大一些,因为这些意识在合成某种文化的过程中发生着化合反应,形成的合成功能很难再单独用某一种意识来对应。就如同 1 加 1 肯定等于 2,而反过来则很难得出 2 肯定等于 1 加 1 的结论,更何况文化的功效常常是 1 加 1 大于 2 的。极致文化的另一重要思想内涵,如制度设计、行为规范、传承方式和在时间空间的展现等,将在后面篇章中结合思想探源、社会组织基础的研究一起加以论述。

第三节　日本极致文化的行为规范

一种文化不仅要有明确的思想内涵,更要有其社会实践上的行为规范。文化的行为规范不仅仅是指文学艺术的各种表现载体,同时也包括社会组织体系的制度设计、行为规范、社会观念和习俗仪规,正如企业文化绝不仅仅是企业员工的才艺表演,而是包括制度在内的对人、财、物管理设计的精神理念体现。极致文化,对日本民众日常行为产生着内在的巨大影响,同时也极大地影响着日本社会组织形态的构造;而民众的行为和社会组织的构造,经过漫长的积淀和衍化,形成了一些显而易见却又少见于明文规定的行为约定和习俗仪规。许多外国人不可理解的行为,在日本民众那里却得到了肯定甚或赞美,而恰恰是这些行为和范式,同样成为日本民族极致文化内涵的构成部分。这里试举其中最典型的六大行为规范简述如下。

第一,"以最为要"的处事原则。判断是非的标准并不完全出自对个体利益的考虑,而往往以是否构成奉献、是否达到极致为标准。最平凡的事只要做到纯熟精深也能达到崇高;最琐碎的事只要做到简要精准也能达到致美;最复杂的事只要做到精达致密也能收获奇功;最困难的事只要做到锲而不舍往往也会绝处逢生;等等。这些方面的例子不胜枚举。普通的人也许无大作为,但只要奉献和忠诚,投入其生命的全部做到了极致,便能获得社会的赞扬和肯定。大阪的一位小学校长和名古屋的一所幼儿园的园长每天早晨在校门口分别与走进学校大门的800个小学生和300个幼儿园儿童打招呼"早上好",风雨无阻,年复一年。这种行为也许在日本并非罕见,却因其极普通的行为表达出的极致性奉献精神,震惊了来自中国的年轻家长。① 失败者在日本是得不到关注和尊敬的,但失败者能够做到极致,也就能够得到赞叹。自杀,尤其是外国人难以理解的切腹自杀,不仅是摆脱失败耻辱的明志行为方式,更进而衍化为追求生命灿烂的境界,这种境界外国人无论如何也理解不了。日本的自杀率始终位居世界前列,其自杀是一种极致的方式,是要向别人证明什么,它并非纯粹是一种极端的行为。自杀者追求极致的民族认知,至少是其自杀率高的重要文化因素之一。

第二,"以严为要"的组织制度设计和管理力度。严密,是每个组织管理设计的基本要求,但把严密的设计做到天衣无缝、做到无处不在,最后内化为被管理者的自觉行为,日本人堪称世界第一。也许日本作家在小说中对此的精确描写还算不得例证,可以作为例证的是日本公交车和地铁公认的准点与守时,其背后制度设计之严密与管理力度之大,非有极致性的要求不可能达到。企业流水线不是日本人的发明,但把流水线做到"零库存",则不仅需要庞大而细密的设计,更需要严格到丝丝入扣的管理力度,这是日本的极致性创造。在日本工作多年的"东京博士"写道:"日本人制作的一件日常用品,连商品的容器都用高价的自动检测设备去剔除微米级的外观瑕疵,他们认为如果消费者觉得商品容器有微小瑕疵,这种企业生产出来的产品的质量也不会好到哪里去的,企业的文化和精神正是反映在这些细小的看似无关紧要之处,由此严谨的企业信誉和理念,是成熟的社会和成熟的消费者培养起来的,反之,一个粗制滥造的社会是如何形成的也就一目了然。"②

---

① 唐辛子文.日本小学校长每天向学生问好800次[N].羊城晚报,2011-05-06(5).
② 东京博士.日本VS中国:人文环境亲身比较[EB/OL]. http://club.kdnet.net/newbbs/dispbbs.asp?boardid=1&star=31&replyid=7688657&id=3098547&skin=0&page=1.

第三,"以内为要"的审美判定。日本人的审美活动更倾向于或者说更注重于人的内在主观需求。比如日本人对生活的设计追求宁静冲淡——不论是否主观意识到。有相当多的因素是为了平衡对冲在现实工作中激烈竞争所产生的内在焦虑。在工作搏杀之外,人们希望通过舒缓洁净的生活方式,以求内心的平静。再如对庭院的要求,无论是家庭小院还是寺院园林,日本人甚至会干出废掉自然却又模仿自然的无理之举,就是为了突出一种苍冉凝练的静止,还是为了人的内心感受。再如茶道中对茶室简洁的要求,更是典型的约束内心、以静达致的例证。就是对日本女人的要求,比如和服,固然有承继唐装的范式,但日本人加上去的就很值得玩味:繁复的衣饰不仅为了眩目,更为了约束女性的步幅;颜色不仅要素洁,更要与环境相匹配;着和服的女性不仅要碎步,就连说话也要细声。总之在男人看来,女人不仅要静娴雅致,还要达到男人内心世界的审美平衡。林桦说过一段留学巴黎时的往事:"给我印象最深的却是日本楼的茶道表演。虽然,我们并不一定完全看得懂其中所有的内容,场面也远没有其他楼举办的活动那样热闹、煽情,但日本留学生表演时的那份认真投入、专注执着,以及动作之优雅,背景之简约、质朴,却在隐隐地给人以强烈的精神震撼和美的享受。"①其实在那儿的日本留学生并不完全是为了表演,她们自己也在享受那一刻的内心沉静与祥和。

第四,"以外为要"的待人举止规范。日本人非常在意别人怎么看自己,这是他们尽可能不给别人添麻烦的原因,也是他们容易跟风、崇拜的原因。居家的日本主妇最关注的是别的家庭如何如何,并影响到孩子们从小就关注别人是如何看待自己的,在潜移默化中养成跟风和服从的习惯。在日本,虽然不乏特立独行的人,但特立独行的代价往往是巨大的,因而在平民生活中往往是反面教材。普通日本人既无能力达到从印度传去的枯禅境界,也无能力达成从中国传去的阳明心学内心修为,却想让别人看到自己修为深厚的一面,只好借助外在力量比如简洁环境的帮助。礼敬如仪,是在严酷的家庭教导下养成的。即便身在陋室,虽然不能让外人看到"回也不改其志"②,也起码要洁净,起码要彬彬有礼,这几乎是每个日本家庭的优秀家教内容之一。同样,通过外在的强制成就某种规范行为,是日本各类组织训练员工最常见的手段。布鲁玛曾描述过日本的百货公司是如何训练女孩鞠躬的:"有一根钢棒在女孩背上,把她们推向需要的角度:十五、三十或四十五度,这些全部仔细地记录在数字荧屏上……这不

---

① 林桦.刹那樱花[M].北京:中信出版社,2007:31.
② 李学勤.十三经注疏·论语注疏[M].北京:北京大学出版社,1999:75.

只针对新进人员,年资较深的职员也不时喜欢使用它,做点行礼的练习。"①这些借助外在的强制以达到精准极致的做法,显然并不全是为了当事者的内心需求,却是为了他人。

第五,"以敬为要"的有所崇范式。研究日本人看重什么并不重要,重要的是研究当今世上谁比他们强,谁比他们强他们就看重谁。尊敬或崇拜强大的对手,哪怕这个对手昨天还是生死对头,只要今天自己落败或处于弱势地位,便立马崇拜学习。他们并不是排荡于两个极端之间,而根本就是从一种极致跳到另一种极致,无须过渡,也没有边线。二战末期"一亿白痴"的日本人没有"一亿玉碎",在天皇的诰告声中这边刚放下武器投降,那边就开始崇拜胜利者美国人。在与中国设立某合资公司的初始过程中,日本人是傲慢的,中方管理者想去日方公司参观都不准进入车间,只准在窗户上扒着看;可是当中方管理者经过几年奋斗将该合资公司管理得比日本公司还要好时,日本人是谦虚的,立即组织所属公司成批量地前来学习。前倨后恭的原则就是谁比他强(也就是谁更做到了极致)他们就无条件地尊敬谁。

第六,"以欺为要"的有所贬范式。同样,日本人对不如他们的人或民族态度轻蔑,并不顾忌欺世、欺心、欺人、欺己之名。比如政治家们"欺世"的举动比比皆是,就拿参拜靖国神社的行为来说,供不供奉战殁者那是日本民众自己的事,可政治家们去哪儿、祭拜什么样的死人那就是政治的事了,日本政治家脑筋再差也不会不懂这个道理。可因为日本国内外的抗议者多不如他们,日本政治家们就愣是装傻,不仅个人参拜,还硬是披上代表国民意志的外衣去进行集体参拜。对盟友的背叛或利用,都可以在利益的驱动下随时变换并处之泰然,可谓"欺心"。德川家康最喜读《吾妻镜》,并非因为对历史感兴趣,而是因为那里面记载了前人是如何尔虞我诈、钩心斗角的,他自己也确实是战国时期背叛和利用盟友的第一高手。2015年1月21日美国《国家利益》双月刊网站刊登文章称:史上五个最不靠谱的美国盟友,第一个就是日本帝国②,皆因为当时狂热的帝国精英们大多认为美国已经不如他们。"苛め"行为即"欺人"行为在日本社会更是普遍而广泛,从小学就开始"训练"将来如何在社会乃至国际舞台上欺负人,学生在校园里找准了比自己弱的人,大家一起去欺负,不加入还会受到群起攻之。日本校园常常爆发"欺人"事件致人自杀案,也就不足为奇了。日本人善于"欺己"的情况同样显著。如果问日本人最看不起哪个民族,其实就是日本民

---

① 伊恩·布鲁玛.面具下的日本人[M].林铮凯,译.北京:金城出版社,2010:82.
② 扎卡里·凯克.史上五个最不靠谱的美国盟友[N].参考消息,2015-01-22(12).

族,根本原因就在于日本人总是以弱者的角度看待自己。日本人骨子里的自卑,已经被诸多学者指出,这里不再论证。为了掩饰自卑,通常人们的表现是自傲,而日本人是遗忘。此遗忘并非真的遗忘,主要还是为了自欺、欺人,是为了掩盖内心深处的孜孜以求。周作人曾谈及恩师章太炎当年在日本愤书《孟子·离娄下》中"逢蒙杀羿"的一段话赠日本人,感叹:"天下的负恩杀师其原因并不一定为的是愈己,实在有许多也因为太不如己了。"①那意思是日本人残杀中国人,实在是因为有五千年文明的中国人堕落到不如日本人的地步,大有恨铁不成钢之意。这话深得日本战争贩子之意,也吻合了日本民族历史形成的这种欺凌"不如己"者的习惯。日本侵华之意,始于丰臣秀吉,到明治维新后再次提出,确是在发现老师已经太不如自己之时。日本从儒文化中学去了尊师重道,讲究师承也已经成为其民族传统,但尊师的前提是老师必须成为后学者无法逾越的高峰,否则不予尊重,这是日本人的创新。欺师和尊师,并不矛盾。

这六种行为规范是否概括得准确,尽可商榷。限于篇幅,这里只能点到为止;限于水平又未必都点到了。更多的内容和更精确的研究,都有待于进一步的深入研究。

第四节 日本极致文化的社会规范

日本民族的极致文化还有一个显著特点,那就是并不因为某一领袖或政府大力倡导得以兴盛或随之消亡而消亡,而是一以贯之。战国之前的日本是如此,当代日本依然如此,区别只是使用的词语不同而已。对极致的追求,并非仅仅是领袖的号召和榜样的力量所致,而是深深地扎根于基层和民间,是基层运作的一种组合形态,甚至成为民间习俗的一部分。因此,有必要探求极致文化产生并持续发展的社会基础,有必要深入了解它们是如何从日本社会的组织内部结构中源源不断地产生、发展的。

社会学的一个基本结论是:人的智商并无多大差别,但不同的人类组合方式形成的群体智商有着天壤之别。日本民族独特的极致行为并不意味着日本人的智商比别的民族高出多少,而其独特的社会组合方式的,才是日本人自立于世界民族之林的根本奥秘。极致文化正是依赖于这种社会组合方式而产生,又反过来加强巩固这种社会组合方式。从另一个角度来说,这种社会组合方

---

① 周作人.周作人论日本[M].西安:陕西师范大学出版社,2005:22.

式,本身也是极致文化的一个组成部分。这种组合方式大体可分为社会制度层面的组合和社会机制层面的组合。

在社会制度层面上,古代日本社会的基本结构方式是家庭—家族—领主—大名—将军—天皇。其中,国家的组合实质上是依附性家族联合体的放大版,这点在前文已经详细论述过。现代日本社会的基本结构方式是家庭—单位(企业)—联盟(协会)—地方政府—中央政府—天皇。政体是代议制,国体是君主立宪制,而全体国民都被组合在法律(纪律)和泛家族制的联合体中。这两种基本结构在社会性质上有着本质不同和诸多的功能区别,但在基本链式上并无太大的改变,依然是纵向的单一链式结构。

其实社会性质是人类自身研究的结果,是自己套用在自己身上的标签,真正应该关注的是社会组合的基本形态和实际运行状况。那么早已声称全盘西化甚至要脱亚入欧的日本,为什么在其国内社会结构上依然沿用古老的链式结构?应该说,在法律层面上的民主,与在实际运行层面上的不民主,构成了日本如今似隐似现的链式管理体系。之所以说它似隐似现,就在于文字上不一定能找到这种链式的表述,而在实际运行中肯定一找就有。

在这个国度,从法律层面看,连文字表述似乎都与西方大同小异,人和社会组织都是平等、自由的。但真相是,所有的人和组织都有着极强的归属关系。一个没有团体归属的家庭或个人是异类。一个人或一个家庭脱离了群体,虽然不再像古代那样难以存活,但依然给社会带来不安全感。《寅次郎的故事》之所以大受日本人欢迎,就是因为寅次郎是一个靠打短工为生的自由职业者。他没有一个固定的组织,也就成了异类,是大多数日本人想学却不敢学的人物,于是都喜欢看看他能闹出多少"笑话",一如喜欢马戏团的小丑。一个没有加入协会、联盟等组织的企业也是异类。农民有强有力的农协和各种专业组织作为依靠;町人的作坊、工厂、饭店、商店也一定加入了行业组织。这种加入,固然有需要帮助的因素,但也有担心被排斥在外的因素。三井财团战后被美国人强行解散,但没过二十年,所有的原三井企业都带着自己所属企业又重新聚合成三井集团,美国人也无可奈何。同样,一个联盟、协会等行业组织在法律规定上可以和政府唱唱反调,但更多的时候如果不争取政府的支持那同样是不可想象的。即使是地方政府,按照宪法应该特立独行,不受中央政府控制,但日本地方长官在特立独行的同时,也要小心翼翼地维系与中央政府的关系。尽管日本地方政府组织法是由美国人制定的,可自治权力在其手里远没有美国地方政府那么大。谁削去了权力?答案是他们自己。

在社会机制层面上,现代管理学已经证明,法律确定的社会制度如果没有同一方向的社会运行机制,是不能保证达到预期目标的。机制是什么?机制是所有的制度与所有的程序共同作用而产生的有机制约合力。也就是说,当机会出现时,并非简单地由制度(如法律)决定人应该怎么做,而是制度与各种各样的程序、规则共同形成的合成力量最终促成人的行为。如果不是这样,人们便无法解释知法犯法的行为。研究日本近代以来的国家基本组织方式,不难发现,法律层面上大规模引入西方制度,但在制度的旁边始终存在着不可或缺的泛家族规则。也就是说,制度设计可以是民主式的,运行规则却是民主加泛家族式的。它们的磨合程度决定着社会制度体系实际管控功能的强弱。从大的方面来说,当泛家族规则强势的时候,社会机制很容易演化为民主加专制,法西斯军国主义便是注脚。当民主制强势的时候,社会机制则属于有特色的日式民主,战后的日本便是注脚。而在具体的社会组织中,制度性设计通常都是现代的民主式,而日常运行机制则是由强烈的泛家族规则掌控,两者的磨合,产生出具体的组合方式,也产生出具体的运行程序和操作规则。而正是这些具体的制度、程序和规则,共同合成为人们行为的驱动装置,也就是通常所说的机制。日本社会组织最深层次的内核,便是这种说起有、看着无的机制。它凸显出四大基本特征。

1. 依附,依附,非精神的精神需求

在泛家族社会的纵向单一链式社会组织构架下,人们对于团队或组织有很强的依附性,团体归属感极强,活着为组织服务,死也要献身组织。当然,这并不等于说没有个人自由,无论是古代还是现代,日本人都不乏对个性的追求。小泽征尔与小泉纯一郎的长发,都是其个性的表现。但就整体来说,日本民众是缺乏个性的,更多的是自觉自愿地依附于组织和集团。这种依附性来源于历史上人们对自己的大家庭及家长的忠贞不贰。如江户时代元禄年间发生的"元禄赤穗事件"即是典型范例。赤穗藩主浅野长矩在江户城中手刃恶意寻衅的吉良上野介,被幕府将军纲吉判处即日剖腹自裁。他的门下总管大石内藏助带领四十七名武士,卧薪尝胆一年零九个月之后闯入吉良上野介的宅邸,杀其家族、门徒共十八人,将其首级供到浅野长矩墓前,以示忠孝,最终以礼切腹。这个故事对日本民族影响深远,不仅被文学、戏剧、电影一再搬演(《四十七人之刺客》①和《最后的忠臣藏》②),而且在日本各类学校被正式或非正式地引为育人的教材。忠诚,已经不仅仅是一个道德概念,而成为一种对组织、对集团的自我约束。

从最早的个人对家族的依附,到家族对地方大名即领主的依附,到领主对中央政府的联合与依附并存,又由政府制定各种法律法规、行政命令,强制民众更加依附。这种依附性,在历史上形成两大不同。一是日本历史上的部落多为依附性极强的氏族。日本历史上出现众多的显赫氏族,却极少出现家族联合式的部落,即便出现也多为昙花一现。家族联合体的部落内各家族并不丧失独立性,而日本的部落更像一个吸附各家族的大氏族。日本在出现阶级之前就出现了氏族这样的以依附为特点的家族联合体。绳文时期三内丸山古迹的竖穴住居中心广场,到弥生时代就不见其继承和发展,后继便是古坟时代的巨大古墓,证明弥生时代便已经开始了家族依附,到古坟时代产生了一个个大氏族。二是对竞争失败的对手准许其依附。封闭的岛国使得失败者没有可逃之地,也使得胜利者不能滥杀俘虏。日本人很早就意识到,人口是岛国第一资源。直到17世纪日本战国时代,各路诸侯争夺的都是人口,而对于当时已经出现的采矿业却重视不够。日本将棋规则也展示着这一传统:吃掉对方的兵力而变成自己的兵力。中国甲午战争失败后,北洋水师的数条战舰都成了日本联合舰队的成员,并一直服役到二次大战。二战战败后,首相铃木贯太郎海军大将曾写信给麦克阿瑟说:"把已经投降的对手当作在你这一方入伍者而加以保护,这是武士之道。"③

这两个历史上的不同产生出日本民族与其他民族最大的差异,即依附性极强而独立性极差,团队效率极高而个人责任感极低。这也直接影响到了现代社会。日本学习西方组织起现代化的企业,其基本制度是全部西方化的,其工作中的具体程序和规则却依旧是东方化的。比如法律规定董事会是一人一票制,可在日本的株式会社里,进入董事会的股东代表在投票时却总是要习惯性依附于某一领袖,唯其马首是瞻。制度是一人一票制,程序却是家长制,实际规则只能是结党划派制。其理由是提高团队效率,而内心深处却是推卸责任。在民间,依附几乎成为一种习惯,就连生孩子后在家当全职太太的妇女,也总要参加

---

① 《四十七人之刺客》,东宝公司出品,1994 年月 22 日在东京上映,获第 7 届东京国际影展评审团大奖。
② 《最后的忠臣藏》,华纳兄弟投资出品,2010 年 12 月 18 日在日本首映,获得第 35 届日本电影学院奖。
③ 麦克阿瑟.麦克阿瑟回忆录[M].上海师范学院历史系,译.上海:上海译文出版社,1984:173.

一至几个团体。她们并非完全为了消除寂寞,而是为了交流和参与,"大家定期聚在一起,或是自娱自乐,或是公益活动,干什么事情都彼此关照,从来没有人在背后说三道四"①。大多数人骨子里还是希望有团体可以依附,不依附的后果最轻就是"有人在背后说三道四"。学者加藤周一指出:"总而言之,'大家在一起'是重要的,而大家一起做什么并不重要。在那种社会,'无私奉公'是一种美德,那种美德不过问集团的目的。"②

这种思想上的依附习惯和工作上的结派规则,极大地抑制了个人独立性,也就产生了盲目跟风的毛病或干好自己的事让别人决策的习惯。日本人做事的一丝不苟并不是德国人那样深思熟虑后的自觉行为,而是依附条件下的自愿行为。德国人深思,在一丝不苟的实践中也反复思虑和比较;日本人依附,在一丝不苟的实践中只会一根筋地越做越精细。这就是我们总觉得日本和族与日耳曼民族有很大差别,却又很难一口说出的细微之处。而正是这种不得不为之的自愿行为,让绝大多数日本人认真细致地干好自己手头上的每一件工作。熟能生巧是中国人的做法,在日本熟并不生巧,而是越做越精细,精细到极致,精细到匪夷所思。明治时期日本人向英国人学习,昭和时期则发现德国人更适合学习,政治、军事、经济、文化、社会管理方式、组织机构,日本人几乎把俾斯麦和希特勒的法宝全盘学了去,成就了东方霸主的地位,也埋下了毁灭的根源。但在所有学习中,有一项日本人没学会:德国工厂里的学徒制。因为日本人发现,同为工人身份的师傅没法依附。

2. 前辈,前辈,非领导的领导规则

不能依附的师傅、师兄在日语里被称为"前辈"。前辈不是领导,也不是精神领袖,却是行为的教导者。显然,前辈的称呼是从家族演化到组织内部来的,正如同在大家族里一样,家族的长辈可能不是领导者,也可能不那么令人信服,却必须尊重,多数情况下还必须按照他们制定的规矩、程序来行事。与日企打过交道的人都熟知日本企业内部的前辈是如何的重要,其实,在日本政界、军界和社会各个层面上,都覆盖着深厚的前辈程序,这几乎是日本人公认的。

最典型的案例是二战时期著名的中途岛海战,前往突击的日本联合舰队第一机动部队司令官派谁合适?当时山本五十六选定的是已经骄狂得让他不放心的南云忠一中将,而不是各方面都更胜一筹、首创航母战斗群作战体系、更加谨慎的小泽治三郎中将,主要原因就是因为南云忠一是小泽治三郎在军校里的

---

① 欧阳蔚怡.感受日本[M].武汉:湖北教育出版社,2008:30.
② 加藤周一.日本文化中的时间与空间[M].彭曦,译.南京:南京大学出版社,2010:64.

前辈。结果日军四艘主力航母就葬送在这位骄狂的前辈手上,导致整个太平洋战场形势逆转。

同样,在大公司,受提拔晋升通常凭借的是个人的能力和实绩,但总会有人提出"前辈尚未晋升,他是不是太快了"的质疑。可需谨慎的是,你偶尔得罪了公司领导也许并不会立即造成什么恶果,事后有机会解释即可;可如果得罪了前辈,那么不仅在公司的每一天你都会非常难熬,而且其他人都不会说你好话。"前辈的话都不听",只意味着你是一个不守规矩的人,一个不知天高地厚的人,一个想成为害群之马的人,没人会去关注前辈的话是对还是错。因此,前辈代表着一种不成文的规则,它规范着工作秩序和员工的日常行为。

日本独有的前辈规则,对于训练新进员工尽快掌握基本技能、融入企业或组织的文化体系,并在坚实技能基础上形成创新能力,的确有很大的功效。通常情况下,新进员工在接受例行入职培训后,进入工作岗位,都会受到前辈的关照,前辈也有义务帮助指点新员工提高各方面的工作技能。前辈的存在,一方面是帮助个人走向熟练的基础,另一方面也是个人出类拔萃的第一道障碍——新生辈员工只有突破前辈已经达到的高度才能得到领导或公司的重视,否则就永远只能跟在前辈的后面慢慢爬升。而要想突破前辈已经达到的高度,只有比前辈更加努力、更加发愤、更加动脑筋才有可能。所有的新进员工都面临着同样的压力和挑战,在成功欲望的驱使下,前辈规则成为个人一步步走向极致的动力,成为团队创新的基础。也正因为如此,日本从未否定过这种非组织的组织规则。

3. 团队,团队,非家族的家族桎梏

历史上由家族形成的集团意识,一直影响到走进现代化的今天的日本。日本的团队文化取代了过去的家族文化,其精神本质却并没有发生太大的改变。直到近年,也只有少数日本大企业改变了终身雇佣制,在大多数的中小企业,员工与企业共同成长、荣辱与共仍是司空见惯的事。这种类似于家族式的团队文化,其主要内涵为三个不成文的约定:一是团队利益至高无上,独立体(个人或下属企业)的利益应该让渡;二是为了共同的目标各尽所能,独立体的目标必须服从共同目标;三是利益共享,得到最大利益者必须"关照"最小获利者。就这三个约定来说,今天日本的企业文化(团队文化)与古代的家族文化并无太大差别。住友商社在其公开网站上就毫不掩饰地宣布,其企业精神至今还是秉承其创始人住友政友在17世纪写下的《文殊院旨意书》。

在企业或组织内部,日本人还善于组织小团队来完成特定的目标。小团队(team)与大团队(group)在基本约定上差不多,只是小团队的组织更严密,要求更高。这些约定一旦成为团队成员的共识,并上升为团队文化,就不再需要以文书表述的制度性规定,而形成共同遵守的"规矩",成为习惯和自觉行为。日本民族有学习和借鉴外国先进知识的传统,也有集成创新的传统,这些小团队文化正好适合这种较之原始创新来说并不需要太高智力的创新活动,因而广受欢迎。一般来说,小团队的目标、责任都是明确的,无法推卸也无法转嫁。团队的每个成员都必须全力以赴,互相督促也互相监督,只能向前不能后退。团队的荣誉和利益与个人直接相关,每个人在岗位上只能精益求精,追求利益最大化,至少不能拖团队的后腿。而每个人的精益求精,促使团队常常超越既定目标;新目标的设定,又要求每个人精益求精。日本民族以团队走向极致的传统,才是日本团队文化最值得称道之处,也是其最可怕之处。当然,拉帮结派,同一组织内部各种各样的团队林立,甚至连各政党内部也派系复杂,窝里斗的残酷程度一点也不弱于对外竞争的程度,也正是日本社会组合的致命弱点所在。

日本的团队文化发展到今天还是有两点显著的变化的。一是独立体的独立性相对增强,其团体内部的"火拼"日趋激烈,既有其创新力日益提升的一面,也有其相互拆台的一面。二是独立体对团体的责任感相对减弱,同样有独立体自我责任感增强的一面,也有其容易弃团体而去的一面。但这种增强或减弱只是相对的,今天日本企业的团队文化凝聚力和作用的发挥依然是他国企业难以望其项背的。无论是过去还是现在,这种团队文化的存在,使得每个进入集团的成员都必须在团队内部出类拔萃,才有可能被选拔成为另一团队的领军人物,否则永远只能是团队里被别人关照的角色。内部竞争的压力,驱使他们不仅要干好自己的本职工作,更要干得比别人好。假如做不到精益求精,那就要忠心耿耿以致过劳死;如果不幸犯有错误,那就只有自杀以明志。所以,日本职场的过劳死和自杀率一直居世界之最,以至于日本官方现在也不得不开始干预过度加班的问题。

4. 混成,混成,非界限的界限制约

日本学习、借鉴外来文化,总是与日本家族式传统文化结合起来的,适合的留下,否则弃之。儒文化传入日本后的命运,便是适合日本泛家族规则特别是双系氏族文化传统的内容留下,不适合的加以改进,改进不了的弃之不用。留用和改进的过程,事实上是一个混成的过程。混成的结果是有些人甚至认为日本的儒教不是中国的儒教。日本的君主立宪制与英国的有些不同,同样是混成的结果。就是日本的超级企业,外在的股份制方式与内在的泛家族规则高度混成,也是日本人的一份创造,并为许多中国企业家所醉心。20世纪初,当中国的军阀们还在编练所谓"新军"、学习使用洋枪洋炮时,日本已经组建"混成旅"实施突击。日本更是世界上第一个组织航母战斗群编队,将海军、空军力量混成,开辟远洋海战全新方式的国家,连它的太平洋对手美国也向其学习航母海战理论。这种混成的传统在二战后日本工商业崛起的过程中,依然发挥着巨大的作用。综合商社一改传统,以商业统领工业、金融、物流、信息等业态,形成独特的综合竞争实力,是其创造。当美国通用汽车公司的工程师们绞尽脑汁在电脑上画图时,丰田公司的整车创研工作室却把各方人员包括一线工人集中在一起,研究新一代"更快、更好、更节约"的整车系统。无疑,混成的传统是推动日本创新的重要的文化因素,也是其具体的操作规程,更是不断寻求新突破的组合方式。

这种混成,套用一个现代管理学的专用名词,就是集成创新,这是推进团队走向极致的更重要的组合方式。混成的目的是实现单一个体、单一团队不可能实现的目标。为了实现这个"不可能实现的"目标,每个人、每个团队都必须打破自我界限进行合作,从而结成新的团队。在形成新的团队的同时,泛家族界限规则开始发挥作用,形成新的对内对外的森严规则。要想打破这种森严和由此产生的故步自封,必须提出新的"不可能实现的目标",混成团队内的有识之士可以提出,凌驾于混成团队之上的领导也可以提出,由此开始新一轮的混成。目标越来越达向极致,对混成后的团队成员的要求也必然越来越趋向极致。当然,在不能或无法混成的领域,日本人则是壁垒森严,不知所措。比如二战期间日本陆军与海军之间的自耗式竞争,当时即遭诟病,却至终战也未能解决。比如没有一家综合商社能把农业统合起来,结果日本农民紧密地团结在各种农业协会之下,与综合商社进行抗争。前面说过,集成创新是不需要太多智商而靠组合创新的有效方式,当混成碰到了原始创新时,也就是说需要的不是在原有基础上向前推进,而是另辟蹊径时,混成的效果并不突出。同样,混成的组合方式也并非总能实现效果叠加,1 加 1 并不总是等于 2,在泛家族规则的作用下,可能大于 2,也可能小于 1。

日本存在着上述四种与众不同的社会组合方式,界定着人与人、人与团队、团队与团队之间的关系,确定了有形无形的相关制度和机制,约束着个人的行为方式。而正是这种有形无形的相关制度设计,在历史上随着家族规则的泛社会化,让社会组织始终可以套用"家"的概念。员工不过是从过去的封建氏族之中,走进了各类现代组织的"大家庭"。在这个大家庭中,少数员工依靠其聪明才智出类拔萃,崭露头角;大多数员工依然习惯于"从一而终",轻易不跳槽,否则就被认为对主子不忠,对工作不敬。干一行爱一行,一丝不苟,日复一日,把简单的工作做到无可挑剔,呆板是呆板了些,却是组织最受欢迎的模范员工。

千百万个这样的员工,每日把最简单的工作做到无可挑剔,便是一种无法战胜的极致。被尊称为"科学管理之父"的泰勒当年抱怨流水线上的员工:"我雇你们来,是为了用你们的体力和操纵机器的能力。至于用头脑,我们另外雇人了。"①泰勒希望拥有的员工,在日本批量出现,"泰勒制"在美国收获的是罢工,在日本则是全面开花结果,根本原因就在于日本泛家族规则浓厚的程度远远超出美国。反过来,在长期的这种简单、极致的文化传统熏陶教育下,特别是在前辈的引领下,走向极致已经深入日本民族的日常生活,成为一种浑然不觉的自觉行为。原先的"迫使"已经不是外在强制,而是内生的行为。在日本影响很大的良宽和尚研读佛经的态度是:"恳恳偏参穷,参之复穷之,穷穷到无穷,始知从前非。"参研佛经,无人督促也无人逼迫,都要如此从"穷穷"到"无穷",这正是极致思想的表述,远没有他所崇拜的陶渊明挥挥手"知今是而昨非"来得潇洒。所以,若有人问日本人是谁强迫他在工作与生活中无休止地做到极致,他会觉得非常诧异。日本民族的可敬、可怕而不可爱之处正在于此。这也从另一个角度说明,中国虽然也有浓厚的泛家族规则,却没有出现日本式的极致文化,其核心原因就在于中国从不缺乏制度性设计,却缺少这些具体操作层面的机制设计。若在精细化管理的制度、程序、规则和团队、混成方面进行一些机制的设计并认真坚持下去,中国人追求极致的精神并不比日本人差。海尔集团的"日事日毕,日清日高"就很有些超越日本精细化管理的极致精神。

第五节　日本极致文化产生的社会历史根源

过去很多研究者将日本人这种穷极能事的行为的原因,归之为日本岛国环境和资源匮乏的客观条件,使之不得不特别珍惜到手的有限资源,因而尽最大努力加以运用。这确实是日本民族做事认真细致、物尽其用的重要方面,却并不是日本民族产生极致文化的必要条件。世界上资源匮乏的国家和民族比比皆是,可并没有太多的民族如同日本民族一样产生极致文化。解释个中原因,还必须着眼于日本社会发展的历史深处,去探寻问题的答案。

第一,米虫们的命运在于创新。

米虫(こめのむし)一词,在日本历史上是有特指的(图7-1)。受中国影响,日本的家庭很早就采用了嫡长子继承制,家庭的名号、财产、事业均由长子

---

① 胡泳.从泰勒制到海尔OEC[J].互联网周刊,2001(13):74.

继承。比中国更彻底的是,日本家庭中的其余子女不仅没有继承权,连分配家庭部分财产的权利也没有,因而在独立自谋生计之前,这些子女通常无事可做。这些无事可做、只会嚼米的儿子们就被称为米虫。米虫们长大后,如无一技之长,只能靠长子的施舍度日,因而生活一般都比较艰辛。为了摆脱这种命运的安排,日本的米虫们就只有另辟路径,开创属于自己的事业。无论是天潢贵胄还是平民百姓,属于米虫的就只有自谋出路——创业。这种制度性安排在漫长的历史过程中,迫使大多数米虫们学会并

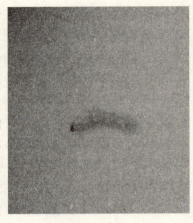

图7-1 米虫

勇于创新,另辟蹊径,并逐步成为全社会的共同习惯。至今,在日本社会还时常可见这一传统的影响。前面提到的那个日本北海道的柳月甜品公司,就是由于创始人不是家中长子,不能继承家业种地,二战回去后无所事事,不得已创办公司以维持生计。[①] 盛田昭夫虽是长子,但不愿继承家业去酿酒而要和伙伴一起创办索尼公司,便惹得父亲非常生气。一个家族有继承权的毕竟是少数,这种家族制度给下一代多数人带来的生存压力,迫使没有继承权的大多数年轻人或不想继承传统家业的人都必须尽早自立门户,建功立业。日本民族勇于进取的精神代代不息,可以说日本家庭的这种承继制度是其重要的社会根源之一。

第二,古代基层社会地位的不可更改促进了社会阶层的精进行为。

日本古代从中国学去了"士农工商"社会阶层的划分,虽然实际上可能如一些学者所言划分得并不那么严格,但社会等级是客观存在的。由于没有从中国学会应科举、举孝廉等可以打破社会地位的通道性制度安排,如此社会等级森严的结果只能是农民的儿子会耕田,"老鼠的儿子会打洞"。属于哪个阶层的就只有在自己的领域里一心一意,在技术上不断追求精进,在行业中不断精益求精。只有这样才能出人头地,闻达于社会。以日本制陶艺人为例,无论他们制造出多么精美的制器,成为达官贵人的宠爱,也不太能改变他们的身份,他们不能成为武士,进入"士"这一阶级。他们唯一能做的就是不断制造出新的更精美的陶瓷精品,以获取更多的金钱,改变自己的生活条件和环境。他们不可能倾其所有供养儿孙走其他的道路以改变身份和社会地位,他们所能做的就是把技术做到"独此一家"的地步,让儿孙继承下去,发展下去,这样才能保证儿孙过上

---

① 坂本光司.日本最了不起的公司[M].蔡昭仪,译.银川:宁夏人民出版社,2010:105.

富足的生活。同样,除了极少数人的机缘偶遇得以改变身份外,绝大多数商人无论多么有钱,无论其豪宅香车多么奢侈,也不可能成为贵族。

日本没有科举,也就没有范进中举那样的悲喜剧;日本没有员外郎式的卖官制度,也就没有花钱买官身的官场另类(当然亦有变相的买官,丰臣秀吉后期的许多官职就是通过供奉天皇而得来的,但那不是公开的制度)。在日本古代,并没有什么刻意的制度性安排来鼓励人们做事精益求精,努力创新,那不过是社会底层百姓无路可走的无奈之举,是生存之道。这种自发的生存之道在漫长的历史发展中,养成了日本普通民众静心做事而不做他想的习惯。在日本,鲤鱼就是鲤鱼,鲤鱼跃龙门的事不会发生,鲤鱼们也不会去想,它们做梦都想的是怎样成为鲤鱼中领头的那个。直到今天,尽管社会上已经没有了不可逾越的等级阶层,但这种历史养成的民族习惯依然让日本人在技艺的追求上偏爱走向极致。

寿司是日本民族的传统美食,日本的寿司店不计其数。东京银座四丁目的冢本总业大楼的地下一层,有一家只有10个座位的小餐馆,名字叫"数寄屋桥次郎寿司店"。创始人小野二郎做寿司近60年,每年只休息一天。他技艺精湛,弟子满天下,可谓师傅中的师傅、达人中的达人。进他的寿司店吃一顿寿司须提前一个月预定,人均消费3万日元起(约合人民币1552元),吃饭的时间还有限制。《米其林美食指南》将他评为全球最年长的米其林三星大厨,并郑重地告诉人们,一生值得为这顿饭特别安排一趟旅行。美国导演大卫·盖尔布将其拍成电影《寿司之神》(*Jiro Dreams of Sushi*)在美国上映。2014年4月24日美国总统奥巴马在东京进行国事访问,晚餐时专门去这间店里品尝了时年89岁高龄的主厨小野二郎亲手做的独一无二的寿司。

不要以为小野二郎的故事在日本是个别现象,韩国中央银行曾对世界41个国家和地区的老铺企业做过统计,发现有200年以上经营历史的共5586家,其中日本就占了3146家,而日本百年以上的老铺企业更是在10万家以上。这些老铺之所以长存,其过人之处并非在于其拥有独特的技法,而在于其将某种技法传承下去的极致性培训方式。在很多国家,如中国,"一招鲜"吃遍天,但其独特技法能够创造出来,却往往因为其子孙心有旁骛而无法传承久远。

小野二郎训练弟子时说:"一旦你决定好职业,你必须全身心投入工作,你必须爱你的工作,不要有怨言,必须穷尽一生磨炼技能。"他的学徒要成为"职人",须花费至少10年光阴。首先从为客人拧毛巾开始学习,毛巾很烫,并不好拧,没学会拧毛巾不能动刀子打理鱼。然后才是做生鱼片料理,手捏寿司。10年后可以学习如何煎蛋。一位叫中泽的徒弟在经历200多次失败之后终于学会了做色泽、软硬度、口感都恰到好处的优质煎蛋,才得到小野二郎师傅认可为"职人"。可以想见,中泽以后轻易不会改行,万一改行,无论做什么,都必然会把从师傅这里学去的极致精神用在自己的职业上,而且还会传承给自己的弟子。极致精神便是如此通过一个又一个职业、一个又一个行业中的"达人"言传身教,传承培训,最终汇成全民族的一种特色:行业不分尊卑,"老鼠的儿子会打洞"也没什么不好,看谁的洞打得最好。民间的这种老铺传承精神形成了极致文化的社会基础。

第三,岛国的汲取主义文化传统客观上推动了极致文化的发展。

已经有很多的研究证明,从古至今,日本人善于学习,但并不是采取简单的拿来主义,而是汲取主义,有益的留下,无用的弃之,外国的东西最终成了他们自己的。日本民族如何汲取外国文化,在汲取过程中又是根据什么进行有选择的筛选,则众说纷纭。

考察日本历史上大规模引进外国文化的过程,则不难发现,由于岛国很小,每一样新玩意引入日本后,大体上都要经过三个阶段。

第一个阶段是群起膜拜,顶礼而效之。毕竟古代远洋货运的代价非常高,不可能大批量进口,刻意模仿自然就成为普遍现象。这在世界各个民族中都如此,并非日本民族的特色。要说的是,这个阶段促成了日本民族特别爱跟风的习惯,至今时见。2008年秋天,一位女星在某电视节目中谈到

图7-2 日本农民使用的收割机(图片来源于百度)

她吃香蕉减肥的经验,没想到,随即掀起了民众轰轰烈烈购买香蕉的热潮,日本超市一度被买空。①

第二个阶段是吸收改进阶段。群起模仿之后,自然就要比较高下,由于岛国资源有限,吸收并根据日本实际情况加以改进,做小、做精、节省原材料等方面就成为模仿者自然而然关注的目标(图7-2)。日本生产人造肛门,在引进欧美新产品的基础上加以改进以适用于日本人,并成功返销欧美。日本人制造的

---

① 沃尔夫·冯. 日本杂议一百则(之六)[EB/OL]. http://www.tianya.cn/publicforum/content/books/17118368.shtml.

癌症化疗制剂,也是在引进欧美产品后针对东亚人的体质加以改进,并大量出口东亚各国。

第三个阶段是在改进的基础上进行创新。这方面的例子太多,比如整个日本汽车工业目前都已经脱离改进阶段而进入自主创新的阶段了。

在上述这个过程中可以清楚地发现,岛国经济资源匮乏,贸易成本较大,是驱使日本人走模仿—创新路子的必要条件;而岛国残酷的社会竞争压力,才是真正驱使日本人走上极致化发展路子的根本原因。其研发处于世界领先地位的钟表制造业就是典型的案例。在中国,清朝乾隆时期就有西方人贡献钟表,深得乾隆及大臣们的喜爱。后虽有国人模仿生产,然而,因为是进贡"主子们"的消费品,始终认定了原装为佳,所以西洋钟表始终供不应求。天朝上国的阔绰,加之愚蠢地认为那不过是些淫巧之技,不足为学,让中国的钟表业在200年后也没有形成气候。而日本差不多也是在同一时期引进了西洋钟表,经历过三个阶段特别是明治维新之后,日本钟表业的发展就足以与西洋钟表相抗衡。二战期间,日本军队军曹一级士兵多戴有手表,而中国军队团级以上军官戴手表的也并不多见。这不仅反映出两国政府对待工业发展的态度,也折射出两国在新事物引进、吸收、消化功能上有无极致文化驱动的巨大差异。今天的日本钟表业依然在世界占有重要地位,根本原因还是二战以后,日本钟表业虽然是在一片废墟上起步,却能在竞争的驱使下,始终瞄着世界前沿技术,不断研发和开拓,这同样反映了其背后走向极致的文化传统因素。

第四,创新规律与日本传统文化相通促进了日本民族的极致文化。

创新的目标通常都是要以最小的投入博取最大的利益,最终的结果必然是简约。毫无疑问,通往简约的过程必然需要坚忍的精神,调节坚忍苦痛的唯一方法在于保持内心宁静。创新的规律正与前文中已经说明的以泛家族文化为主要特征的日本传统文化存在着相当大的共性和互通性。而正是这种共性和互通性,共同促成了日本人面对自己的工作能够静下心来,专心致志,精益求精,以达极致。

比如日本武士道在漫长的历史发展过程中,追求的最高境界就是简约、坚忍和宁静。通过明治维新之后的武士道全民化过程,简约和坚忍保留了下来,更深入日本民族生活的各个方面。时至今日,武士道所提倡的简约和坚忍等精神与文化改头换面,成为日本现代企业文化或组织规章,继续一代代地传承下去,在经营管理和创新进步中发挥着巨大的作用。日本著名的设计师、优衣库艺术指导佐藤可士和的设计室(图7-3)曾让中国的同行"很吃了一惊的。偌大的会议室,纤尘不染,没有电视,没有电话,只有一张长长的会议桌,二十把椅子和雪白的墙。把环境中的干扰因素,清理到最低限度"①。中国同行惊讶的内容正是其追求简约上的极致程度,但如果把他和此类行为放在历史的武士道文化传统背景中来看,便不会有过多的惊讶。再比如,2014年11月10日高仓健去世,这位以坚忍的硬汉形象而著称的演员,其实在其一生中也无不在坚忍中拼搏。去世前四天他写完了应《文艺春秋》战后70年纪念号的约稿,在文章的结尾他诠释了自己的人生哲学——"往路精进,坚忍无悔"。可以说,这八个字成就了他在日本影坛至高无上的地位。

图7-3 佐藤可士和的设计室(《佐藤可士和的超整理术》一书插图)

同样,神道教文化所宣扬的奉献和牺牲精神,也与创新规律相一致,并贯穿于日本人创新活动的全过程。在创新的过程中,没有持之以恒、坚忍不拔的奉献精神和牺牲精神,几乎是不可能成功的。反过来,正是因为有了奉献和牺牲精神,才可能在创新的基础上更进一步地去寻求新的自我突破。日本文部省最新审定的中学生道德课,第一部分第二课题目就是:人生目标的实现必须要有坚忍不拔的顽强意志。课中所例示的榜样级人物就是宇航员南波六太的事迹,他说的"我的敌人就是自己",就是要老师们告诉孩子们这其中的道理。日本人经常参与神社活动,其场所大都洁净安静、细巧精致。这种精致环境的熏陶和对神灵的敬畏,是从孩提时代就深入日本民众内心深处的,而儿时的记忆与习惯会终身相随,在成年后转化为对工作和生活的精致细微的偏爱与敬畏,这成为追求极致的重要心理因素。这一点已经为现代心理学所证实。

当然,日本民族这种极致文化的形成并非由一次性教育促成,也根本没有这方面的官方或民间专门教育,而是如前文所述,贯穿于家庭教育、学校教育和组织教育之中,也就是说,贯穿于日本人成长的各个阶段。大体上说,在家庭里完成的是敬畏、奉献和节俭等传统教育,在学校完成的是尊崇、汲取、创新等传统教育,在单位组织中完成的是礼仪、敬业和坚忍等传统教育。翻一翻日本著

---

① 佐藤可士和.佐藤可士和的超整理术[M].常纯敏,译.南京:江苏美术出版社,2009:9.

名人物传记或回忆录,便会发现家庭和学校对他们影响巨大这一点几乎是共同的内容。极致文化的教育也见诸各类管理典籍、文学名著的巨大影响力上,同时也表现在茶道活动、神社活动等各种社会活动中,还体现在日常具体工作、营销服务的细节中。差不多可以说在日本社会生活的各个角落,都能发现追求极致的现象和行为展示,加之媒体每日的提示和激励,形成了日本浓郁的追求极致的氛围和习惯,只不过没有用"极致文化"四个字进行标注而已。俞天任在《东瀛住院记》一文中记述道:"这家医院在对患者提供检查的方便上下足了功夫,地面上画着各种不同颜色的线条,上面注明了心电图、X射线、B超、CT或者是核磁共振MRI,患者只要顺着线走就一定能找到地方。"①作者去的这家医院叫"德州会病院",并不知名,只是距离作者住所最近,相当于中国的社区医院。也许有的读者会觉得做过了头,其实没那个必要。但无可否认他们的服务意识多么精深细致,他们已然将服务的概念尽可能地做到极致。而在这样的医院就诊的病人,肯定会有一部分将自己的工作与他们的工作进行对比,从中找出差距来。

第六节　日本极致文化产生的思想渊源

那么,为什么在日本国内或是国外,对其民族文化的研究都没有提出极致文化的概念? 这是一个值得深思的问题。研究其思想渊源,发现日本极致文化并非来源于某一思想体系,而是多个思想体系综合作用的产物。这种多重思想体系的复杂性和综合性,以及由此共同作用的社会功效,很难进行分析。它不仅让一般外国人摸不着头脑,就是日本人自己也感到相当程度的困惑。本书在此也只是尝试从历史发展的角度,探索日本民族的极致文化思想来源,初步梳理一下其中至少存在的五大思想源头。

(1) 儒家思想的影响。日本人对儒家文化的学习,由最初的全盘囫囵吞枣到后期的有所选择和取舍,是一个迎合日本民族泛家族规则及其文化的发展过程。与中国相比,相同的部分不必再说,有两个重大的不同点有必要在此进行一些分析。

一是在个人修养方式的选择上不同。日本学界比较一致地公认对日本民族影响最大的儒学家是狄生徂徕,而狄生徂徕又是公认的荀子学说的继承人。

---

① 俞天任.东瀛住院记[N].经济观察报,2011-01-03(7).

为什么在儒家流派里,荻生氏专对荀子学说情有独钟？就是因为荀子不同于孟子主张以由内而外的修养来达到仁,而是认为也可以通过由外而内的修养来达到仁,由此荀子一度被认为是法家。这一点李泽厚先生曾明确指出过。[①] 荻生氏认为日本民族更适合于采用荀子的主张来达到仁义,而且更进一步强调"夫先王之教,诗书礼乐而已矣。礼乐不言,习以成德,岂外此而别有所谓成仁之方乎"[②]。他的弟子太宰春台（1680—1747）说得更直白:"圣人之教,由外入内。惟纯粹圆熟,方可表里一致。""圣人之教,外入之术也。苟行身守先王之礼,处事用先王之义,外面具君子容仪者,即为君子。而不问其内心如何。"[③] 韩春育认为:"应该说,这类规定对日后日本人的人伦日用,发生了重大的影响……这集中体现在日本人对社会公德的坚守、对纪律法规的捍卫和执行公务时的严格认真上,也每每表现为人们工作时的全心全意和私处时的开怀忘我。有趣的是,对于一些看起来已流为形式、甚至有点虚伪的外在礼节,日本人却行之甚笃,非但表情严肃,而且角度尺寸亦毫厘不爽。"[④] 正是由于广泛采用了荀子的儒家学说,并与日本泛家族规则的强制传统相结合,江户时代中后期不仅在礼仪上塑造了今日的日本人,而且成为社会各类组织训练员工的理论指导,千百次通过外在的强制,由外而内,促使员工在自己的岗位上将技能掌握到纯粹圆熟。这已经成为入职训练的一个基本程序,构成了日本人最突出的一个特征。一位中国老师曾多少有些轻蔑地说日本人:教他横着拖地板,就永远也不会竖着拖。这种近似刻板的强化训练,前面说过,在中国是熟能生巧,在日本则是在圆熟的基础上精益求精,以达纯粹。不过,所谓真理有时多跨一小步也就成为可笑,荀子的主张其实是内外兼修,而日本思想者的多迈一小步,成就了日本民族强调外在约束、缺乏内在思考的民族特性。而这一特性最直接的后果就是个人不能突破规矩,只能在规矩内寻求极致。这成为当今日本极致文化最重要的思想基础之一。

二是在儒家学说的内涵引进上不同。经过日本的儒学家和政治家的合谋,中华儒学中最核心的"仁",被日本人有意筛选掉了。日本学者们也经常说"仁",但不知是故意还是理解不够,他们大多将中国的"仁"理解为"仁慈"。在诸多学者的文章中都可以看到这样的表述（这一点尚有争议,但至少在"仁"的

---

① 李泽厚. 中国古代思想史论[M]. 北京:人民出版社,1985:105.
② 荻生徂徕. 辨道[M]//海老泽有道,等. 日本思想大系:第37卷. 东京:岩波书店,1973:219.
③ 荻生徂徕. 圣学问答（上卷）[M]//海老泽有道,等. 日本思想大系:第36卷. 东京:岩波书店,1972:95.
④ 韩东育. 中日两国道德文化的形态比较[J]. 二十一世纪,2002(6):55-63.

引入上存在着内容的不完整）。大约日本人害怕仁政强调的某些内容会强化战国以来"下克上"的局面再次出现，便泼洗澡水连孩子一起泼掉。日本人没注意，泼掉"仁"（至少相当部分）的同时，也泼掉了由"仁"引出的另一个重要的儒学内涵，即"中庸"。已经有许多学者指出这一点，这里就不再多说。缺失了中庸的理论基础，导致前述依靠外力强制的修身变得无节制，导致日本人形成在各个方面一旦踏入便不知节制也不要节制的社会心理。普通的民众未必知晓儒家学说，但在文化精英的宣导下，在政治精英的塑造下，在身边榜样的示范下，一条道走到黑，不撞南墙不回头，甚至撞了南墙也不回头，不需要犹疑，不需要宽恕，不需要执两端而取其中，更不需要适可而止，走向极致未必成功，但走向极致的行为值得称道。"仁"和"中庸"的缺失，巩固了日本社会在今天依然存在着比中国还严重的等级制的事实，形成了深入民间的论资排辈架构，培育了在自己的位置上不停步不踏步的精进意识，也造就了在日本出现而中国所没有的极致文化。

（2）神道教思想的影响。日本神社林立，神社活动贯穿于人们的一生，对日本民族心理有着极大的影响。古代神道教的核心内容是敬神敬祖敬万物，其次是警示危机。这种敬畏意识是天皇崇拜的忠诚文化和本章所论极致文化的另一重要思想来源。然而，敬神敬祖并不是日本民族所特有的传统文化，其他民族也有浓厚的敬神敬祖的传统，却并没有滋生如日本民族那样的极致文化。究其原因最根本的有两点不同。

一是前面已经论述过的，即古代日本家族存在过漫长的父系母系双系氏族和家族联合体时期，这一根本的不同点，使得日本的神道教将日本家族的祖先神化的同时，在形式上还要将祖先神请出家庭集中供奉（父系家族和母系家族在一起供奉和祭祀），或虽由私家供奉但以某种方式享受大众祭祀。这一点从各类遗址中常见的祭坛和集中墓葬的尊卑秩序中可以看出。集中供奉或大众祭祀的神，尤其是大宅的祖先神，自然成了"公家"之神，其法力自然不同，敬畏程度也就不同。一种往往被认为是成功者的祖先的优点，通过祭祀，成为大家共同遵奉与学习的优点，传承和教育在祭祀中完成。神道教的一些教义，比如万物有灵、尊敬长辈、洁净自爱、团结合作等，神社环境的庄严肃穆、古朴清幽、微小精美等，都是通过神社年复一年的各种各样的活动，在不知不觉中灌输进民众的意识的，影响到日本人对职业、事业的敬畏，对生活的认真精细，对他人的礼敬有加。更为重要的是，它不同于儒家"礼教"的地方在于：礼教讲究的是对等，上不仁，则下可不敬，不仅可以不敬，甚至还可以"覆舟"；而日本神道教强调的只是单方面的礼敬，因为面对鬼神已经无法"覆舟"，神道教里没有地狱，日本的地狱称谓实际指的是黄泉,并非惩戒之所。这一重大不同,让日本人不去计较需要付出忠诚的对象是否仁、是否正确、是否必要,而只讲付出,只求内心敬畏得以表达。

欧阳蔚怡这样描述她在日本的邻居:"我曾经住住的地方是老京都的居民区,住地路边三步一座石像,五步一座供台,石像两边供奉的鲜花和水杯每天都有人更换和打扫,许多当地人走过那里都要合手低头拜一拜。他们会把每天的烦恼和担忧告诉神明,比如自己和家人的健康,朋友的安否,孩子的工作等等。他们觉得只有这样,老天才会保佑大家安康无事。"①一位日本的挖掘机手每天早晨会对挖掘机道一声"今天又要辛苦你了";东京银座的一位女店主每晚开张时都要对店铺说一声"今晚拜托你了"。② 常常有中国人嘲笑日本人"屁大的事也认真得一塌糊涂",而日本人则认为天经地义,因为心存敬畏,不仅是为了得到一点心理安慰,更是一种"把简单的事做好"的精神动力。

二是神社与家庭的祭祀活动都祈求神与祖先对当世的庇佑。公家的神自然更多关注大家共同面临的事,因而也就自然而然成为民众的集体活动。日本是个多自然灾害的岛国,相当多的神社祭祀活动的仪式有着强烈的居安思危的警示含义(图7-4)。例如日本著名的三大祭之一的东京山王祭,就是日枝神社祭祀守护神大山咋神的。

图7-4 这座小神社位于宫城县女川町的一个高坡上。2011年3月11日大地震引发海啸,该町佐藤水产公司专务董事佐藤先生将20名中国研修生引导至此得救。返回工厂的佐藤先生不幸遇难

盛大的神舆巡幸就是要把安全带给大众,能够亲自抬神舆,意味着直接与神接触、避灾祈福,那是荣幸。时至今日,神社的宗教活动更多地演化为社区集体活动,宗教含义并不明显,但人们从小到大参加这种活动,除了增进邻里的交流与欢乐外,仪式的庄严和神社的号召力,仍然在自觉或不自觉地灌输着敬畏和危机意识,驱使着日本人民努力做好每一天的事情,更好地按照祖宗的也就是神的要求严格律己,节俭奉公。神道教强烈的现世性,表现在洗濯、趋步、一拍手、

---

① 欧阳蔚怡.感受日本[M].武汉:湖北教育出版社,2008:54.
② 毛丹青.什么是日本人的物灵说[EB/OL]. http://blog.sina.com.cn/s/blog_4747bc070100mh89.html.

一默祝的简洁之中。更为重要的是,在自觉不自觉之间,人们乞灵保佑的同时,通常也是向神表明自己想要的目标:我要如何如何!我一定要达到怎样怎样!在敬畏意识的作用下,人们也一定会尽自己最大的努力。因为人们无法责备神不保佑,而只能责怪自己的努力还没有做到极致。有趣的是,日本的神话除相当一部分源自中国外,自创的部分也不少,且其自创部分大多数邪魔手段都无所不用其极。这是否也对日本民族的极致文化产生影响,留待以后研究。

(3)佛教思想的影响。古印度佛教向北、向东传播,形成三大流派,即藏传佛教、汉传佛教和南传佛教。与中华文化传入日本可细分为中原文化与南方文化一样,日本佛教是汉传佛教与南传佛教的结合体,因此既有汉传的偶像崇拜,也有南传的无偶像崇拜。佛教徒清规戒律远没有大陆那么严密,但佛教的一些基本教义是一样的,对日本民众影响深远的是"寂灭、无常、轮回、顿悟"等教义。佛教与岛国多灾、脆弱的人生相对接,使得日本民族非常容易感悟到佛教对其心灵的抚慰,同时也更能驱使其感受到人生苦短、只争朝夕的宿命论,进而影响到日本民众的人生态度,如工作上的及时完成、工作后的及时行乐等。

另一点同样重要的是,禅宗的传入,特别是在日本本土化的过程中,使得众生平等、人人皆可成佛的思想对日本普通民众产生极大的影响。不再需要慧根,民众甚至只要口诵佛号便可成佛。佛教的某些教义逐步演化成民间习俗。在社会等级制森严的日本,众生平等、人人皆可成佛,对日本民众的吸引力可想而知。举个例子,佛教的庄严宝相与日本对礼教的追求,加深了日本民众对礼敬的虔诚度,日本人的"点头哈腰"并不完全表达对对方的尊敬,其中相当大的成分是对自我人格尊重的显示。直至今日,日本依然保持最具民族特点的丧葬习俗:葬在佛寺以求死后升入平等的极乐世界,而祭祀与祈祷却在神社以求发挥最大的功效,以至于近代以后佛教在日本被称为葬式佛教。这种行为本身就是日本人追求"效益最大化"的极致选择,是一种对人生重要环节的安排,活着要追求(慰藉、保佑),死了也要追求(平等、极乐),这样才是真正地由"至高"达到"极致"。

(4)武士道思想的影响。战后日本不再公开宣扬武士道思想,但在日本民间、企业和各类社会组织中都实际存在着浓厚的武士道精神和武士道文化。其中,最为显著的就是武士道的奉献意识、服从意识、危机意识和坚忍意识,它们是岛国民族不可或缺的精神食粮,在今天依然有着广泛的社会需求。另一方面,武士道的这些意识往往强调某一方面,而忽略另一方面,从而引领着人们只向某一方向看去而从不旁顾。比如近期日本防卫人士常常提到地区安全的威胁。知名战略专家近藤重克在一次访谈中针对中国实力增长的现象时说:"当一个国家积累了巨大的力量,就会让周边国家感到担心。"他说这句话时完全忽略了另一面,那就是其实日本的实际军费仅次于美国,排全球第二位。日本自卫队空中力量越来越走向远程化,海上力量越来越走向远洋化(图7-5),陆上力量越来越走向信息化,成为亚太地区最具战斗力的武装之一。日本自卫队的另一个特点是军官与士兵人数之比约为3∶1,是世界上储备军官最多的军队之一,具备短期内迅速扩编军队的人力基础。近藤根本不会去想,为什么他的国家需要如此庞大的军费和如此现代化的建军,而其他国家就不行;而其他国家也如此行事,就让他担忧。问题是大多数日本防卫人士也都如近藤这样思考问题。石华指出:"其实,这种思维方式并不

图7-5 2007年日本日向号下水试航,日本海军拥有了准航母

是现代日本人才有的,古代的日本人也是如此。最典型的就是日本战国时代,只要哪个藩国实力强大了,不仅是幕府将军担心受到威胁,便是他的邻居藩国也都提高了警惕。这种思维定式里,有日本民族强烈的危机意识。"①武士道文化中这种单方向的讲求奉献、服从、敬畏的意识,不仅是让外国人常常弄不懂为什么日本民族"总爱一根筋看问题"的根本原因之一,也是其居安思危、不敢满足、日益精进的思想基础之一。这种意识过去引领着武士们不断追求技艺的精湛,现在引领着企业家们不断追求着产品的创新再创新。进入21世纪后,当日本各大媒体纷纷宣扬日本已经摆脱泡沫经济后"失去的十年",成为亚洲盟主时,丰田公司的前董事长奥田硕则说:"日本要当亚洲盟主?没品格也没力量呀!""照现在这个样子,日本一定会沉没!"奥田的语气与用意,让人不得不联想起七十多年前偷袭珍珠港成功之后的山本五十六,还有四百年前关原合战胜利后的德川家康,两位都曾在取得胜利后表示过同样的担忧。

(5)西方启蒙竞争思想的影响。西方自由市场竞争的丛林法则很受日本民族的喜爱,因为这正与日本民族与生俱来的危机意识相吻合,也与日本岛国历史客观存在的激烈竞争相一致。弱肉强食在日本过去突出存在于家族之间、

---

① 石华.走进日本防卫厅[EB/OL].http://www.81.cn.

藩国之间;明治维新以后,突出存在于组织与个人、组织与组织之间。不仅企业间存在着竞争,在企业内部亦有派系竞争,即便是同一小组也无时不存在竞争。日本人并不将小组内同事的竞争视为不和谐的事情,而是鼓励竞争。"前辈"这一特有的称呼,就充分反映出日本人在同事竞争面前的无奈。泛家族规则允许甚至鼓励竞争不择手段,与西方的唯利是图文化高度重合。一是竞争的手段、方法无所不用其极,搞垮对手便是保证自己进步的重要方面。二是努力做到创新,认为敢于想别人所未想,做前人所未做,才有后发优势。这些并非日本民族所独有的竞争,却在日本展示得淋漓尽致,根本原因就在于日本存在着远比其他国家和地区程度高的泛家族规则。也就是说,日本竞争的压力和动力要远远大于其他国家和地区,西方的启蒙思想和实践为其提供了更加堂而皇之的理论支撑。日本青森县田舍馆村的农民能够在稻田里种出世界名画,并成为旅游项目,一举改变贫穷乡村面貌;日本的摄影师能够在世界上首次拍出飞行的狗并成立第一家专业事务所(图7-6)。这些都是这种竞争混合意识下的创新表现。

以上这五种思想体系共同作用于日本民族,既此消彼长,也互相促进。它们共同构成了日本极致文化的思想基础。

问题的复杂性就在于这个"共同作用"。从各种文化在日本的历史发展进

图7-6 稻田里的图画和场信幸拍摄的飞行的狗

程来看,极有可能不是某一种思想占据主导地位,而有目的、有侧重地引进、消化和吸收外来文化。尽管日本历史上曾有人多次提出"和魂汉才""和魂洋才"等口号,其实质正是想解决思想体系的主从问题,但从历史的效果来看并没有解决好。事实上,外来文化的一拥而上,使取代甚至湮灭本土文化的现象多次发生。只有当外来文化深入社会基层和民族深部,与本土的泛家族文化发生了碰撞时,才开始有了选择和取舍,而且是在一个漫长的过程中。在吸收外来文化方面,客观上逐步形成了日本多元思想并存、多元文化融合的现实。有人讥之为"骡子文化",有人比喻为"洋葱头文化"。本书对此不想评说什么,要说的是,随着这五种思想体系(当然不限于这些)在日本历史发展过程中的交流、交

融和斗争,一些文化留存了下来,一些文化消失了,同时还滋生出新的变体。在前面论述时所特别指出的不同之处,便是发展过程中的文化遗存与不同文化共同作用的结果。从总体上看,由于保留下来的五种思想体系中的文化大多与日本本土的泛家族规则有着相当程度的吻合度,因而其正能量要大于负能量,在漫长的岁月里逐步雕刻出日本民族独特的极致文化。这也是别的国家虽然也有外来文化的引进却没有产生极致文化的原因(他国引进总是有主有次,缺乏共同作用)。也正是由于是各种思想文化共同作用的结果,因此产生的极致文化常常外露为某种矛盾性。这种极致文化以简洁、宁静为追求的最高境界,以精细、入微为追求的手段,以敬畏、重复为追求的方式,以忠诚、创新为追求的基石。大多数日本人会为了既要简洁宁静又要精细入微的境界,常常陷入生活与工作的焦虑之中,那么敬畏就是其日复一日重复劳作的抚慰剂,忠诚就是其无法创新后的心理平衡点,遗忘就是其增强自信的常用手段。而所有这些,很大程度上来自于泛家族规则和文化。

第七节　日本民族极致文化的发展趋势

从古到今,日本民族从来没有抑制过个性的张扬,抑制的只是组织系统内的个性张扬。个性张扬与组织约束是日本极致文化的两大内在支撑原点,也是其矛盾的焦点,更是其能否继续传承与发扬的基点。现代技术的发展与现代思潮的发展,都在一步步将个人从组织的严密控制下解放出来,这是时代的进步,毫无疑问也对日本的社会组织文化形成了强有力的挑战,同时更为日本的极致文化提供了前所未有的机遇。

计划的严密,规范的无处不在,控制的严格遵行,已经成为现代组织管理的基本要求,并随着技术进步而不断发展。同样,技术的巨大进步,工具的快速改进,互联网的飞速发展,也为个体的自由发展提供了更广阔的空间与时间,不仅在全社会范围内是如此,而且在一个个团体内亦是如此。是继续服从公司的规矩,还是适度修改公司规矩以迎合职工的个性需求,这两者之间的矛盾日趋激烈,以至于日本在20世纪90年代发起了一场"重新找回创新精神"的运动。2013年5月初,索尼公布2012全年财报时,时任索尼中国区总裁的栗田伸树说,现在"索尼必须找回创新精神"。的确,索尼打破各个事业部间的壁垒,各事业部相互协同研发新产品,当年在中国推出了一系列产品,尤其是全球首款弧面屏LED电视的面世证明了索尼正在找回创新精神。其实组织并号召年轻一代找回创新精神实在是多此一举。日本人从来都不缺乏创新精神,缺乏的恰恰是对组织约束和壁垒的反抗。

当个体与组织碰撞交织的时候,无法突破组织的个性张扬,便只能在组织约束之内寻求出类拔萃,组织内的人都如此,这便是泛家族规则浓厚的组织容易走向极端或者极致的结构性动力基础,也是日本社会持续保持创新精神的文化基础和社会基础。而日本社会的广泛宗教信仰,特别是神道教和佛教的宁静、简洁、寂灭、极乐思想,帮助寻求突破的日本人更多地走向极致而不是极端。如果索尼公司组织内部没有人想突破,便不会出现各事业部之间的壁垒被打破的现象,也就不会那么快产生弧面屏LED电视那样的创新产品。同样,在现代技术条件下,组织内部突破壁垒的需要将会越来越多,个性张扬便有了走向组织约束之外的可能。就全社会而言,个性的突破越多,组织的辅助越多,社会新产品便将会越多。这是一种更大范围地走向极致的机遇。在这一过程中,唯一需要改变的是传统的组织规则。

日本民族文化中存在着极致文化这一现象正越来越为更多的人所感悟、所认知,并开始成为研究的对象。这里仅举几例。旅居日本几十年的学者毛丹青2013年接受采访时就说过:"我觉得其实日本人性格中有一种东西,那就是'极致'。"①幻冬舍出版公司的创始人见城彻从一个积弱男成为出版界巨子,说自己就是因为二十岁的时候被看作异端,所以给自己的书起名为《异端的快乐》。他所说的异端,"最大的感受是字里行间那种走向极致的气势",以至于该书翻译者毛丹青在其博客中介绍说:"走向极致是日式励志的一种。"日本设计师新锐冈本光市在接受采访时说:"我对日本设计的印象是:简洁的外观,功能多样,能将材料的特性发挥到极致。"他的这段话被收录在《漫步日本设计——极致的简约之美》一书中,中国编著者王绍强和他的团队在采访了当代日本最著名的几位设计师后一致认为,这个书名很好地展示了日本设计的整体特点。② 稻盛和夫在《干法》一书中坦承:"'完美主义'不是'更好',而是'至高无上'。这就是我在工作中不断追求的目标。"③

在无声无息中把一切都推向极致,世界上还没有哪个民族可以与日本民族比肩。柔美的极致和野蛮的极致不过是一枚硬币的真实两面,在极致文化的合成中构造出日本民族最鲜明的特性。也正是因为有了极致文化,日本民族在世界发展史上才留下了永远的烙印,并且这种烙印同样是极致性的:既有他们民

---

① 毛丹青.日本人的极致不是病[J].男人装,2013(3):24.
② 王绍强.漫步日本设计——极致的简约之美[M].北京:电子工业出版社,2011:152.
③ 稻盛和夫.干法[M].曹岫云,译.北京:华文出版社,2010:129.

族长存的骄傲,也有他们民族永远的痛。目光锐利地不断学习世界先进文化和头脑简单地不断发动战争,日本民族的极致性行为不仅在东亚永远举足轻重,就是在世界上也同样无法忽视。如果不幸与日本在同一行业里竞争,那么应当记住,无论日本人表现得多么谦恭和友好,他们的心里一定在谋划着如何战胜你、吃掉你。因为,友好和竞争对于他们来说是一回事,他们都会认真地做到极致。

第八章　日本民族的审美意识

　　艺术创造,是人类为表达对生活的思想与感情所进行的美的实践。毫无疑问,不同的民族对美的追求与创造,必然打上该民族在发展过程中的烙印,形成该民族的审美意识,并指导着本民族的艺术创造。日本民族善于学习借鉴先进文化,并在学习借鉴过程中进行了民族化的改造,尤其在艺术领域展示民族特色更为鲜明。日本民族在文艺、绘画、雕塑、电影、戏剧、建筑乃至茶道、花道、书道、香道等领域都表现出强烈的民族色彩,这已经被众多的研究者和专家所指出,并成为认知日本民族文化的重要内容和途径。本章将探讨这些强烈的民族色彩是如何创造出来的,在其背后又有着怎样的思维特征和社会审美基础。当然,审美意识和审美活动的概念与内涵,本身在美学界就是一个广泛讨论的问题。为了研究表述的方便,这里把对客体美的感觉和认知称为审美意识;把审美意识指导下进行的艺术创造和艺术行为称为审美实践。

第一节　审美是探讨客观与主观重合度的哲学

　　审美意识与审美实践是人类思维和感情对客体的美的观照,不同的民族对客体产生出不同的审美结论是很正常的。比如,有一种说法,认为日本民族喜欢从悲的方面进行审美,甚至称之为悲情文化,就是从大量的日本民族文艺作品中表达出"生命短暂""宿命虚无"的感情特征所得出来的结论。事实上,审美意识和审美实践,是一个民族的审美文化最重要的两个方面,它包含着以下几个方面。

　　第一,审美意识的产生。它是一种意识流,是由民族思维习惯与审美对象之间的共鸣程度所带来的一种感觉,也就是美学上通常所说的主体对客体进行观照的一种美的体验和认知。一池荷花的晴光潋滟,全世界的人都说美,是因为全世界的人(主体)都对荷花(客体)鲜艳的花瓣、碧绿的荷叶、涣涣的涟漪、明媚的晴光产生出共同的愉悦感觉(观照)。月光下的一池残荷(图8-1),就不是全世界的人都说美了,因为只有具备特定思想和感情的人才能对那一份孤寂清冷产生出共鸣。这种共鸣的程度决定了美的程度。美的客观存在与否,不在本书研讨范围,但无疑审美意识包括了对该命题中意识的主导作用研究。一湖盛开蓝色花朵的水葫芦这个客体美还是不美,就是个大有争议的问题,说到底还在于意识的主观作用在不同的民族之间存在着现实的差异。

图8-1 闫平先生的摄影作品残荷系列,虽不是月下雪后,但有着丰富的想象空间

第二,审美实践的产生。它是源于审美意识指导下的一种美的创造,是人们在感觉到美的时候,想把美的意识表达出来的一种艺术加工。画山水,是因为感觉到山水之美。真要是落到画布上,画出来的未必如真山真水之美,或者比真山真水还要美。因此要表现出山水之美,即便是摄影,也只有具备一些艺术技巧和一定的艺术修养,才能称之为艺术作品。这就是美的实践。

第三,审美意识与审美实践的结合。这便涉及美学的又一基本命题:意识与实践(部分是存在)哪个起主导作用。人类已经讨论这个问题几百年了,本书无意过多讨论美学问题,这里只是列示,审美意识和审美实践,以及二者的结合,构成了审美文化的三大基本问题。本章侧重对日本民族的审美意识进行探讨,但由于审美实践中充满了审美意识的功能与作用,因此本书也一并对其进行研究,以便更好地理解和认识日本民族的审美意识。这里只研究其中最核心的问题:日本民族的审美意识是什么,是如何产生出来的,又是如何与审美实践相结合的?或许从中能够体悟到日本民族文化的审美意识所具有的鲜明的特色。

既然审美意识是主体对客体的美的判断,那么,有必要先搞清楚作为主体的日本民族的思维习惯或特征是什么。因为在审美过程中,正是这种思维习惯,不仅决定着日本民族的审美欣赏,也决定着他们的审美创作。当中国人大多学会欣赏"留得残荷听雨声"时,却极少在日本《古今和歌集》以及后世诗歌或浮士绘中找到类似的艺术作品。① 这正反映了不同民族的不同思维特征在审美过程中产生的不同美感。

本书第一章曾简要分析日本民族的思维习惯,指出日本民族具有与众不同的∽型思维特征。本章将进一步剖析日本民族在这种思维特征下是如何开展审美过程,又是如何在泛家族文化的影响下,形成了富有特色的民族审美意识的;这些民族的审美意识在指导艺术创作过程中,又是如何体现思维特征所带来的表现手法,创造出"很日本"的各种艺术作品,从而成就具有日本民族浓郁的民族色彩的艺术文化的。

第二节　日本民族思维特征对审美意识的影响

一、艺术审美不仅是艺术家的意识,也关联着民众的审美意识

人们通常会强调艺术创造是个人的事,以为把某一社会或某一国度的文化对艺术家产生的影响研究清楚,就可以自然而然地弄清他们民族的优秀作品,其实这并不完整。真正的艺术创作既有艺术家个人文化修养水平的因素,又有普通民众欣赏的文化基础的因素。任何艺术品都是在取得大众共鸣之后才真正实现其价值的。某些作品,无论当权者或专家如何鼓吹,不为大众所接受,也就无法流传久远。因此,艺术家在创作作品时不能不考虑民众的文化水平、欣赏标准和艺术鉴赏力。在日本,同样不能例外。一部艺术品究竟是如何引起日本民众审美意识的"共鸣"的? 或者反过来说,究竟是什么样的日本民众审美意识在引导、左右和启发着日本艺术家的创作,进而形成了日本艺术创作的民族特征? 这正是一枚硬币的两面。日本美学家大西克礼在《日本风雅》中说:"在我国,之所以能够把各种艺术从单纯的'术'发展到'道'的境界,无疑都有赖于这一精神源泉。而要对这个意义上的精神性的特色,作为'日本的东西'加以强调的话,就如同把和歌、俳谐、绘画等其他各种艺术领域都在终极上归结于精神性的'道'一样。这样一来,所谓'幽玄''物哀''寂'等从各种艺术的母胎乃至根基上各自发展起来并形成的特殊的审美范畴,便被抹掉了各自的特色,而被

---

① 经查阅仅有:西芳寺园《西芳寺遇真记并赋》中有"绕池西以散步兮,弄芰荷之秋衣",载自重森三铃《日本园林史图鉴》,有光社,昭和十三年(1938)出版;江户时期诗人大洼诗佛(1767—1837)有汉诗《败荷》,载自王福祥等编《日本汉诗撷英》,外语教学和研究出版社,1995年12月版,第422页。应该还有相关作品,囿于作者的阅读量,仅列出这几种,但就总体而言,说为罕见应不为过。

统一到一个共通的'日本式'的审美意识或趣味本质上去了。"

究竟从何处入手去理解大西克礼说的玄而又玄的"这一精神源泉"呢？有没有老百姓都熟悉并能理解的这种"共通的'日本式'的审美意识或趣味本质"的非哲学性解释呢？还是从人们已知的民族思维习惯入手吧。

日本民族的思维习惯与众不同，其∽型思维习惯是直线型思维与曲线型思维的叠加，这是日本大陆文明与海洋文明在历史深处就开始叠加的结果。再进一步说，是日本民族在岛国的自然环境中，在双系氏族—大宅联合体—大和国等部落联合体—封建国家—现代国家这样一个社会发展过程中，对自然环境的适应和对家族规则泛社会化的适应，并与外来文化两次强行融合，从而在日本人思想上留下的历史烙印。它的优势是能伸能屈，亦刚亦柔，占尽两种思维方式的优点；它的劣势是交集混乱、有进无退，存在着转换困难。当然，人类的思维活动是复杂的，简单地用符号∽进行表述也许不尽科学，这里也只能抓住其主要特征或主要表现形式，去认知和理解日本民族的思维习惯，以引领更深入一步去认知和理解该民族的艺术审美。在前面各章中，从日本民族各种文化中其实也可以找到这种思维习惯带来的深刻影响。下面就以这种思维习惯的具体特征，分析解读日本民族的艺术审美和艺术创造，看看是不是这些思维特征给艺术作品带来了极强的民族色彩，从而形成日本民族共同的"道"——审美意识（精神源泉）。

二、日本曲直型思维习惯在艺术创造上的主要特征

第一，这种∽型思维习惯具有直线思维长而稳、曲线思维短而促的特征。日本人的这一思维特征，一方面来自其岛国的自然形态，内藤湖南就曾明确指出，日本火山的外形构造对日本艺术家的思想产生过很大影响。[①] 同样，日本的整体环境除了山就是海洋，山海平稳不变时多，风暴急促时短，也对日本人的思维产生影响。另一方面，这种思维特征更是产生于其社会形态。在家族制度与泛家族规则长期主宰或奴役下，在泛家族文化的熏陶下，长久与稳定成为日本民族无论是主公家庭还是仆役家庭共同追求的日常形式。就是在今天，无论是大公司还是小作坊，长久与稳定也同样是企业主和员工共同追求的目标。虽然有西方思潮的影响，年轻人跳槽在一些行业也相当普遍，但主流社会依然肯定的是在一个单位长久甚至是终身就业的形式。在同一个圈子里度过直线式的漫长岁月，西方人不能理解，因为他们忽视了日本人的另一面，那就是在漫长岁

---

① 内藤湖南.日本历史与日本文化[M].刘克申,译.北京:商务印书馆,2012:258.

月里并不意味着他们不能改变,这种改变往往是突然、急促、猛烈的,就如同日本列岛上的火山爆发一样。从这个意义上说,日本民族生活在火山之上,也形成了火山式的思维特征。不说绳文时代遗址中出土的陶器上所绘直曲纹,就是在已经出土的弥生中后期陶器上展示的日本古代绘画,如奈良唐古·键遗址出土陶器上所绘二层阁楼,就已经非常明显地展示出直线长、曲线短的特点。而此前出土的陶器上溯至绳文时代陶器上的绘画,则大多为繁复的曲线,明显有远古大陆移民及后来渡来人的文化痕迹。唐古·键遗址出土的陶器残片上的楼阁画造型,基本可以断定为当时大型聚落中心用于集中议事的中心建筑,肯定是当时精心建造的最美的建筑。这一楼阁造型理所当然成为唐古·键遗址公园复制的标志性建筑。战国时期最富有日本特色的是大量城堡建筑,"城堡的地基石垣的斜面不论是直线状,还是被称为扇形斜坡的曲线,都构成了日本城堡特有的美"①。从总体轮廓上看,依然可以看出弥生时代建筑的影子。日本的歌曲,以著名的《荒城之月》为例,长调为基础,短促的半音和切音有效地表达出无限的韵味和遐想,构成了最具日本民族特色的"感物哀"——对少年英雄生命短促与古城明月漫漫无期的咏叹,它差点成为日本国歌。进行曲是最不容易表达长短音之分的,二战时的日本海军军歌现在依然是海军自卫队军歌,创作者采用每句式长、每音节短的表达方式,加之士兵齐唱,嘈嘈切切,短短长长,形成鲜明的日本特色,不仅赢得了当年军国主义分子的赞许,也让当今"自卫"分子念念不忘。不知道惨遭珍珠港之痛的美国海军如今旁听现在的盟友每天高唱此曲时是什么样的心情。相当多的日本影片在有意无意展示这首军歌的时候,电影里的人物往往是在回忆当年的"美好"时光。同样的思维特征表现在绘画上,最为典型的就是无论是大和绘还是浮士绘,其鲜明的特征之一就是直线微曲的使用(图8-2、图8-3)。画山峦画海涛画田畴画人物,长条的直线加短促的曲线构成了画面的基本构图,成为日本民族艺术的特征之一。

图8-2 浮士绘·富岳三十八景之一,注意其直曲线的使用变化

① 尾藤正英.日本文化的历史[M].彭曦,译.南京:南京大学出版社,2010:85.

第二,这种凵型思维习惯具有直线思维坚且韧,曲线思维奇而变的特征。这种思维特征也来源于泛家族文化长期的卓绝培育。大家都知道日本艺术作品歌颂的常常是那些坚忍不拔的形象,传承的常常是日本民族艰苦卓绝、奋斗不息的传统精神。在这种略显保守的文化传统中,日本人往往又表现出追求新奇、善于学习的精神面貌。过去人们不太清楚这两种精神是如何统一在日本人身上的,可如果从思维层面上厘清其基本特征,就不难理解这正是日本人思维特征的产物。日本人曾经热衷于学习中华儒家文化,其威权主义和等级制根深蒂固,也就不难理解日本人在平日的逆来顺受、坚韧不拔是被迫养成的。如果说在漫长历史进程中中国人一天都没有停止过探索,那么日本人一天也没有停止过学习,加上海洋岛国奇幻莫测的自然现象,这就构成了他们在坚韧的基础上善于学习的特性,在长直线的践行过程中偏好追求新奇的短曲线。这种特征是现实的产物,也对现实产生作用。仅举一例,古典武士道讲究的是日复一日长期的枯燥练习,追求的却是拔刀一击、技惊四座的效果——当然无德武士试刀乱斫行人不在此列。要度过枯燥,要提高效果,佛教的内心宁静便被学习进来。现代剑道习者依然能够强烈感受到在坚忍与爆发之间的拿捏之难。同样,即使是描写爱情的主题,男女主人公为爱而牺牲、为爱而坚守常常为能

图8-3 大和绘最富曲线美的《美人回首图》,其轮廓几乎全是长线条微曲的使用(图片来源于百度)

图8-4 日本奈良著名的东大寺主殿,仿唐建筑,瞧瞧中间的"趴耳朵"(图片来源于百度)

剧、净琉璃等津津乐道,也依然是今天日本电影、电视剧中最常见的乔段。同样的情形也出现在建筑上,学唐宋风格又加上了自己的创造,不该出来的结构突

兀现身,如同音乐中的半音阶。人们参观日本古城堡、寺庙等古建筑时,常常讶于在主体直线条宽大披檐中却偏偏突现一弧型小檐,显示出古代日本建筑师们的匠心独运,也昭示出直与曲的思维特点。

第三,这种⌣思维习惯具有直线思维糊且泛、曲线思维明而厉的特征。这种思维习惯同样离不开长期而严酷的泛家族文化的混合培育,是在等级制下的现实选择。大家都知道,日本人对尊敬的人如上级、贵宾等提出建议的时候,常常在内容上非常含糊,有话不直说,绕着说;然而他们所提意见的内容却表达清晰,直击问题核心。表达意见并不忌讳什么,但给别人留足了面子,也就是给自己留面子。所谓"面子文化""耻文化"也大多以此为据。日本民族的这种表达习惯,正是来源于他们的直线思维含混而曲线思维清晰的习惯。当他们有了看法、有了意见时,直线思维驱使他们必须将意见表达出来,曲线思维则驱使他们在表达时要委婉、要柔和,宁可表达不清楚也不能伤及对方的颜面。结果,反而让人觉得直接而含糊,曲折而鲜明,不知道日本人到底想表达什么意思。当然,对于不尊敬的人,他们是根本不用这一种思维习惯的,他们还有另外的思维习惯(后文将论述)。同样的思维习惯也表现在工作中。一般来说,对于来自上级布置的任务,往往不折不扣地完成,无论出现什么情况都不会走样,也不会变通,这是直线思维的作用。但在完成基本任务之后,又常常表现出惊人的顶部创造能力,除了缩小与放大的能力非常突出外,一件事不把它干到极致就不罢休的能力同样非常惊人。这就是直线思维基础上的曲线思维习惯。

日本的工程车无论是大吨位的还是小吨位的,也无论是在重点工程上还是在农田耕收上,至今都在中国市场上称雄,大与小、精致与耐用都是其特色。其实,性能的完善多样才是装备的主体,是直线性思考的问题;大与小、精致与耐用不过是曲线性思考的问题。可问题是,无论是外国人还是日本人,都对其直线性思维习惯感觉不深,留下深刻印象的往往是曲线性思维习惯的部分。这是因为直线性思维是一种本能,或者说是日本民族海洋文化因子的作用,不用细说,一目了然,因而不太引人注意。而曲线思维是迫于外在压力而产生的,是小心翼翼、刻意以求的效果,也是最容易为外国人所体察、所认同的方式,反而具有了鲜明、显眼的效果。

艺术创作也鲜明地展示了这种思维习惯的印记:《罗生门》这样深刻影响世界的电影出现在日本并非偶然。生活的真相也许永远无法揭示,生活的真谛宽泛而含糊、绵长而悠久,每个人命运的可能却清晰可见,生命的渴望鲜明而生动、残酷而短促。生活是永恒的,生命是短暂的。这种长与短,含糊与清晰,在日本民族表现得最为突出。川端康成的小说《雪国》描写的平凡普通的乡村爱情故事中，那静寂雪夜绵延无尽头，而静寂之中的爱情炽热而短暂。理想中的爱情与现实中的爱情最终都燃烧在一把火中，留下的还是无边无际的冷雪。正是这种长短突出的日本式表达展现了强烈的日本风味，也使其征服世界，成为荣获诺贝尔文学奖的作品。

第四，这种思维习惯具有直线思维简且素，曲线思维繁而艳的特征。这一特征是在日本特有的自然观与泛家族文化长期熏陶下产生的。大自然的洁净明丽，岛内生活资源的匮乏，等级制对上的忍受与对下的恣意，塑造了日本民族在表达情感时既要简朴达意，又力求婉转有礼的特征。鸟居本是寺院大殿的主门框，古代的日本人不能如大陆财主那般动辄对神灵发出"重建庙宇再塑金身"的许诺，只能奉献一个简朴的门框来代表同样的意思，就是这山门最后也简化为两横两竖的形象代表，且多为木石建造。然而鸟居两竖直立代表左奉右献屹立不变，两横微微曲线却形式多样、变化无穷，表达了敬献者对神灵的诸多虔诚之意，再加上艳丽的彩漆（多为红色），在简朴中达成相当高的美学成就，这是日本民族最典型的思维特征展示。在社会生活方面，对待上级或尊敬的人物所展示的委婉、温顺和委屈，是日本人博得世界礼仪之邦称谓的曲线思维的结果，因为其特别醒目，常常给人留下深刻印象；然而另一面是对待下属（或不尊敬的人）的恣肆态度，对待弱小的其他民族，日本人常常是颐指气使，恣意妄为，直奔要害。如果这种妄为得到了某种暗示或默许，那更是丢弃廉耻，无法无天。无论是对内部员工打嘴巴子，还是去外部世界嫖娼发泄，只要有可能，就可以不讲礼仪和礼貌，也不要道德和节操。这方面的例证比比皆是。最近的一例是2015年4月8日，日本朝日电视台和时事通讯社报道，日本横滨警方逮捕了一位市立中学的前校长，其曾在海外嫖娼1.2万多人并拍有照片。① 前面曾列举过日本中小学校长的敬业精神，在平凡的岗位上做出了极致性的业绩，这位校长也创下了另一类的"极致"业绩。

在艺术创造上，和服在唐装的基础上，拉长了裙裾和腰带的长度，增加了色彩上的艳丽，成为最具日本特色的民族服装。《雪国》中那反复描写的洁净凛冽之雪和腐朽的村庄、沉闷的生活与驹子和叶子艳丽的和服构成了色差强烈的对比，更加强烈渲染了小说的主题。浮士绘以选取底层社会生活题材而著称，有乡野坂町酒肆浴场的风情，有歌舞伎女底层人物的肖像，还有大量赤裸裸的色情展示，选材上的大胆突破、长线条的展示和曲线条的勾转、鲜明的色彩对比，

---

① 日本一校长嫖娼1.2万女子，留下14万张照片[EB/OL]. http://world.cnr.cn/gnews/20150408/t20150408_518266595.shtml.

成为日本民族在汉画传统基础上开创出来的最具本民族特色的风情画代表。之所以能够脱汉自创,其思想基础就在于存有简朴明丽这一思维特征。

上述四大特征是日本曲直型思维习惯的具体表现,符合这些特征的艺术作品,日本人就觉得非常美,就在于这些特征与他们的思维习惯形成了强烈的共鸣,给了他们以舒服、愉悦、引起无限遐思或勾起怀旧的情绪渲染,也就是美感。而不通此种感觉、无法共鸣的外国人就觉得非常有日本味。

三、日本民族的审美意识在现实生活中的运用

到底是先有了这些民族思维习惯的特征才创作出这样的艺术作品,还是艺术家们先创作出这样的作品才引发了民众这样的审美意识?这好似先有鸡还是先有蛋的难题,也有一个更富日本味的答案:美的传承与启迪,也就是现实社会中审美意识的传递与运用,在日本是与浓厚的泛家族文化如影随形的,是艺术家与民众共同拥有的审美意识。在这个共同拥有的过程中,有一些很特别的方面,成就了不少日本审美特色。

第一,审美的标准有普世的,还有集团的。通常来说,审美是个人的事,美不美是个人的感受,但在日本,美不美不仅是个人的感受,有时还要看是否是集团的感受。这后者所起的作用在某些时期或某些场合甚至还会超过前者,发生引领性的作用。荷花美丽,这是普世公认的,但樱花更美丽,则是日本民族这个集团公认的。集团和组织的目标是兴旺发达,所以不可能欣赏残荷,那么民族大众便不会去欣赏。集团喜欢合唱,日本的合唱水平便处在世界一流水平。集团喜欢整齐划一,制服便特别受日本人的青睐。这样的例子很多。服从集团、从众心理都是遵奉泛家族规则的典型产物,在审美上也就有深刻的反映。

第二,集团的审美标准取决于领袖,社会的审美标准取决于偶像。在一个等级制森严的国度里,领袖(不是一般的领导)的审美意识和审美水平通常决定了所领导的集团的审美标准,这一点在美国和欧洲可能很难说得通,但在东亚,恐怕不需要做过多的解释。如果没有7世纪持统天皇多次到奈良的吉野山观赏樱花,9世纪嵯峨天皇主持史上第一次赏樱大会,没有沐猴而冠的丰臣秀吉欣赏樱花并广种樱树,日本樱花恐怕难有今天的壮观景象并为日本全民族所喜爱。同样,集团公司领导人喜欢棒球的话,可以想见集团会有多少员工积极观看棒球比赛。同样,一位女电影明星一炮走红,那她的发型、服饰甚至个人习惯毫无疑问便是当年最流行、民间追随的榜样,这已是司空见惯的事了。

第三,领袖与偶像的审美标准取决于个人的艺术修养,同时也取决于家族和历史传承。领袖和偶像是人,其审美标准当然主要取决于其个人的艺术修养

水准，但也会受到家庭的熏陶和历史的影响，尤其是家族传统的传承。比如认定什么是真善美，什么是假丑恶，幼小时心灵感悟的影响是决定性的、基础性的，并影响其一生。这一点已经被心理学研究所证实。对家族内的忠勇、奉献、忍耐和对家族外的反叛、劫掠、无良，在其以后的艺术创作中表现为界限内的极致追求和界限外的无道德底线，在其艺术欣赏中表现为十分关注细节的严格真实和漠视故事的荒唐无稽。田中角荣在其自传中曾提到，他36岁任大藏大臣时原打算剃去鼻下一撮仁丹胡，考虑到这种胡须型本是古代平民所有的（贵族的口髭胡型是不准平民留的），而他本人正是出身寒微，为了彰显自己的平民色彩，决定不剃。结果这位青年励志的楷模让当年全国留此胡型的人大增。其他泛家族文化也同样或多或少地影响着日本人的审美，这里不一一列举了。

第四，权威规则在艺术审美中以显形或隐形方式大行其道。在网络发达之前，在东亚的相当多数人都认为，有些时候有些艺术作品，通常可以通过得到行业内的"权威""专家""领袖""掌门"等的"赏识"和"捧"，迅速得到社会承认，企业老板靠金钱也可以"捧红"某些"艺术家"。泛家族的权威规则和界限规则，让东方的一些"艺术家"还真是靠如此"提携"和"捧"走上成功之路的，尽管这些"艺术家"们通常都走不远。靠"捧"的艺术在西方远没有东方多。比如建筑艺术，西方也需要权威的认可，但作品就摆在公众的视野之内，权威的赞赏和公众的评价同样起着重要的作用；但在东方，即便是建筑艺术，离开了权威的许可，大多数时候其艺术性也只能是空谈。网络的发展，开始打破权威主义和小圈子规则，特别是年轻人有了崭露头角的新通道，但在相当多的一些领域，依然是泛家族的权威规则和界限规则在发挥着相当大的作用。日本的演艺界尤盛此风。

日本民族的审美意识中有着强烈的泛家族文化，限于篇幅，本章只能做这些概要性的论述，笔者的本意并非评说日本的艺术审美是否存在瑕疵，而是为了进一步指出，正是在这种审美意识指导下的日本艺术创造，才特别彰显出其有别于其他民族的特征。

第三节　日本民族思维特征与日本艺术创造

要深入理解富有日本民族特色的艺术作品，还必须深入艺术创造层面，进一步探讨这种思维习惯是如何自觉不自觉演化为日本艺术表现手法的，这些艺术手法又是如何传承、发扬并反过来影响与改造着一代代日本国民的。人们在观赏一部日本艺术作品时，常常不由自主地被那些很有日本味的地方所吸引。这里面固然有其他民族的猎奇成分，但浓郁的日本味确实常常是那些杰作之所以是杰作的重要因素。问题是，这个"日本味"是什么？日本艺术家是如何创造出这些"味"来的？这些"日本味"又是如何让日本民众浸润其中又广受教育的？这些值得人们思考。

总结具有日本民族特征的艺术表现手法，那是艺术专著的任务。本章只能择其最主要的六种表现手法概述如下。

第一，个体与集体，从整体表述，在局部对话。这是日本民族二思维特征的选择。个体与集体是社会学的概念而非艺术领域的词汇。日本在泛家族规则和文化的作用下，个体是无条件地服从、奉献于集体的。个体只是集体的一部分，通常，在这类国度内，往往也强调个体代表着集体的形象云云。表现在艺术领域，在日本艺术创作和欣赏中，如果不能把握个体与集体这个概念，那么至少在欣赏时会大打折扣。换成艺术语言，也就是必须把握好局部与整体的关系。欣赏日本艺术作品，必须时刻把握这一概念：个体常常表述的是集体的意识，局部往往是整体的细节。欣赏一幅浮士绘的美人头像，你必须读出美人整体的具象和风

图8-5　浮士绘美人头像

情，以及她在特定时代特定环境里的现实生活，否则你读不懂她的眼神举止，也就不会懂得她那青丝发髻、那一抹雪白的颈项和艳丽的和服为什么会让日本人欣赏到如痴如狂的境地（图8-5）。一直延续到今天的动漫画面，也多为大大的人头像，以面部（局部）表情的突出展示来加强与读者的对话，给读者留下想象的空间。

日本皇室族花选定的是菊花，到了明治天皇时期，御赐军刀便改成樱花图案。看一株古樱花的虬枝嫩蕊、风雨飘零，已经足够让人伤感，可是如果将这一株樱花与漫山满河樱花的云蒸霞蔚、落红飘零的景象联系起来加以欣赏，就足以给人以震撼。这便是日本艺术中局部与整体、个体与集体的关系，即通过局部来表达整体的诉求和意境。顺便说一句，一个人视死如归以求"七日红"可以称为英雄，一个民族都如此，那就有些可怕，也是对二战时全民参战的注解。日本至今还在宣扬樱花精神，却反过来不理解周边各国各民族的人们为什么都睁

着警惕的眼睛。如果说大众欣赏的美就是美在其他地方并不一定正确的话，那么在日本肯定正确。这种审美标准在日本是一种客观存在，日本艺术家只不过深谙其中的道理而遵照执行罢了。历史上，当贵族们崇拜汉唐文化时，全社会的服饰、建筑也都以吴服、汉式为美。当将军、武士个人需要宁静以克制内心的焦虑时，佛教的枯寂玄远便成为大众美学，描写和展示宁静幽深便成为艺术家的孜孜以求，甚至达到鬼气森森的地步。神社庙宇建筑设计如此，不用说桂离宫、金阁寺等，就是现今的日本皇宫，虽然经历过被轰炸后的重建，却依然庄严大气不足，幽深神秘有余，因为日本人喜欢。从松尾芭蕉著名的《古池》诗，到今天的女作家小池真理子的小说《狂月》，甚至相当一批推理小说都在努力营造一种幽玄宁静的氛围，让主人公在这样一种氛围中去感悟，甚至死去。人们也许不太理解某一艺术形象甚至整部作品，却能感觉到其中日本味很重，幽玄迷离便是日本社会泛家族规则在全体国民身边经常营造出来的氛围。人们习惯于其中，甘之如饴，读来也就分外亲切，对作品中的形象也就自然多一份体验。所以，只有了解作品中的形象在日本整体环境中的地位和功能，外国人才能真正读懂日本作品，忘记了这个局部与整体的关系，忘记了日本社会中广泛存在的个体与集体的关系，就只能品咂艺术作品中的日本味，却不能很好地欣赏其中的真正三昧，就如同大口嚼着日本料理天妇罗，却忘了加上旁边的捣成萝卜泥的佐味品。如此，要细细品味其中真正的日本含义恐怕就比较难了。

其实，外国人欣赏日本艺术作品，经常就作品谈作品，因为不清楚日本社会的深层次构造，无法体会他们的现实生活感受。如果外国人有着丰厚的关于日本文化的知识，或者有着与日本人同样的经历和感受，自然便会将自己的经验和感受加诸日本艺术作品之上，理解和感受也自然与其相同。如果人们知道佛教在日本的兴盛并不全是佛教本身大力推广的功劳，其中也有等级制和武士道合力做出的巨大贡献，那么人们在欣赏日本佛家代表人物的画像时，便不会对其一个个大多郯郯铮骨的模样感到奇怪。再比如日本著名书法家井上有一，其代表作《东京大空袭》（图8-6），如果仅从作品面上去看，似乎乱七八糟的一大堆，能否称之为书法作品都难说。但如果知道作者想要展示的是其亲身经历——他在东京大空袭中几乎丧命，满纸记述的是当时祥和的世界顿时化作累累尸骨、断垣残壁，人类惨遭荼毒，生命如蚁如烟，就可以从中理解作者当时当地对生命的乞求和对战争愤慨控诉的心境。尤其是中国人和英国人，还可以从中读出华北平原的累累白骨、南京大屠杀后的尸骸遍地和伦敦大轰炸的惨绝人寰的画面，更增添一份人性的、灵魂的和历史的震撼，获得的感知自然也比别的国家的人要更深厚一些。

第二，简单与复杂，从简单入手，用反差表述。大和绘是日本民族艺术家从模仿中国画到有意识展示日本民族特点过程中的一种艺术创新。从刻画佛家肖像到描绘宫廷人物再到展示日本山水，其鲜明的特点是以简直的线条努力勾画复杂的画面，以浓艳的色彩与静止的意境形成对比。即便是人物头部的

图8-6　井上有一代表作《东京大空袭》

特写，其轮廓简单的勾画与其复杂的眼神，构造出平静却充满幽怨，甚至给人以压抑感的邪巫氛围。中国人欣赏不了，欧洲人欣赏不了，也并非所有的日本人都有足够的艺术水平能够欣赏，但其简单与复杂之间展示的全部生活压力和环境让每个日本人心领神会，感同身受，再加上直线与微曲线勾起日本人内心的和谐感，从而让其感知旧时相识的喜悦。能乐的一张面具，建筑的一檐飞出，同样展示出日本民族的实用主义加艺术的简单与复杂，与其直线加曲线的思维特征形成共鸣，从而完成日本民众的审美观照。今天的能乐与中国京剧一样，因其节奏缓慢不太为年轻人所欢迎，那么日本年轻人经常去的神社、庙宇和宫廷遗迹等地方，其简洁的展示蕴含的复杂内容，其宁静的环境与纷扰的外界构成的反差，则在无声无意之中对年轻人产生巨大影响。

日本茶道的精髓不在于品茶，而在于繁缛讲究的过程。其艺术的魅力就在于把人从外部的纷嚣世界拉回到简单的宁静之中，在盛装沏茶者一道道柔缓程序中静坐、慢品，即使不冥想亦可享受片刻的安详平和，使人从浮躁归于宁静，净化心灵。日本花道在世界上能够占据一角，其最大的艺术特点也同样是通过在静中展示动，在简单的一枝一叶中展示纷杂的大千世界，形成强烈反差的艺术效果。日本的小说、戏剧和诗歌，也多为选取最简单的故事入手，展示出最强烈的感情。即使是现在的动漫作品，也依然保持着这种艺术特点。1996年风行日本的漫画《犬夜叉》，其故事就是一个小女孩穿越到战国碰到一个半人半兽的男孩一起联手去寻宝的故事，却连载12年出了56册，到2011年漫画销量已达4500万册，让人难以置信。很多外国人都不明白日本人为什么那么喜欢漫画书，其实道理有三。一是因为其画面简捷达意，在一页画面中便能展示出小说

中需要大段文字才能说清楚的情节。如《犬夜叉》①的第1页画面（图8-7），如果用小说语言来描写的话，至少需500~800字。更为简捷的是在故事的推进上省略了作者过多的描述，让读者通过联想来沟通页与页之间的故事展开。二是因为其画面和语言简捷精粹。每一页画都是选取故事最关键的部分加以展示，这种简捷也就要求语言对白简明扼要，多一句是赘述，少一句则不达意。三是简捷画面与简洁讲述同步讲述一个相当复杂的故事，其精彩复杂程度和对人生的揭示，绝不亚于任何一部长篇小说，同样是成年人的精神诉求。日本的动漫被改编为电影电视后常常依然大受欢迎，如《犬夜叉》已被翻拍成电影、电视剧并广受欢迎，便是这个道理。所以，不单单为日本少年喜欢，也深受那些工作和精神压

图8-7 《犬夜叉》第1册第1页，数一数共有多少悬念？

力巨大又没时间没心情阅读鸿篇巨制书籍的日本成年人欢迎，因为简单与复杂的绝妙汇集同样能够引起成年人的审美共鸣。赖肖尔说："日本人认为，纤细、简单、自然及至奇形怪状比庞大、壮观、造作和整齐划一珍贵。"②

第三，历史与现实，从细腻处入手，朝反方向说话。从细节入手，表现复杂的人生哲学或者复杂的感情，这是艺术创作的常用手法。如果说日本民族文学创作在这一点上有什么不同的话，那么也只能说是在细节描写上过于刻意甚至达到耽溺的程度。从古代松尾巴蕉的《古池》到村上春树的《挪威的森林》，善于细节描写与刻画成为日本文学的特征之一，人们对此没有太大的争议。但是日本文学善于从反方向说事，或者进一步说，日本文艺经常借助反证的方式来表达那些在现实中不可能、不允许或不被关注的题材，从而表达感情所受到的压抑和迫害，获得欣赏者的共鸣，常常为人们所忽略。其实这也是日本电影和小说的常见手法。这种手法大体可分为三类。

第一类是反传统与现实的。如对集团性、等级制、习俗包括传统道德观念

---

① 高桥留美子所著，从1996年—2008年共出了56册。后授权台湾大然出版社与青文出版社出版中文版。
② 埃德温·奥·赖肖尔.当代日本人——传统与变革[M].陈文寿,译.北京:商务印书馆,1992:50.

等的突破。电视连续剧《寅次郎的故事》《钓鱼迷日记》《半泽直树》等都是针对现实中忠诚、顺从、从一而终、唯唯诺诺的人生,反方向描写了反传统的人物形象,从而大获成功的。前面说过,漫画之所以经久不衰,一个重要因素是漫画的主题常常是成人社会的心灵诉求,而故事则常常是成人社会不可能存在的。成人们在故事中满足自己的心灵需求,就如同欧美人在地下室怒击敌手名号以求发泄一样。

　　第二类是遵守日本传统观念的,却让尊奉者在极致理念驱使下走向死亡,构成对传统理念的反叛和质疑。《望乡》《血疑》《山本五十六》《男人们的大和号》的主人公,无论身份是妓女、学生、将军还是士兵,都严格恪守着日本传统道德观念并达到别人无法企及的地步,最后都归于死亡,在表达对历史与现实的无奈和质疑的同时,也留给观众更多的同情。日本右翼正是利用这一表达方式来展开其宣传的。2006年上映的《没有出口的海》的编导们也许想通过影片宣传这样一种思想:军国主义肯定是错了,但国民忠君爱国的精神没错。这些编导们根本不去想,没有这样的国民精神,哪来的军国主义? 至于石原慎太郎的电影《我这是为君而亡》就已经不是反叛,而是公然歌颂军国主义。

　　第三类是以粗俗写优雅、以卑鄙写高尚的,或者反过来的表达方式。这部分并不局限于传统道德观念或规章制度的尊奉或反对,更多的是从反方向展示人性的复杂和情感的善变,以揭示人性的弱点为多。2009年上映的《不贞的季节》于粗俗中揭示人性的压抑和反抗,《下妻的物语》和《高护木的规矩》则展示出基层人们成长过程中遵守各类规矩的"必须"和无奈。而著名的电影《金环蚀》《人证》《砂器》则将高雅撕开来给人看。严格地说,这种表现方法并非日本民族所特有,但是,这种手法与擅长于细节描写结合起来,细到电影中每一个道具都必须是生活中的原物、小说中每一个物品都有现实存在,不是因为东西真,而是因为如此细,才能体现鲜明的日本特色,确为日本独创。日本漫画中,成人男性形象大多猥琐,以此反衬少男少女的清纯和直率。《犬夜叉》中干脆将正面队伍中为数不多的成人形象画成跳蚤,就是这只跳蚤还是遇到危险率先逃跑的主儿。这种反向描写,衬托功能只是其一,更主要的是通过对现实生活中大男子主义的反向描写,揭示成人内心世界的猥琐与不堪,这成为吸引成人的重要内容。"至少我还没有达到那个地步吧"成为日本男人读漫画时常有的会心一笑。这种从细节入手,朝反方向说话的艺术手法,不仅在文学创作上存在,在其他领域也同样存在。比如设计领域,三宅一生的服装设计就是"以无结构模式进行设计,摆脱了西方传统的造型模式,而以深向的反思维进行创意",这使其成为世界级的服装设计大师。

第四，绵长与猝止，凭主体以延续，用奇思以阻断。日本人善断，这种善断并非体现在决策方面的行为（在决策上日本人恰恰不善断），而是生活与工作方面的一种中止行为。日本人在生活、工作中受泛家族规则的影响，日复一日从事着同一种工作。日常礼仪的繁复冗长，不胜其烦，都在培养着他们沉稳悠长的性格。然而，奉献和服从等，又驱使他们讲究快捷，直奔主题，哪怕戛然而止，不喜欢过渡。礼节要长，做事要短，这正是日本人直线思维与曲线思维叠加的典型表现。中国人见面谈话讲究由寒暄巧妙过渡到主题，而日本的寒暄与主题毫无联系，说着说着突然便转到正题，并不觉得这种突兀的中断会让谈话对手有什么不适应。更为有意思的是，好好的一项工作做着做着，莫名其妙地戛然而止，过了一段时间又莫名其妙地继续下去。丰田公司参加F1大赛的过程就是如此。同样，日本艺术作品大多表现出冗长与戛断并存的现象。长篇小说冗长而缓慢的情节推进让读者昏昏欲睡时，戛然出现一个变奏，关键的细节或人物出现了，然后又进入漫长的铺垫与描写之中。如此反复，几成套路。从20世纪初的《伊豆的舞女》，到中期的松本清张的《被乱涂的书》，到末期的东野圭吾的《黎明破晓的街道》，莫不如此。不说村上春树的《挪威的森林》沉闷，其《拧发条鸟》开卷半部让人也有不知所云之感。原因就在于他写着一件事或一个人，突然就中断了，跳去写另一个人或事，然后又回来接着写。读日本小说，常常要有沉下心来的心理准备，这样才能抓住前后，才能体会到作者的剑锋所指之精准深刻。比如《拧发条鸟》揭示了整个日本民族不过就像拧发条鸟儿，谁拧发条就按谁的劲头蹦，没有是非，不知因果，也从不反省。这个看法在日本应该说是罕见其匹的。日本音乐多半音，但半音的前后必定是长音，组成的乐曲却是完整流畅的。慢板长调著名歌曲《荒城之月》，如果每一个音都唱成长音，则很像朝鲜歌曲，而日本歌唱家唱起来，会有意识发出半音和切音，让歌曲在不该断的地方断了，便让这首歌充满浓烈的"日本味儿"，产生一种生活悠长、人生苦短的震撼和无穷无尽的悲凉感来。

第五，玄秘与虚空，在简朴中谈玄，从实在处论虚。直线思维维系着实体部分，曲线思维却弥漫着变幻部分。日本民族是深受儒教文化与佛教文化影响的民族，儒教的积极入世产生的焦虑常常需要佛教的枯寂来平静。生死有命的宿命论、等级森严下的无奈感与皮相皆空的虚无观，再加上现实生活中的泛家族领袖规则、暗箱规则等不可知晓的部分，让日本民族特别喜欢神秘。谈玄也就罢了，信奉一切神秘不可知论，并应用于生活工作，就成为一大特色。丰田秀吉曾以黄金建茶屋，被千利休讥为不懂茶道，认为简朴清静才能达到身心合一以至深幽。喝茶喝出这种境界，就很有些玄之又玄的意味了。

前面已经说过鸟居的朴拙及表现出来的长短曲直的优美,其实更深一层还要论及其忠诚、奉献与神秘主义的完美结合。大多数鸟居的比例突破了黄金分割线,却依然能够展示出美感,还在于一般人不太注意却无法不看到的鸟居虚空之处。"开"字形的虚空之

图8-8 平安神宫的鸟居(图片来源于百度)

处,日本人认为那是魂灵寄居、生人出入的地方,有开放,有封闭,有飞升,有幽锁,整个鸟居形态便在简单之中弥漫出一种神秘色彩(图8-8)。本书前面提及,欣赏日本经典绘画,要学会欣赏画外之意,这样才能真正理解作者表达的意境。这并不同于中国绘画中的留白。荒木经惟的摄影作品往往不留白,之所以成为世界著名摄影大师,除了主题上以性表现为特色外,更主要的是其光影构图所表达的强烈美感和诉求。稍加研究不难发现,他的作品大多采用直线衬托苗条的女性人体,甚至在没有直线的地方也要加上直线,在没有色彩的地方补上强烈色彩,都是为了让作品在直与曲、繁复与清丽之上透出难以言说的虚幻,让观者以自己的人生体验去感悟,从而达到神秘示人的效果。

第六,边界与规范,在边界处无声,于底线处放纵。由于社会上泛家族规则与文化传统的影响,特别是忠诚规则、等级制规则、界限规则、权威规则的深入骨髓,日本的艺术创作并没有自由到可以任意而为的地步,说其大体上还是在当权者或主流文化的意识形态规范之内也许有些过分,但不论艺术工作者承认不承认,有些东西他们不能去触碰,有些事情不能去展示。比如对天皇故事的虚构,比如对佛陀神灵的亵渎,比如对忠诚奉献坚忍等传统观念的否定,比如对樱花七日精神的指斥……不说江户时期对思想的钳制,也不说二战期间军国主义对反战艺术创作的死亡威胁,就是二战后在西方自由主义熏陶下,上述内容也是不容触碰或不愿触碰的。二战结束后十年还要加上对二战罪行的集体遗忘,再十年后对二战侵略性质的回避,都成了艺术创作中的禁区。当然也不是绝对没有涉足禁区的艺术家,但很少且很难见容于日本社会。在日本,经常会发生针对某一事件出现精英阶层集体失语的现象,又何必去责怪艺术家在创作过程中的小心与顾忌呢?这是边界处的无声。

另一方面,在主流意识形态允许的范围内,在百姓能够接受的道德边界之

内，日本艺术家又把自由主义发挥到极致，甚至达到无底线的程度。性，并不是只有日本艺术家才感兴趣的人生内容，但日本艺术家在小说、戏剧、绘画、电影、摄影、雕塑等艺术领域对性的细节描写与展示，达到了无人可及的地步。荒木经惟能够以赤裸的新婚妻子为模特儿，拍出来的作品让开放的美国人也瞠目结舌，从而一举成名（图8-9）。同样，对暴力的偏好，对幽玄神秘的喜欢，使日本的艺术家充分展示其无底线创作能力，匪夷所思甚至让人反胃的场景、画面比比皆是。那些赤裸裸的暴力影片和幽玄恐怖的电影，数量之多，恶心之过，相信没有哪个民族能与之争第一。著名作家谷崎润一郎（1886—1965）的巅峰之作《春琴抄》，说的是一位仆人为了深爱的失明女主人春琴，不惜刺瞎自己的双目以满足女主人不让任何人再看到她被毁容

图8-9　荒木经惟作品：瞳孔里的 lady（图片来源于百度）

颜的愿望，临死时说：失明后的生活是他一生中最幸福的日子。研究作者为何用歌颂、欣赏的态度来表现这位主人公以极端的方式获得幸福，也就不难发现谷崎先生自身也发生过"细君让渡事件"，他爱上了自己的妻妹，并将自己的妻子让给自己的好友。在这位著名作家的眼里，似乎女人只是个宠物，而不是人。再比如，对死亡的执着，对洁净的执拗，让日本相当多的文学作品展现出精致、阴郁、深重的特点，甚至影响到日本陶艺，厚重与简朴，成为其鲜明的特色。其实，这种规范中的无底线特点，在紫式部的《源氏物语》中早就有着出色的展示，说明这一艺术创作方式在日本是有着非常深厚的历史渊源的。这种类似集合论中符号∩的表达方式，不是日本艺术精英喜好自由的精神表现，而正说明了是泛家族规则与文化笼罩下精英们的艺术放纵，也是极致意识在艺术领域里的典型表现。当权者或思想大佬们常以看待爱哭闹的孩子耍脾气一样的态度看待艺术家们的这类创作，而民众则在观读之中享受一下现实中无法享受的乐趣，也就是意淫。

日本艺术当然不止上述六种表现手法，这里只是选取那些最能展示其民族特色的表现手法加以简略分析。这里要说的是，这些表现手法同样与泛家族规则和文化的影响分不开。比如对局部的偏好，比如对细节的重视，比如对无底

线的突破等,就是因为艺术的受众(也就是日本民众)在现实生活中每天都要遵守着个人服从于集团的现实规则,每天都必须重复地做着最细小的事,无法把握大局,也不想去把握大局,而只关注自己的局部,习惯于把界限内的事、把细微之处的工作做深做透(如前面已经论述过的那样),因而他们欣赏文学艺术,自然而然从细节入手,从现实生活出发去体验创作者所表达的意境,产生共鸣。而对大局的批判和反思,艺术家们也只能从细节的反向对比中、在无节制的底线突破中来揭示现实生活中不可能却极其渴望发生的事。把不该公开的事实揭秘公开,便是对"不该"的现实制度和规则的反叛,就是来自现实中的暗箱规则的影响。很明显,在局部与整体、继承与创新、规范与突破、简朴与艳丽等艺术创造的主要方面,日本艺术家们都深受直线加曲线思维模式的影响,而这种思维模式,是日本历史上两次大规模引入外来文明,与岛国形成的泛家族规则及其泛家族文化相结合的结果。而正是这样的结果,成为日本艺术作品中最具有民族特色的浓墨重彩之处。他们在敏感迅速学习借鉴国际上最先进的技术时,使用的眼光、做出的选择和所表达的情感,却具有日本最古老的传统意味。只是在有意无意间,他们自己也并非全部意识到这一点,或者意识到却故意摆出一副高深莫测的面孔罢了。

第四节 "民族的"不一定就是"世界的"

不知道从什么时候起,在中国有一种非常流行的观点,就是要创造世界一级的艺术作品,首先必须是具有鲜明民族色彩的作品。换句话说,只有创作出的艺术作品富有民族色彩,才有可能成为在世界上广受欢迎的作品。不知道这个观点是不是从日本舶来的。在日本,确实有相当多的艺术家与中国同行一样,相信这个观点。一些艺术评论家们也持这种观点来评价艺术创作和作品。本章讨论这个问题,是鉴于一种认识:日本民族的文化,并非都是世界级的文化。其优秀的部分可以欣赏,也应该给予尊敬,犹如赏析其他民族文化的优秀部分一样。但说到底,它充其量也只是在某些方面达到了在世界民族之林中独树一帜的地步,还远没有达到需要顶礼膜拜的程度,更不是如一些日本评论所言,已经达到世界的顶峰。

"民族的,就是世界的",其实是一个似是而非的结论。

第一,所谓纯粹的民族的艺术创作是不存在的,这是一个伪命题。任何一种艺术创作,都离不开其他艺术创作的影响。相反,真正优秀的民族艺术,恰恰是吸收、融合各民族优秀品质而达到新的高度后的产物。汉唐的壁画、雕塑都是如此,成就了中华汉唐时期灿烂的民族文化。中国古老的傩戏,原汁原味地保留了古代民族的祭祀和庆丰歌舞形式,如同日本神社大祭仪式上的音乐歌舞演出,在传承历史文化传统上值得称道,但硬要说成是世界的艺术奇葩,能有多少审美上的意义就难说了,充其量也就是满足他人的猎奇而已。

第二,民族特色鲜明的艺术品,其优秀品质不在于民族而在于艺术。日本民族有这么一个特点,那就是对强者的崇拜,让他们膜拜强者的一切。当他们自己比较强的时候,自然认为自己民族的一切都是世界上最好的。明治维新之前的日本服膺于中国,派遣隋使、遣唐使冒死来学习,谦谦弟子也。当中国衰落时,从本居宣长开始便有意识地贬抑中华文化。明治维新之后,随着日本自身实力的增强,日本开始有目的地贬低中华民族。甲午战争、日俄战争之后,日本便自认为大和民族是世界上最优秀的民族,其民族文化无一不是最优秀的精品,如同高烧时的呓语。

其实,优秀民族文化无论是固态化的社会管理制度和习俗,还是艺术品的创作,固然有其民族的因素,但真正征服世界的是艺术,是管理的艺术或者表现的艺术所达到的效果与程度,而不是背后的民族。历史上强大的蒙古族横扫欧亚大陆,其原汁原味的民族文化要称为世界最优秀者恐怕也难。同样,当年日本侵占东亚各国时,留下的狂热文化日本人现在都唯恐避之不及。今天日本国内有些人又因为日本实力的强大,俨然又要"脱亚入欧",甚至同样有些看不起欧洲,就差没有宣布大和民族是世界上最优秀的民族了,恐怕也只能如萨苏揶揄的那样,"日本原来在西方的西方"①。

第三,民族特色有好有坏,不能一概而论。民族的东西,常常是最吸引其他民族眼球的东西,但不能因为可满足猎奇心,便说该民族的东西都是优秀的。具有岛国料理特色的"刺身"受到很多其他民族的喜爱,但这也只是其饮食文化上的特色,而称不上优秀。毕竟中国唐朝的时候就开始吃生鱼片,并没有觉得那有多优秀;更何况还有很多人不吃生冷鱼料理,还有很多环保主义者反对杀生。

日本有非常悠久的民族传统:窥阴和露阴。《古事记》的神话中就有这方面的记载,至今流传不绝,《日本人的色道》②《世界性史图鉴》③等书中都有详细介绍。现在的东京依然有类似的收费展露,不过换了个名叫"××人体秀"。同

---

① 萨苏.在日本,我忍不住又笑了[M].长沙:湖南文艺出版社,2011:149.
② 郝祥满.日本人的色道[M].武汉:湖北人民出版社,2009:29-31.
③ 刘过临.世界性史图鉴[M].郑州:郑州大学出版社,2005:264.

样,江户中后期的化妆传统是女人以剃眉黑齿为美(原本是男性让女性牺牲的另一种形式),天皇和后宫女子也不例外,让当时踏上岛国的外国人惊呼"见鬼",认为日本民族是"丑陋无比"的民族。相信今天的日本人也不会将这样的民族传统认作是美。民族的作品有糟粕,而糟粕的东西无论多么具有民族性,也不可能成为世界级的艺术品。当然,美的评判标准因民族、时代而有差异,糟粕与否,也不能以一己之见、一时之见来定论。民族的东西想保留尽管保留,历史遗迹就是遗迹,以此夸耀几句也无不可,但不论好坏都认作是优秀文化只能是自欺欺人。

第九章　关于日本民族暴力意识的讨论

　　暴力与文化，似乎是牵扯不到一起的两个概念。20世纪末开始在美国出现暴力美学的概念，在屏幕上以美化的艺术手法展示暴力行为，以减轻血腥残忍带给人们在观赏时的心理厌恶。21世纪以来，暴力美学迅速在全世界风行，其中尤以日本跟风最快。事实上，暴力美学其作用并非仅仅只是减轻暴力场面的负作用，真正的目的还是让人们欣赏暴力。"拳头加枕头"，一直都是好莱坞的典型选材。

　　日本过去一直是暴力影视作品高产国度，而且其影片的暴力恐怖程度远远超过美国，可以名列世界第一。《午夜凶铃》等影片恐怖到让人呕吐，然而越传越远，他国人多不能卒睹，却没听说日本人逃出影院的事。这里已经不仅仅是影视创作者把暴力恐怖电影推向极致的问题，还有如在本书上一章所说的观众欣赏水平和兴趣取向的问题。暴力，本是人性中一直不愿正视的兽性，犹如猴子不愿正视自己的红屁股。小儿听故事，"越恐怖越怕越想听"，却在稚语中表现出动物的本能。

　　有兽性的本能并不可怕，但是将兽性加以美化，并刻意传承与发扬，这才是可怕的。虽然暴力美学概念不是日本人发明的，但日本民族的确有视残暴为美的传统，武士道的切腹便是如此。早在13世纪前的《平家物语》[1]中就有欣赏英雄切腹壮举的传唱。切腹，逐渐由个人的极致行为发展为一种武士结束自己生命的方式，并且无论是别人命令还是被逼无奈，都是维护武士名誉的一种身份象征。新渡户稻造专门写作《武士道》一书将所谓的"切腹之美"介绍给西方。同样，织田信长火烧比睿山2万僧尼后，又在延历寺将一众僧尼关进木房纵火焚烧，听其惨叫，权威史书上也只是淡淡地写上一句"火烧旧势力的据点"[2]，是褒是贬，不用解释。浮士绘中，关于民间各种恶鬼的绘画，无不极尽恐怖之能事，但在神社中这些恶鬼们都配享有祭祀。文学作品和民间传说中，自戕、自

---

[1] 平家物语[M].王玉华,译.昆明:云南人民出版社,2002:65、83.
[2] 竹内理三,等.日本历史辞典[M].沈仁安,等,译.天津:天津人民出版社,1988:99.

焚、自虐、自闭的故事形象常常都是英雄或同情的对象。

更为重要的是,在分析了日本存在的泛家族规则和泛家族文化后,特别是专题分析了天皇制——忠诚文化、神道教文化、武士道文化和极致文化后,再加上对日本历史与现实生活的观察和思考,有一点越来越清晰,即上述文化都导致日本社会及民间存在着广泛而深厚的暴力意识,并且不是少数人表现出来的偏爱,而是整个日本民族不愿正视却真实拥有的一种文化性基础意识,影响着其民族文化的发展。

第一节　日本民族文化中的硬暴力研究

世界上没有哪个国家不存在暴力。当人类的兽性指向人类自身或者自然,以各种合法与非法的手段剥夺或破坏人类或自然权利的时候,很遗憾,暴力的残暴程度并不因为人种和文明程度而有所区别。当美国和北约的飞机在中东与北非上空持续扔下"最文明"的炸弹时,便向全世界最好地诠释了什么叫硬暴力。硬暴力是人类以残忍方式剥夺或破坏人与自然权利的一种外在暴力实践,但并非暴力的唯一实践。

日本的政体、媒体和民众对本国的硬暴力问题并不讳言,各种暴力犯罪也在打击之中。时至今日,日本人自豪地对外宣称,日本是世界上社会治安最好的国度之一。然而,对日本社会稍做研究便不难发现,日本民族并不是对所有的硬暴力行为都给予打击,有的暴力犯罪不仅得到宽容甚至还会得到赞赏。荷兰人布鲁玛早就指出:"在日本,法律的冷硬文字是一回事,但人们的现实全然是另一件事情。只要遵守该有的谨慎,而且把钱交给正确的人,那么许多事情就准许继续做下去。"①就是说,全世界都给予打击的某些暴力行为,在日本依然存在着某种民族认同,甚而在法律认定上还存在某种合法性。在罪与非罪之间,日本民族无论是在民间还是在法理文化认知上,都存在着特色鲜明的四大混淆。

一、有组织的硬暴力行为在罪与非罪的文化认知上存在着相当程度的混淆

日本民族往往以集团活动为典型特征,而现行的法律体系照搬了西方模式,是以个人为中心的,这就与日本传统以集团活动为中心的社会文化之间,形

---

① 伊恩·布鲁玛.面具下的日本人[M].林铮凯,译.北京:金城出版社,2010:120.

成了巨大的罪与非罪的文化认知上的腾挪空间。不能说西方的法律遇到本国的传统就一定会网开一面，但由于存在这样的认知腾挪空间，罪与非罪的概念就会产生混淆，以至于社会上对有组织的集团犯罪行为往往认识不清。

1. 军队的暴行是否属犯罪至今存在分歧

日本是世界上唯一对二战期间军队在国外的暴行拒不道歉也不认罪的国家，因为那是军队的行为，而军队是执行命令的集团。日本右翼集团至今否认日本军队在中国制造的华北无人区、南京大屠杀，甚至公开叫嚣不承认东京审判，认为那是战胜者强加给战败者的审判。在他们看来那些双手沾满他国人民鲜血的战争罪犯都无罪，因为他们不过是在执行命令，由此他们也就不承认对太平洋各国的入侵是战争罪和反人类罪。到今天，二战结束70年了，日本国内右翼的声音却越来越强，已经开始企图左右整个日本社会，靖国神社至今对世界公认的战争罪犯加以祭祀，并且越来越多的日本政客前去参拜，就是这种认知混淆的最好注脚。2015年8月30日，超过10万日本民众到国会前抗议安倍政府强行推进的安保法案为战争法案，因为该法案解禁自卫队的自卫权，日本自卫队从此走出自卫的局限，以军队的身份出现在他们想出现的世界各地。这种大规模的抗议已经很多年没有在日本出现过了，说明日本战后相当多的民众内心是要放弃战争希望和平的，而安倍们却图谋强行修改宪法，恢复军队在海外施暴的能力。9月19日，日本国会强行通过了安保法案。

2. 黑社会的暴行论罪不清

日本是世界上唯一的黑社会组织"合法"存在的国家。日本三大黑社会组织山口组、住吉会、稻川会的每一级领导人的姓名住址，日本警察都清楚（图9-1）。但依据日本法律，只要没有证据证明黑社会领导成员直接参与犯罪或者直接指挥犯罪，那么就不能抓他们。在同一时间同一地点很多人犯了同一宗罪，只要个人不承认是有组织的，那就不算是有组织的犯罪。日本的黑社会组织深谙其中的奥秘，他们的成员日常并不骚扰百姓，合法与非法的生意都做，集体犯罪时如果被抓只承认个人行为，绝不供认其领导者。所以在日本出现了别的国家根本不可能出现的现象：黑社会组织可以公开集会，进行示威游行，震慑对手或平民，甚至出版"机关报"（山口组就有两种）进行组织宣传。他们是极右活动的积极分子，组织或参与组织大型极右活动。他们的集中活动，大多能得到警察帮助维持秩序。猫和老鼠不仅和平共处，而且相得益彰，成就了日本社会治安"世界最好"的美誉。

图9-1 日本黑社会组织分布（图片来源于千叶县警察署：http://www.police.pref.chiba.jp/safe_life/gangsters/index3.php）

3. 组织内部的程序暴力行为不仅允许而且"合理"

时至今日，日本也是世界上唯一允许企业等各类社会组织内部存在暴力性体罚行为的国家。上级给予下级各种体罚，如扇耳光、罚跪、变相拘禁等，这些行为不仅被允许而且被视为天经地义，因为他们认为这是在纠正错误，是为了让受罚者长点记性。但奇怪的是下级不能用这种摧残人格的教育方式让犯错误的上级长点记性。一位在日本工作的华裔职员曾叙述过其在公司里无形与有形的痛苦和愤怒。"大约看在我是外国人的份上，他们没有打我，而是一巴掌扇倒了我的日本同事，比打在我脸上还让我难堪。你说不出来愤怒，因为他们有个奇怪的理由，能抗住击打也是坚忍不拔的好汉。"布鲁玛也曾经描述过他在东京作为一名摄影师助手而遭受的身体与精神的磨砺和羞辱。①

在日本，并非有组织的犯罪就不是犯罪，日本警察打击过赤军、奥姆真理教之类的有组织犯罪。但比较一下他们打击奥姆真理教和打击黑社会的行为，前者产生时间短、罪恶昭彰，因为证据确凿，便一举摧毁；后者历史时间长、罪恶深重，却因为"证据不足"而难以拔除。这是法律的问题还是执行的问题？抑或在法律和执行两方面都存在问题？这说明这个国度在某些领域里确实在罪与非罪的认知界限上存在着某种程度的混乱。而混乱的根本原因在于其社会文化

---

① 伊恩·布鲁玛.面具下的日本人[M].林铮凯,译.北京：金城出版社,2010:177.

认知的不同。所以，日本的国家领导人可以公开参拜供奉战争罪犯的神社，企业可以公开组织集体出国去嫖娼，学校默许公开教育有辱人格尊严的各种"礼仪"，等等。企业界或各类组织中存在着各种对下属身体和人格的折磨，并被视为天经地义。

二、个体的硬暴力行为论罪上存在着司法与社会认知的混淆

日本对个体的暴力行为论罪清楚，对个体犯罪行为严惩不贷，这是日本社会治安良好的原因之一。但同时，在严厉打击的另一面，日本社会在对个体暴力论罪的公众认知和司法程序上，却一直存在着相当程度的紊乱，并由此直接造成日本社会个体暴力的频度和烈度时常震惊内外。

1. 司法程序对个体暴力犯罪的宽容与混乱

不用去罗列这方面的案例，只深入剖析一个简单而著名的个体暴力行为的司法过程，就不难看出日本"严密"的法律框架内存在着怎样的司法混乱，这种混乱又在多大程度上纵容着社会个体的硬暴力行为。

1999年4月18日，23岁的家庭主妇木村弥生在山口县光市室积冲田4番自己家中被杀后奸尸，11个月大的女儿夕夏也被摔死。凶手是刚满18岁的高中毕业生福田孝行，4天后被警察抓获，并对自己的犯罪事实供认不讳。这在任何一个国家都是一起简单的暴力犯罪事件，依法判决即可。然而当年6月30日，当山口县检察厅提起公诉要求判处罪犯死刑时，以大律师安田好弘为首的由22名著名律师组成的庞大辩护团却以"不具完全人格"的解读迫使法院驳回检方起诉，判为无期徒刑。检方不服，上诉两年后遭驳回，维持原判。按照日本的司法惯例，所谓无期徒刑，犯人若被认为表现良好，通常只需要关押七八年而已。2007年案件被上诉到日本最高法院。大律师团继续操纵审判，终于激怒了全社会，最高法院迫于舆论的压力，于2008年4月22日宣判福田孝行死刑。证据确凿的故意杀人犯福田孝行在犯罪10年后才开始对自己的犯罪后果感到害怕，开始上诉。按照日本的法律，又是一个漫长的过程，而且他仍有可能得到改判。同时，按照日本的传统，即便终审判决死刑，其执行至少也在5年之后。这个罪犯伏法之日仍然遥遥无期。所以，在今天的日本，20世纪70年代判处死刑的犯人仍有在狱中优哉游哉的，理由竟然是"案犯身体不佳，需要治疗，所以不适合执刑"[①]。

---

① 以上事实引自萨苏博客：http://blog.sina.com.cn/s/blog_476745f60102dr94.html，萨苏博客内容引自门田隆将《与绝望奋斗——本村洋的3300个日子》一书。

人们对于这个罪犯最终何时会为自己的罪恶暴行付出应有的代价尚不得而知,但人们可以从这个案件审理过程中看到这样的事实:第一,认罪与量刑的标准不取决于事实,而取决于律师对法律的解读;第二,解读某一处罚的法律诉求不是在制定法律条文的机构,却是在实施法律的法庭,也就是说律师可以拿受害者和罪犯去做"公正与人道"的实验,如本案中大律师的行为,法院居然不纠正;第三,法庭审判不仅遵循法律条文,同时还遵循司法惯例,而打破后者比修改前者还要艰难;第四,罪犯比受害者更清楚在多大程度上可以指望司法过程为自己提供"方便"和"宽宥"。这个案子引发了全社会对司法程序和惯例的争议,并最终促成日本修改了《刑事诉讼法》。

修订司法程序,并不意味着就同时修改了司法传统和习惯。2007年3月,22岁的英国女教师林赛·安妮·霍克在日本被自己的学生、30岁的市桥达残忍地奸杀致死。两年后,凶手在大阪落网,但他在法庭上只承认强奸不承认蓄意谋杀,其辩护律师团为其辩护理由是"没有杀人动机"。最终,2011年7月21日,千叶地方法院判处杀人凶手无期徒刑。审判长崛田真哉表示这是按照检方的量刑要求裁判的。① 这让人感到千叶市仿佛不在日本,其地方检方和法院似乎与最高法院适用的不是同一部法律。2008年3月18日,日本大阪地方法院对殴打中国硕士留学生石小宁(26岁)致死并认罪的大须贺隆(24岁)只判处有期徒刑6年。② 2006年6月23日,日本警察枪杀了中国进修生罗成,一审判决警察为正当防卫,证据是罗成当时举起了路边3千克重的石灯盖致警察生命受到了威胁,二审先说警察有罪最后又说无罪,历时4年之久,杀人者后来居然升官为部长。正是有了这种司法上的纵容,"治安世界最好"的日本出现一起又一起残忍的伤害案也就不奇怪了,也给世人留下日本人残暴的认知。日本法院对凶手的审判一次又一次"葫芦僧乱判葫芦案"。

2. 公众对个体暴力行为的认知混乱

在日本,社会公众对个体硬暴力行为也同样存在着某种程度的"糊涂认识"。比如对强奸犯罪,日本社会就存在着荒唐的同情强奸犯、歧视受害者的言行。日本前首相福田康夫在2003年7月任官房长官时,就说过妇女之所以遭强奸系因为她们衣着太过暴露云云,当时他是为本党议员太田诚一发表的对轮奸犯罪荒唐言论进行辩护的。而议员太田诚一的荒唐言论是针对这样一个事实:2003年5月18日,一名叫和田真一郎的早稻田大学的学生组织其他名牌大

---

① 见人物档案资料库网:http://www.163686.com/html/renwenrenwu/2011/0725/58403.html。
② 见新浪网:http://news.sina.com.cn/c/2008-09-16/174716300014.shtml。

学学生一起将一名女大学生灌醉后实施了轮奸。这在任何一个社会都是铁案认罪的个案,在日本却引发了奇怪的"重视",因为一连串的大学生轮奸案已经极大地刺激了日本人的神经。1997年帝京大学橄榄球俱乐部成员轮奸案、1999年日本体育大学冰球俱乐部成员轮奸案、2000年庆应大学医学系大学生轮奸案,让日本人记忆犹新。《纽约时报》记者就和田真一郎的案件进行采访时,一位日本退休女老师说:"在日本有一种强奸的迷信,受害者是可耻的。如果你公之于众,一生都会被人唾弃。"日本社会对罪犯的姑息、对受害者的冷漠歧视纵容了性犯罪的不断泛滥。而这些政客脱口而出的言语,恰恰反映出其内心深处的真实想法。

再比如,日本家庭暴力的严重程度是触目惊心的,而社会公众对此的认知相当含糊。新华网驻东京记者何德功2007年11月27日报道:日本曾于1992年对家庭中丈夫实施暴力的情况做了一次全国调查,结果显示,80%的女性表示曾分别受到肉体、精神和性暴力方面的伤害。为此,日本国会曾于2001年制定针对施暴丈夫的"限制令",并于2007年将这一法令适用扩大到未婚伴侣。然而,据日本警察厅在2010年3月18日公布的相关数据,2009年共接到家庭暴力投诉2.8158万起,较之上年增长11.7%,创下2002年开始此项统计的新高。2014年日本警察厅公布的家庭暴力投诉依然超过2万起。一些专家认为日本家庭暴力的实际发生率比统计数据要高得多,因为许多日本人仍然认为对女性实施暴力是"家务事"。当询问这些妇女选择沉默的理由时,50%的受害者说她们觉得问题并不严重,36%的受害者觉得应该怪她们自己。

再比如自杀。自杀在某些国家可能不属于犯罪,却毫无疑问是暴力行为的一种表现。日本是自杀大国,世界卫生组织2004年的统计数据显示,日本男性自杀率全球第三,女性自杀率全球第一。[①] 日本警察厅统计的自杀数据显示,2010年日本国内有3.156万人自杀,连续13年年均自杀人数超过3万。这是日本年均交通事故死亡人数的4倍。其中男性自杀人数仍然是女性的2.4倍以上。[②] 对于动物都要实施严格法律保护和舆论保护的日本,却没有听说对自残生命的行为进行禁止甚至是否定。京都清水寺(图9-2),如此美丽的地方却是日本人自杀的圣地。日语里有一句谚语,"从清水的舞台跳下去",用来形容人们破釜沉舟的决心。

① 樊卓坤. 日本的校园暴力[EB/OL]. http://blog.sina.com.cn/s/blog_4c73ba33010oobzth.html.
② 2010年日本自杀人数3.156万 连续13年超过3万[EB/OL]. http://news.xinmin.cn/domestic/gnkb/2011/07/8755486.html.

3. 日本教育中的武士道阴影是个体暴力的根源

日本中小学甚至幼儿园里存在着暴力并不是罕见的事实,以致引起日本主妇们的强烈不满。日本政府于 2006 年 9 月 15 日公布的一份调查报告显示,2005 年 3 月到 2006 年 3 月的一年间,小学校园暴力事件数量创下新高。报告说,日本小学校园一年内发生

图 9-2　清水寺

的暴力事件已经达到 2018 件,比前一年增长了 6.8%,是 1997 年有记录以来的最高值。其中,攻击老师的事件同比上升 38%,这也是此类暴力事件连续第三年以 30% 以上的速度递增。2011 年 10 月 11 日,滋贺县大津市一名 13 岁的中学生不堪同学暴力欺凌跳楼自杀,对其所受暴力的细节调查震惊了日本舆论。① 据日本文部科学省最新公布的数据,在 2012 年 4 月 1 日到 9 月 30 日间发生的校园暴力欺凌件数,已凌驾于 2011 年全年总和之上,高达 7.5 万件;其中,"可能威胁到孩子生命和身体安全的重大事件"达 250 件。② 据说就连皇太子的爱女也受到过暴力欺凌。③

儿童的暴力倾向多来自于家庭的暴力影响,但一个出身良好家庭的男孩或女孩也同样表现出暴力倾向,则除了家庭教育的影响外,不能不从社会教育中去寻找问题的答案。一名日本中学生曾对英国《世界新闻报》的驻日记者说:"我们电视节目中,欺负、取笑人的节目太多了。搞笑明星不是欺负人就是被欺负,他们总是挖苦别人的短处,还喜欢打别人的头,而且打得很重。学生们看到后就效仿,一开始可能是开玩笑,有的下手过重就不好玩了。如果有人打我,当然要还手了。"其实不止日本的电视媒体如此,在日本青少年最热衷的动画片中,暴力场景亦具有普遍性。中国山东大学的一位动漫专业毕业生曾统计过,在日本的动画片中,平均每十分钟就会出现一次暴力场景。曾颖在日本新华侨

---

① 张剑波."残酷青春物语"折射日本另一面[N].报刊文摘,2012-07-25(2).
② 张桐.2012 上半年日本校园暴力事件高达 7.5 万件[EB/OL]. http://www.jnocnews.jp/news/show.aspx?id=58274.
③ 王珊.日本校园暴力激增　皇太子爱女也曾受欺凌[EB/OL]. http://news.xinhuanet.com/world/2012-07/13/c_112433734.htm.

报网报道上述事实时就明确指出:"日本动画片中渲染的暴力情节和大和民族所崇尚的'对强者的崇拜、蔑视弱者、相信优胜劣汰、弱肉强食的法则'完全一致。而青少年模仿力有余而判断力不足,分不清现实虚拟,从而走上歧途。"其实,在青少年"判断力不足"的背后,存在着社会上包括家长们、老师们对武士道认知的学习和纵容。稻盛和夫就曾回忆儿时在外打架落败后回家,"母亲就将扫帚塞进我的手中说:'去报仇,打赢了再回家'"①。类似这样的家教在很多日本名人回忆录中都可以读到,很能说明当时弥漫全社会的武士道精神对日本社会一般家庭的影响有多大。如今,这种纵容在日本已有某种放纵的倾向。日本千叶县警察署网公布的2012年1月至11月犯罪统计显示,在犯罪总数略有下降的同时,该县犯有"暴行""伤害"两罪的案件同比上升558件,均超过2010年全年数。

三、对集体或个体暴殄天物的行为是否犯罪存在着某种认知上的混淆

如果硬暴力不限于针对人类本身,那么可以很清楚地看到日本民族对自然界的诸多暴行。

1. 对自然生命的虐杀

日本早就颁发过严厉的动物保护法令,以至于医生进行动物实验都要倍加小心,日本也发生过因虐杀动物被判刑9年的案件。但在民间,虐待和虐杀动物的事还是经常发生,老百姓也并不将之当回事。如瓶装猫(图9-3)的"创举"在他们认为只是商业行为,销售甚好,因为民众喜爱,与残忍无关。猎杀海豚的残忍虽经美国纪录片《海豚湾》的播放而遭国际社会广泛诟病,但相当多的日本人不以为然,甚至有些悻悻然,认为国际社会是多管闲事。众所周知,生吃活杀本来就是日本料理的精髓

图9-3 瓶装猫

之一而受到广泛称奇,也是日本民族文化的传统之一。也许中华饮食在某些吃

---

① 稻盛和夫. 你的梦想一定能实现[M]. 曹岫云,译. 北京:东方出版社,2010:11.

法上比日本更残忍,却远没有日本如此普及、如此悠久,已成为全民族的共同爱好。对自然生命的冷漠与无情,究其根本,还是源自对生命的不尊重。

2. 对不属于自己的资源,暴殄天物无所谓

日本民族以节约资源而著称,但几乎很少人知道,日本民族也是世界上最浪费资源的民族。只要是另有所属的资源,他们从不珍惜。二战时期日本人在中国东北疯狂掠夺和破坏资源的事不去说了,20 世纪 80 年代日本人就曾放弃近海养殖专事远洋捕捞,甚至出动军舰协助捕杀鲸鱼,根本原因就在于鲸鱼、海豚、鱼、虾、贝类等海洋公共资源,捕光了都属于白捡。依据浙江省商玉坤研究日本渔业的报告提供的相关数据计算,1984 年日本渔业产量达 1282 万吨,换句话说,包括吃奶的孩子在内,是年日本人均消费了 100 千克的鱼类。2005 年,日本人均消费鱼类下降到 74 千克,市面鱼类均价反而下降 5%。① 不要以为这是日本人良心发现或者是饮食习惯发生了改变,那是迫于全世界的抗议,不敢如此明目张胆地暴殄天物,从 80 年代后期重新开始大规模近海养殖了。因为中国的稀土价格便宜,2007 年一位日本企业家曾对笔者说过,在进口的矿产资源中,稀土在日本是浪费最严重的矿产品,他对此深感忧心。

3. 只要不是花自己的钱,无论怎么浪费都不心痛

都说日本人从小就养成了节俭的美德,其实未必,在日本,人们用公款请客花费一点也不比中国人小气。笔者就曾受邀参加日本企业的聚会,因为已为公司总部批准,所以人人都仿佛提前过年似的,阔绰豪放的程度让人顿改对日本人精打细算的印象。那个在东京餐厅打工的中国留学生小草就记录过一些"阔气"的日本人点了一大桌菜肴只吃了四分之一走人的现象,大约也是在糜费公帑。② 说到糜费公帑,日本政客也是绞尽脑汁钻政策的空子,石原慎太郎任东京都知事期间出行的豪华阔绰就曾遭到媒体的痛批,也因公款吃喝被法院判罚赔款。在美国,房东们在一起交流的经验之一,就是不要租房子给日本人,因为日本人洗澡水浪费惊人。按说这些似乎与暴力无大关系,但不要忘记,暴力通常都是掩藏在对物资的疯狂占有与挥霍之下的。

---

① 商玉坤.日本渔业现状的探讨[J].中国渔业经济,2008(1):83-86.
② 小草.留学日本一千天[M].北京:世界知识出版社,1987:53.

四、硬暴力犯罪存在着国内与国外定罪认知上的混乱

1. 色情业的兴旺发达根基于法律定罪与实际界定不一致

情与性是人类的共同行为,娼妓现象伴随着人类社会发展的全过程,本不足为奇。但在一个法律上将色情业定为非法的国度里,把色情业发展成不可缺少的重要产业,日本民族又创造了一个"世界第一"。日本警察对此解释说:他们并没有违法,各类风情店和出售的 AV 片都是在法律允许的范围内,这与日本警察对黑社会的解释一模一样。可笑的是,制作在国内属违法的 AV 片用于出口,每年可为日本赚取约 1000 亿美元,警察并不取缔。这就好比大规模种植罂粟生产毒品只要用于出口就不属于制毒、贩毒一样可笑。据日本警察厅 2010 年的统计,全国共有色情场所 23727 家,以平均每家从事色情业(含摄录、保镖等)20 人计,则有 47 万多人,比日本全国从事渔业人员多一倍以上。色情业已经不仅仅逼良为娼,很多良家女子为了过上衣食无忧的日子也心甘情愿从事色情业,一批 AV 女优成为著名红星也是日本民族对世界电影业的一大"贡献"。要特别指出的是,日本色情业的发展有其历史与现实的特定条件,但色情业从其根本上说就是一种暴力产物,是人类为满足自我发泄或性幻想而对异性的征服与摧残,并非所谓性开放的民族特性,否则日本就不会将之列为非法。荷兰人布鲁玛在研究日本情色时就曾说过:"就某种意义来说,情色书刊和暴力的娱乐所呈现的破坏性意义,远超过它原有的目的。"[1]

2. 集团与个体在海外的犯罪不在法律惩罚范围,也不在认罪范围

早已宣称进入现代文明社会的日本,有一项令全世界瞠目结舌的文明行为:海外集体买春。其涉及之广、频度之高,使东南亚多国均称日本人为色情动物。即便事情曝光亦未见受法律制裁,甚至在日本国内还津津乐道,一些公司海外"旅游"的奖励措施已成为大家心知肚明的勾当。前文已列举的那个中学校长之所以几十年一贯制地嫖娼,并非其不知这种行为严重有悖于为人师表,而是因为他认为在海外不算犯罪。其他方面也是如此。比如日本国内贿赂官员为犯罪,但直到美国参议院跨国追究日本公司在美国巨额行贿时,日本才似乎"恍然大悟"那是犯罪,并逮捕了一批人,包括前首相田中角荣在内。日本国内有严格的环保措施,但日本企业在海外投资,即便破坏环境,只要当事国不制裁,日本国内便视而不见。其实,这种海外犯罪不算犯罪是有传统的。日本著

---

[1] 伊恩·布鲁玛. 面具下的日本人[M]. 林铮凯,译. 北京:金城出版社,2010:70.

名历史学家色川大吉有这样一段回忆:战时,一位卡车司机常到色川家干活,他看似一名善良的工人、普通家庭的父亲、讲究礼貌的规矩人,却在一次交谈中,以炫耀和毫无愧悔之意对少年色川讲述了他从军到中国时,将一名中国姑娘侮辱并残杀至死的经过。① 曾在海外丧心病狂的日本军人战后回国集体失语,不是因为他们害怕法律的追究,而是因为他们根本就不认为那是犯罪。即便说出来了,法律果然也从来没有追究过任何一名日军士兵在国外犯下的罪恶。美国人的可恶之处是动辄扮演世界警察,惯常在国际事务上沿用美国国内法律;而日本正相反,国际事务根本不沿用国内法律。两种截然相反的做法同样源自于各自的文化认知。

五、硬暴力在文化认知上混乱的深层次原因

为什么在日本会出现上述四个方面的混淆?迄今为止日本国内的学者并没有太多地正视这一问题。对于硬暴力的研究,依然停留在日本民族性格的"残忍而又温顺"的矛盾组合层面上,也就是说在暴力问题研究上,他们有意无意停留在本尼·迪克特《菊与刀》所揭示的外在表层上。

其实,上述在司法与认知上的四个混乱特征,恰恰反映了日本岛国社会构造中的某些深层次原因。

一是集团无责任、个人不负责的社会组织架构在现实生活中的派生。本书第四章对此进行过专门研究,指出日本历史形成的集团无责任而个人不负责,也就是说日本就其社会构造来说,本质上是一个无人负责任的国家。按照村上春树的说法,这种状况在战后所谓的全盘西化过程中并没有什么实质性改变。村上春树说:"我渐渐明白,珍珠港也好,诺门坎也好,这类五花八门的东西都存在于自身内部。与此同时,我开始觉察,现在的日本社会,尽管战争结束后进行了各种各样的重建,但本质上没有任何改变。"②村上所指的"本质",正是这种历史形成的社会构造,无论其对外标榜得多么好听,其内部运行的还是传统的那一套,其中有很大程度上是泛家族规则在发挥着重要作用(本书第四章中已经分析过了),从而派生出日本硬暴力行为在各个领域内的认知混乱。

二是在社会制度层面上对个体的蔑视。日本历来对社会精英是重视的,他们往往最终被推上了"神"的层面,而与此同时,对于不是精英的普罗大众则不仅在认知上不尊重,而且在制度设计上几乎忽略不计。"神"可以对普罗大众肆

---

① 色川大吉.一种昭和史[M].东京:岩波书店,1975:68.
② 河和隼雄,村上春树.村上春树去见河合隼雄[J].东京:新潮社,1996(1):23.

意妄为,无论是公司还是黑社会组织,其实际运行的管控方式和管控程度几乎差不多相同,对个人利益损害和蔑视,区别只在于口号不一样,罪与非罪也就时常发生错位和混乱。新华网《环球》杂志2004年刊登范力民专题文章,分析日本警方总结暴力团为什么不能清除的特点后指出:"其实更重要的是,他们是日本传统社会的组成部分。"①可谓一语中的。

三是传统文化中对生命的极端不尊重。武士道的"重义轻生"和中国儒家文化的"存天理,灭人欲"对日本民族都有很大影响,因为对生命轻蔑,杀人与自杀也就比较轻率。日本传统文化中,在集团与个体的关系上,始终存在着重集团而轻个人的传统观念。为了集团,个人必须无条件地奉献;为了国家,集团可以号召全民集体玉碎。塞班岛上大批平民妇孺集体跳崖的悲剧究竟是谁之罪,至今无人追究也无人宣称负责。如果一个人对自己的生命都不重视,又如何叫他去尊重别人的生命?旅顺大屠杀时,实施虐杀的不仅是日本军人,连伙夫、挑夫、国会议员还有记者也加入了行凶行列。一名日本记者回国后竟公开宣称:"我只是杀人,没像其他人那样抢劫。"这是英国冒险家詹姆斯·艾伦在1897年出版的《在龙旗下——甲午战争亲历记》一书中记述的旅顺大屠杀中的一个细节。1894年11月21日,日军攻占中国旅顺,4天3夜,屠全城2万多众,仅留36人埋尸。②

四是对妇女的内在崇拜与外在鄙视。日本人对待女性,存在着内在的崇拜,那是古老的母系文化传统的遗存与日本家庭由母亲养育子女的习俗所形成的现实。有日本的母亲坚持说,神风队员驾机撞向美军军舰时,根本没有喊天皇万岁,而是喊着妈妈,是有一定的道理的。但是,在外在的社会制度上和社会文化上,父系社会的现实、儒文化和武士道文化对弱者的蔑视、西方文化"弱肉强食"的丛林法则,在日本混合的结果,则表现为对女性的强势掠夺和轻贱。在社会制度的诸多领域,女性无法与男性公平竞争是不争的事实;在风俗习惯上,也存在着对女性的歧视和诸多限制;历史文化中也有许多日本民族对自身另一半的歧视和贬低的内容。而日本在近现代化过程中是世界上解决这一根本问题最不彻底的国度之一。

是否还有其他方面的原因,有待于进一步的研究。上述四个方面的原因,一如前几章所论述的那样,产生于日本社会历史演变过程中形成的社会构造,又共同构筑民众在暴力问题上产生罪与非罪认知混淆的社会基础,同样也是日

---

① 范力民.暴力团体与团体暴力[EB/OL].http://news.xinhuanet.com/globe/2004-02/25/content_1330491.htm.
② 许述.被虚假舆论掩盖的甲午旅顺大屠杀[N].解放军报,2014-04-01(009).

本至今源源不断地制造暴力的社会温床。当然,硬暴力只是日本暴力问题的外在表现,远不是日本暴力问题的全部。下一节将专门研究日本的冷暴力问题。

第二节 日本民族文化中的冷暴力研究

一、问题的提出

自从本尼·迪克特揭示日本人"残暴而温顺"的一体两面性以来,"残暴而温顺"似乎就此成了日本人性特点的定论。后来研究者甚至包括相当一部分日本学者都承认这一点,但为什么日本民族具有这一特性,则极少有人深究下去。日本著名作家大江健三郎1994年在获得诺贝尔文学奖时的致辞是《暧昧的日本的我》,大江想说的是日本民族特性中存在着诸多说不清道不明的暧昧现象,那么是不是日本民族"残暴而温顺"的矛盾特性也可以用暧昧一词加以解释呢?相比较而言,村上春树就深入一步,他曾用英语毫不暧昧地断言:"violence, the key to Japan(暴力,是打开日本的钥匙)。"[1]其后,他又明确地说:"归根结底,日本最大的问题,就是战争结束后没有把那场战争的压倒性暴力相对化。人人都以受害者的面目出现,偷梁换柱地以非常暧昧的言辞说'再不重复这一错误了',而没有哪个人对那个暴力装置负内在责任……我所以花费如此漫长的岁月最后着眼于暴力性,也是觉得这大概是对于那种暧昧东西的决算。"

村上春树所说的"暴力装置"和"暧昧东西"是什么呢?他和大江是小说家,他们的任务是用形象来解释他们的研究与思考,没有必要也不可能对此进行条分缕析的论证。奇怪的是日本国内的学者们也不去深究。在日本人汗牛充栋的国民性研究中,明治以后的研究多为赞美,二战以后的研究多为折中,出了一本《丑陋的日本人》便加以批评,作者还被威胁以子弹,更有部分日本学者干脆就以"暧昧"来标榜民族特性。然而他们也只是研究日本人喜欢暧昧的言行表达等肤浅的表层形态,根本不去深究那看不见摸不着的"暧昧"究竟是什么东西,它们是怎么成了暴力装置,又是如何塑造日本人"残暴而温顺"、言行不一的暧昧的国民性特征的,特别是,说残暴是在哪些方面展示,说温顺又是在哪些方面表现,二者又是依据什么机理统一在普通民众身上的。连学者都不愿意去

---

[1] 杰·鲁宾.倾听村上春树——村上春树的艺术世界[M].冯涛,译.上海:上海译文出版社,2006:211.

正视和研究,碰到如此追问往往集体失语,也就难怪普通日本民众根本就不承认"残暴"这一说法了。本节试图从日本社会运行的机制入手,揭示冷冰冰的社会制度与社会运行规则是如何构织成密而不透的网,源源不断地培养出日本国民残暴而温顺的特性,并构成冷暴力的社会装置的。

二、等级制下的"暧昧"行为与冷暴力

制度(含法律,下同)是知识的产物,制度的需要在于规范民众的行为。不过,决定民众行为的不仅仅是制度,还有民族习惯行为规则,需要这两者的共同作用力,也就是社会运行机制。社会运行机制决定了每一个国民的行为方式。不论他主观上是否意识到,只要他想在这个社会里生活下去,他就必须遵守制度,同时也要遵守当地的约定俗成和各式各样的规则。

当今日本社会的基础性制度是出自美国大兵之手的美国式制度的翻版。如果仅仅翻看法律条文,谁都会认为日本是所谓的现代民主国家。但在所谓"民主制度"下的日本并没有出现美国式的民众行为,而依然是典型的日本式行为,原因是日本民间存在着强大的民族习惯行为规则。曾在日本长期工作的林桦说:"由于文化和传统上的原因,欧美公司在对内和对外关系上重视成文的法律、公司规定以及合同的约定,而日本公司则更加注重某些不成文的规定和习惯。"①而正是这种民族习惯行为规则与社会制度的结合,以世界上最严密冷酷的等级制和无所不在的泛家族规则,在有形与无形之间组合成最典型的日本式冷暴力的社会装置。在日本生活并娶日本人为妻的荷兰人伊恩·布鲁玛就曾深刻地指出:"在表面上,今天的日本似乎是相当先进而且比衰退的英国还现代化的国家,但是在内里,它在许多方面更接近欧洲中古时代,也就是在基督教扫除异教徒信仰遗迹之前的那个时期。"②林桦所说的"某些不成文的规定和习惯"在日本社会的各个角落都存在着,上至政党组织,下至企业、社区乃至家庭邻里,其内涵主要是前文中已经反复论述的泛家族规则,又突出表现在五个不清不楚含混模糊的方面,也就引起通常所说的"暧昧性"。

第一,没有专制制度的专制场。日本历史上有着长期专制的社会传统。不可否认,现代日本依然存在着世界上最严密的等级制度。等级制并不必然产生专制,但是当等级制的某些环节缺失制约时,专制就是必然结果。日本的社会架构是民主的代议制,但在每一组织内部则是典型的等级制。这种二元制的客

---

① 林桦.刹那樱花[M].北京:中信出版社,2007:50.
② 伊恩·布鲁玛.面具下的日本人[M].林铮凯,译.北京:金城出版社,2010:10.

观组合导致对每一组织顶层无人真正负责,同时还缺失必要的监督与制约,专制也就成了日本人人不承认、又人人感同身受的社会现实。企业一如家庭,一如国家,殊不知在集团的领导下,企业实际控制人并不承担最终责任(往往让别人当替罪羊),却因为并无实质性监督,而大权独揽。家长的严酷与企业的严酷同样天经地义。人们在电视上看到日本首相常受质询,可没有几个人能够想象得出他是如何对待他的阁僚的,阁僚们又是如何对待他们的下属的。支撑他们颐指气使的,便是他们清楚,在明确的制度规定之外,属员们自觉遵循的泛家族规则和文化才是他们可以专其制、独其裁的土壤。日本人的"温顺"就是这样被长期驯化的结果,实际上严格的、限制重重的泛家族规则和文化在每个日本国民儿时就被严肃而认真地灌输了。

伊恩·布鲁玛就深刻指出:"有个日本谚语说:'凡是露出来的钉子都必须捶进去。'顺从于外在既定的行为规则的压力,其残酷无情的程度,比起西方国家超过了许多。多数的日本人非常害怕看起来奇特和奇怪,总之就是怕与邻居不同。绝大多数日本人引用'平凡'作为他们最渴望的事情。"①不与别人不同,源于对可能受到的惩罚的恐惧。这种恐惧有时并非来自制度的责罚,而是来自对共同认知的叛逆。所以,最好的保护自己的办法就是,长官的认识就是自己的信条,服从长官(包括不与众不同),专制于是就由承受者创造出来了。大多数在日本生活或研究日本人性的学者都指出这一方面的情形。但是,他们忽略了另一方面,那就是无论是历史还是现今,专制从来都是上对下的,专制形成的同时形成了对专制者监督制约的缺失。日本社会运行机制上对长官的宽松,正与组织内部长官对部下的严酷构成反比关系。而这种反比关系,既导致失去制约的长官经常引领集体放纵及至施暴,比如集体屠杀、集体性爱甚至集体自杀;也导致严酷现实中不得不"谨小慎微"的日本人内心始终有着强烈的"焦虑感"。布鲁玛指出"焦虑在(日本)大众文化中扮演了一个巨大的角色",并特别说出日本人的内心与外观存在着巨大的反差,"焦虑与感官的矛盾,正是日本人精神的绝大部分"②。过去很多研究者将日本人的焦虑感归之为岛国的天灾濒仍,其实更大程度上产生于社会组织和家庭,而源于严酷等级制下的焦虑感正是日本人"温顺而残暴"的重要原因之一。温顺是外在的、不得已的,而一旦温顺的外在条件消失或取消,长期积郁的焦虑就会瞬间爆发。日本男人下班后去喝酒的习惯、在公司酒会上放纵、外出旅行时出现各种丑行、害怕独处、欣赏甚

---

① 伊恩·布鲁玛. 面具下的日本人[M]. 林铮凯,译. 北京:金城出版社,2010:143.
② 伊恩·布鲁玛. 面具下的日本人[M]. 林铮凯,译. 北京:金城出版社,2010:59、62.

至模仿自杀等现象,都可以从专制的长期存在与强度方面找出解释。

第二,没有约束制度的约束带。前面说过日本企业一如家庭,其实,日本企业对员工的管束程度远远超过家庭。家庭有血缘关系的维系,在日本企业组织内部虽然可能没有血缘关系的维系,却普遍存在着亚血缘关系的家族式约束带——家族式的人际关系。领导与下属形成类似于父子关系的关系,同事之间强调搞好兄弟关系,都是以大家庭为号召,让人无从反对也无从逃避。而建立这样的关系,实质上要求的是员工对企业无私奉献、勤奋工作以至过劳死、令人难以理解的忠诚,甚至自杀谢罪。凡此种种,没有哪一项可以从企业制度中找出规定来。过去的研究者对这些行为多有称道,认为这些是日本民族天生具有的奉献精神,而没有看到这是日本企业文化中的泛家族规则约束下的被迫行为,毕竟没有人敢于宣称自己是"家庭"的反叛者,对"家庭"的不负责任在社会上便等同于无信用。来源于民族的历史深处的泛家族规则,充斥于日本社会各阶层的各种组织之内,成为左右着日本民众日常行为的最重要的指导原则,成为他们苦不堪言的桎梏与绑索。这些已经被大量的日本记录者所证实,却在明文制度体系中找不到其踪影。它们打着传统习俗、民族习惯、约定俗成、惯例等旗号,成为看不见却摸得着的人性的温柔绞索。问题还在于,严密规制下的人如同囚笼里的动物,让他走出其熟悉的环境他便充满了胆怯,如同圈养的猴子放出笼子便不敢多迈一步。同样,当猴群首领号令它扑杀同类时则表现得无比残酷与无畏。这些已经被动物学家证实的猴群之中的行为,其存在基础正是猴群中有等级制,这才有了猴王的专制。日本民族特性中体现出来的"温顺和残暴",与生活在专制下的其他民族的特性一样,既不奇怪也不可笑。

第三,没有组织制度的组织群。人们都知道日本人爱抱团,这种集团性产生于历史传统,再进一步说,是在泛家族规则的引领下,为了维护共同利益而产生的行为,高度的集团性是实施上述约束和专制的组织基础。人们极少注意到的还有两个不同。一是日本的专制从来不是个人专制,更为显著的特征是集团专制。二战期间实行法西斯统治最严酷时期并不是首相东条英机的个人专制,而是军国主义分子的集团专制。因为家族规则严重泛社会化的日本国内,集团无法落实责任,而个人可以不负责任。这一点,本书第四章已详细分析过。二是为了反抗专制,个人无能力,而组织起来"以下克上"自然就是专制之下的不二选择。历史上的浪人武士和明治维新以后的暗杀"英雄",其背后大多有着严密的组织。这就是日本没有组织制度的自组织现象。它造就了日本民族的抱团成性,造就了集团专制下的日本人奴性的温顺,也造就了专制参与者无所不用其极的暴虐。面对无论是庞大集团还是小集团,个人都是无足轻重的,个人的反抗是无力也无助的,个人只能顺从集团才能没有危机感,个人也可以假借集团推卸自己的责任。2013年1月21日本本时事社发布的一项民意调查结果显示,有56.7%的日本民众赞成首相参拜靖国神社,固然有周边国家强烈反对激起的民族心理反弹因素,但民众内心深处的那种集团参与者无责任的意识恐怕是更主要的因素。没有大批议员的集体参拜,没有议员背后的集团选票支持,首相不敢如此明目张胆。明治后期并不是无人看出日本走向军国主义的危险,一如今天日本有人指出日本走向右倾的危害。然而当年日本朝野全部倒向军国主义,让人们有理由为日本今天军国主义可能复活表示担忧。因为正如村上春树所言,日本社会组织的基础"并没有改变"①,而这种抱团的组织基础,正是冷暴力的社会温床之一。

　　第四,没有尊崇制度的尊崇源。说日本人是狂热而冷静的矛盾组合体并不准确。日本人的狂热源自于其强烈的尊崇制度,而日本人的冷静源自于其冷漠的人际关系,这本是不同方面的不同表现罢了。战后,日本连天皇崇拜一度都被刻意削弱,古代传承下来的尊崇制度如敬神、敬英雄、敬精英贵族等明文制度被一扫而空,代之以狂热的西方文明崇拜。但在民间,敬天皇、敬神、敬英雄、敬精英特别是敬领导的规则一天也没有离开过日本。特别是敬领导,直接源自于日本的家教,不仅领导要敬,哪怕是先进几天公司的"前辈"也要敬。大嘴巴被扇得"啪啪",也要"哈依",固然有等级制的约束,但认为这种行为天经地义则是泛家族规则所形成的尊崇在起作用。这种对尊崇的渴望如同源泉一般在人们的内心深处不断涌现,对尊崇什么倒并不十分在意,这常常导致普通民众的盲目追随,尊崇别人的尊崇。大者如反抗幕府制度的西乡隆盛、击败沙俄舰队的东乡平八郎和自杀殉葬天皇的乃木希典,直接成为日本军国主义鼓动全民参战的榜样,至今受到尊崇;小者如著名棒球手用手绢擦汗就能导致全国手绢脱销。尊崇里面没有个人选择,无论是被迫还是自愿,崇拜对象的极致行为常常成为自我暴虐行为的借口。三岛由纪夫崇拜武士道,做下切腹自杀的疯狂之举,至今还有很多的崇拜者。暴力的追随者至今还在用信仰与崇拜来为自己的残忍行径寻求借口。同时,英雄的崇拜常常与小民的吊诡心理并存。幻想着某一天自己成为英雄,能够扇别人嘴巴,通常是人们不愿意说出的内心纠结。在日常表现中,纠正一个下属的行为很容易,但纠正下属的泛家族规则就不是那么容易了,因为那些规则是上级自己也要尊奉的。

　　第五,没有歧视制度的歧视渊。有尊崇必然有歧视。尊崇意识流的成立,

---

① 河和隼雄,村上春树.村上春树去见河合隼雄[J].东京:新潮社,1996(1):23.

必然形成了社会舆论对另一方面的歧视和压迫,在泛家族规则的驱动下,进而形成组织上、行为上的歧视与压迫。尤其可怕的是,这种对别人的歧视一旦形成,当事人不仅尊严全无、颜面尽失,而且会生活无法继续,生不如死。比如对失败者的歧视,歧视的程度之烈,范围之广,使失败者不仅只是"无颜以见江东父老",而是将跌入万劫不复的深渊,以致不得不采用剖腹这种残忍方式来证明自己的勇敢,挽回失败的颜面。再比如对弱者的歧视。日本对少数民族不仅是歧视,甚至干脆就不承认,少数民族连法律地位都没有。古时候日本人有将老爹老娘背到山里扔掉的习俗,真不知他们是怎么学习中国古代尊老爱幼的儒家文化的。近代以后虽然废止,但地震、海啸、火灾与老爹,仍被日本家庭视为四大灾难。还有对外国人的歧视。一些多年在日本生活过的外国人都共同感叹无法融入日本社会,就在于日本民族骨子里的排外性,大有我国古代"非我族类,其心必异"的践行。1999年日本媒体喧哗于"北海道温泉事件",就是因为温泉店门口挂着"外国人不准入内",结果遭到一位自认为已融入日本社会的美国人和一位德国人的起诉。林桦说:"本案的深刻启示就在于,日本虽然实行西方民主政治体制多年,而且日本也是世界上最为发达的国家之一,但日本社会并没有真正吸收西方民主社会的精华和实质。"[①]乍一看可能迷糊,这日本民族为什么文化可以是别国的好,神仙都可以从别国借用,而邻居却只能是自己人?其实说白了,这种排外性与一群狐猴凭气味对自己领地实施排外性保护没什么两样,而动物学家们早已经证实,狐猴们夺取和保卫自己领地最有效的方式就是集体厮杀。当阿Q认定小D比自己弱贱时,小D的任何不恭言行都必然招致阿Q的暴打。所以鲁迅的《阿Q正传》在日本同样广为喜爱,因为它同样刻画出日本人内心深处的想法,引起心灵的震撼。

上述这五种社会行为,在任何一个日本家庭、社会组织都很难找到明文的确认,却是这些家庭和组织中绝大多数人都奉行并教育下一辈奉行的习惯,如同纳豆一般,虽然酸臭,日本人却甘之如饴,不可或缺。问为什么如此喜爱,却又都说不清,暧昧之处便在泛家族规则及其文化之中。中华文明中的"臭豆腐现象"便是其根源。

三、泛家族规则下冷漠的人际关系与冷暴力

人是社会关系的总和。日本民族古代长期学习中华文明,近现代以来长期学习西方文明,尤其是二战之后几乎全盘引进了西方的法律体系,却在社会运

---

① 林桦.刹那樱花[M].北京:中信出版社,2007:52.

行中保留了相当程度的传统规则,造就了日本式的非驴非马的文化结构和社会构造。其中最典型的特征就是泛家族规则大行其道。上述专制、约束、组织、尊崇和歧视等人文现象,只是日本式泛家族规则所派生出来的行为方式,在制度与非制度层面上对人性的影响与控制,构成了冷暴力装置的一个重要组成部分。现实中还有一部分,那就是长期在泛家族规则下生活与工作的人,在人与人之间的关系上,也不可避免地产生出温顺与残暴的两面性。

第一,"家人"不是家人带来的双重压抑。日本企业等组织内,无论规模大小,一个显著的文化理念就是强调"大家庭"之功效,组织内的人与人的关系经常被泛化为家人关系。这是泛家族规则盛行的典型标志。组织的领导者在强调家庭化所带来的团结、协作、共同奋斗的好处,强调个人服从组织、应该奉献与牺牲时,有意无意地忽视如此"大家庭"对个人的精神压力与精神扼杀。日本从业者在家庭与工作单位两个方面都必须做出无保留的贡献和无底线的牺牲,这带来了全民族的双重压抑。如果没有对自由的渴求,压抑感也许不会那么强烈,偏偏日本又是标榜西方化的民主自由国家,西方文化提倡的个性自由和人格的尊严,对日本人内心的压抑产生格外的冲击,远比中国人要更加强烈。这种压抑在集团组织的"家人"和家族的家人中都无法发泄,便只有在外部"没有关系"的时候和地方寻求发泄。一旦有了脱离家人与"家人"互相制约的可能,或者得到某种授权,日本人要么乖得像个听话的孩子,要么一反平日温顺的常态,变得残忍,残忍到自己不认识自己。2014年4月吉林省档案馆公布的侵华日军士兵×田国秋给朋友的信中记述了他们部队奉命在一个村子里持续的烧杀罪行,士兵们把村里所有男子全部枪杀,连孩子也不放过,他本人就"狠心地将其(小儿)扔到了火中……此村落杀死

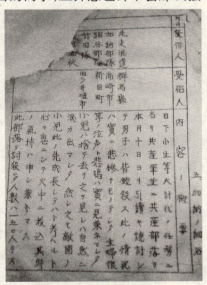

图9-4　被禁发的侵华日军家书(图片来源于新华网)

的人数达150人"(图9-4)。温顺而残暴便是如此在日积月累中源源不断地产生的。

第二,"暗箱"不是暗箱带来的定位焦虑。日本民族很喜欢团体这个概念,一个大团体内还有若干小团体,不足为奇。值得关注的是,日本的小团体绝不可能通过在一起喝几场酒唱几次歌就可以形成,而实质上是可以进行暗箱操作

的对等者互相建立的协作关系。通常上级与上级之间更容易形成这样的小团体以控制下级，而下级与下级之间也会形成小团体以对抗上级，只有特定情况下才可能出现上下级之间组合的小团体。团体的一个重要功能是为参加者确定其在集团中的位置。事实上，在泛家族规则的作用下，每一个人都在单位里不断寻求着自己的定位，并随着岗位的晋升或下降而不断寻求着属于自己的小团体。上级可以对下级平等，比如约下级一起喝顿酒发泄发泄，但下级绝不能要求与上级平等，因为下级并不是也不可能是适合上级的真正小团体的成员。在单位、家庭甚至是公众场合，人们都按习惯寻求着自己的位置，寻求着不是暗箱的一个个箱子，蹲在里面才会感觉心安。这种无休止的寻求和比较，带给每一个日本人的是定位茫然与社会困惑，茫然与困惑带来的心虚和不安不断加剧着日本人的焦虑感。毫无疑问，一个长期焦虑的人在无法解决自身问题时，一旦寻找到发泄焦虑的机会，无论是伤人伤己，其后果都是非常可怕和可憎的。

第三，"礼仪"不是礼仪所带来的人际冷漠。礼仪本来是家族规则间的润滑剂，家天下的时候如此，泛家族规则盛行的地方礼仪必盛行。在日本，礼仪之多之繁，无法逃脱，无法回避，无法拒绝，甚至无法抵制。见人鞠躬如捣蒜，开口就是"谢谢""对不起""请多关照"，已经是大家所熟知的日本范式。芝麻点小事也要送礼表示感谢或友情，每年中元节和年末更是必须送礼给亲朋好友或同事上峰，且各种送礼又有特别讲究，实在是让想融入日本社会的外国人望而生畏。"虽然有些烦人，但也是没有办法的事。"这句话是父母在子女成长过程中举办各种仪式时经常说的话。至于入学、入职的礼仪，结婚的礼仪，参加各类祭祀活动的礼仪，甚至穿和服这种民族服装的礼仪，那更是纷繁冗杂，举不胜举。这些礼仪常常还要伴随着使用抬高对方的敬语、贬低自己的谦语、低头哈腰鞠躬等肢体语言来表达对别人的尊敬。至于内心也许根本没有真正尊敬，抑或更多地只是为了表示自己"不失礼"的形象，那就是另一回事了。

礼节烦冗，自然就物以类聚，人以群分，在圈子里行礼也方便自然些。更重要的是在没有等级制的情况下也要分出三六九来，典型的东方式自然组合，就可以形成势。就连幼儿园孩子的母亲也有着不同的群，不同的群体仗势攻讦甚至欺压他人也并非罕见。这个势，就是同等职务或收入之群所带来的尊严、地位、范围、荣誉等各个方面的实际收益。礼仪群势，单讲哪一类似乎并无不妥，日本人还因为是礼仪之邦而自豪，可如果把这么多的礼仪群势综合起来，仔细研究一下这些礼仪群势组合起来后派生出来的人际交往各种规则，正所谓不说不知道，一说吓一跳。长期如此运行的社会，会出现大问题。当礼仪外化为程式，如送礼不是为了结交而仅仅是为了不失礼时，真诚与虚伪也就成了一回事。

多方面虚伪的长期积淀,乖戾是其必然的产物。日本校园暴力,除了表现为孩子之间"势"的概念外,对老师的虚伪也是重要原因之一。而学生的父母也在不同的"势"的圈子内,钩心斗角,维护着自己的"势"。原本没有等级制的地方,应该是人自由呼吸的地方,也出现了这样让人嫉恨、受人折磨的"势"的范围,总让人产生出无法摆脱的心理压力,感受到生活的窒息。礼仪上也要求永远与人保持距离,除非约定,否则绝不亲密地喝顿闲酒。宁可借高利贷,也不向朋友或亲属借钱。邻居的忙是可以帮的,但邻居家的事绝不过问。单位里即便不是竞争对手,只要不是本圈子成员,便绝少走动,理由是怕添麻烦。这种关系造成的同事之间、人与人之间的冷漠也就可想而知了。而冷漠的外表是平静的表象,内里是残忍的基因。

第四,"社团"不是社团所带来的精神危机。研究人与人之间的关系还有一个重要方面,那就是社团。社团不同于抱团,通常是某一共同爱好的自愿集合体,是兴趣与爱好等精神活动追求的平台,同时对社会发展起到一定的促进或制衡作用。然而,日本的社团还是有一些自身的特点的,在泛家族规则的影响之下,从开始组织时的自愿组织很快就能发展成有领袖、有规则、有目标、有纪律的组织,甚至能发展成不那么自愿也必须参加的组织。协会是产业自愿自助、自我约束的社团,可日本企业如果不参加所在生产经营领域的产业协会,并接受其约束和指导,很可能连一份订单都拿不到,农工商概莫能外。明知那些协会、联盟、团联等实际都有产业寡头在幕后操纵,但排他性让中小企业别无选择,只有"非常自愿"地参加。参加这些全国性协会的年会是个非常有意思的活动,从组办者到会议参加者到会议举办形式,都与中国政府部门的年度工作会议非常相似。前面章节里已经说过,日本社区组织的一些活动属于区域性社团活动,社区里的居民如果经常不参加活动,那就有可能被视为异类,那是很可怕的事。所以一般居民尽管不情愿也要"欢天喜地"地参加。著名的松下政经塾是个社团学校,以培养日本未来领导人为目标,可怎么看怎么像个准军事组织。它的学习制度安排,学习时间和生活时间的安排,都与军队极其相似,其体能的训练强度甚至超过军队。就如登山、钓鱼、集邮这一类的纯业余爱好,一旦结成了社团,便也有了目标和极致要求,某企业家爬山俱乐部参加者必须在冰天雪地之中裸体攀爬,美其名曰是对精神和肉体的磨砺,谁退出意味着谁就是懦夫,很可能会被同行所唾弃,还能不能达到"俱乐"目的,实在难说了。这样的社团已经不是一般意义的社团,而成了不是组织的另类组织,精神在这类组织中得不到休息抚慰,甚至变本加厉变得更为粗糙、凶狠和冷漠。可是日本人大多喜欢,并乐在其中。

四、产生冷暴力的机制比硬暴力更为残酷

问题的严重性还不在于上述这些方面的单独作用,而在于其综合性地对日本国民精神层面产生着巨大的作用,也就是社会机制问题。这种机制无法用简洁明了的语言描述清楚,更有相当多的日本人并不愿意正视,而是笼统地用"暧昧"一词来指代这种说不清也道不明的社会运行机制。

无论是大陆法系还是海洋法系,在欧美大陆都产生了相差无几的社会构造,在远东却产生出另类,有人称之为非驴非马的社会制度。其根本的原因就在于:欧美等国社会制度的设计以个人为中心,而东亚诸国的社会活动大多以集团为中心。无论是照搬大陆法系还是海洋法系,在远东都必然与当地传统人文运行的规则和习俗构成相当程度的对冲或变形,形成新的社会运行规则和范式。这些规则和范式很多时候、很大程度上并不表现在制度层面,却与法定制度一起,共同对人们的行为产生着巨大的影响和作用。这些社会公认的规则与范式,和法定制度一起,编织起社会管理的无形之网,没有人能够逃脱其摆布,也没有人不受其压迫。而岛国环境的日本国民在这样的社会网中生长,经常表现出一种猥琐的逆来顺受就不奇怪了。就以礼仪群势四个方面对普通日本人形成的压力来说,这种无形的又无边无际的压力,在塑造日本人彬彬有礼的外在的同时,其在下意识和潜意识层面却在一点点地扭曲着日本国民性格,影响到每一个日本人的内心世界。当一位日本小学生不得不在规定的时间给规定的人写贺卡时,感觉到的不仅仅是别扭与不高兴,还有莫名其妙的心理压力开始堆积,遭受扭曲的心灵又成为别人的炼狱。无情的法律、冷漠的规则再加上这种无边无际的网状人际关系,使得人们害怕与别人特别是陌生人交往,即便交往也不得不把自己真实的面目收敛或掩藏起来,毕竟谁也不想让别人看到一个压抑、焦虑、抑郁、变态的自己,虚伪也就成为常态,以至于被称为"面具下的日本人"。

长期戴着假面具所产生的压抑、焦虑和危机感总要寻求缓解或发泄的,而一旦得以脱离那"网"的束缚,对个体生命的不尊重、对人格的鄙视和对道德的逆反,导致其行为表现出残忍乖戾也就同样不奇怪了。因此,从这一角度来看,日本国民性残暴而温顺的一体两面特性,更多的是来自于冷暴力的社会运行机制,而非硬暴力团体的约束和指使。冷漠,是绝望的基石,而绝望的人要么自杀,要么杀人。日本人杀人杀己手段之残忍,是世界公认无出其右的,这一现象也许可以从这里得到部分解释。

解释清楚日本人的"暧昧"源自于日本社会机制的长期培养,就不难理解以

温顺优雅自诩的日本人何以总是给人以沐猴而冠的感觉。因为残暴并不仅仅表现在温顺之外的另一面,而正是表现在温顺其中,就如同冷酷并不经常表现在横眉冷对之时,而经常表现在温柔体贴之时一样。日语中形容维系好人际关系的词叫"绊",深入了解了日本人,也就可以体会到其中所表达的艰难之意了。在日本,人们特爱看马拉松比赛,大约就源自于他们的生活与工作就是一场马拉松比赛,只不过这场马拉松比赛不允许退出、不允许弃权,也不允许抗议,其终点只能是生命的终结。

第三节 日本民族文化中的软暴力研究

一、日本民族文化中的软暴力极少令人关注

软暴力是在意识形态领域中以一定形式引导和宣扬极端行为对人的精神构成内在或外在伤害、进而可能导致暴力行为的一种社会现象,也就是通常所说的"杀人的软刀子"。在这里采用的极端一词,用于区别日本民族文化中的极致一词。在前面极致文化一章中已经论述过,极端不是极致,走极端只是极致文化中的一个不好的倾向。换句话说,如果把握不好,极致文化有可能导致走极端的错误行为,而走极端通常并不能走向极致。严重的走极端,并非必然导致暴力,但有相当一部分最终出现暴力行为,不是杀人就是杀己。

1. 日本主流文化中存有宣扬暴力的因素

日本民族文化中的主流文化,在主导意识形态上以儒家文化融汇佛教、神道教和武士道为核心内容。中华儒文化包含有等级制和对人性约束等说教,在实际运用上演化成各种各样森严的等级制度,甚至是严酷的对个人欲望的约束规定。佛教在宣扬慈悲为怀的同时,也有清除心魔、拔禊涤秽之说。日本本土的神道教在宣扬善待自然、洁净自我、惩除邪恶等方面有其积极的作用,但在宣扬暴力、不择手段、欣赏狰狞等方面也存在着消极因素,特别是无论善恶,死后一律成神,更有鼓励现世为恶之嫌。靖国神社冒天下之大不韪祭祀战争罪犯,福知山御灵神社祭祀在日本不受待见的明智光秀,都是神道教的一辙之印。本书第五章已经论述了日本武士道从古时的忠于主公,变化为明治以后的忠于天皇,导致二战时的让军民"玉碎"、让女子"奉公",直到现在存在于日本企业文化中的忠诚、奉公思想,都与武士道文化一脉相承。为了奉公可以杀身,可以不择手段,无所不用其极,非但不受谴责,反而得到赞赏。这种理念在提振国民士

气的同时,也滋养着暴力元素的扩散。忠臣的残暴不受谴责,以残暴手段来达成忠臣名誉的行为更是受到歌颂。神道教和武士道的某些精神实质至今依然是日本右翼势力鼓吹的理论基础。

2. 日本的制度文化中对尊卑有序与统一言行的赞美挥之不去

森严的等级制通常是暴力的温床,而越是严酷的等级制越是经常打着尊卑有序、进退如仪、统一言行、礼貌周全等文化的旗号。到底是等级制产生了上述这些文化,还是这些文化的固化产生了等级制的社会制度和规则,恐怕是另一个先有鸡还是先有蛋的问题。但无论怎么说,尽管当今日本社会的基本制度学自西方,但传统文化中的某些内涵和理念也同样形成了极具日本特色的制度与规则,不仅仅是对西方制度的异化,甚而是与西方制度的某种耦合,形成杂烩式的社会机制。

比如,股份制的外衣穿在等级制的壮汉身上,股权的平等与资本对劳动的不平等被很好地结合在一起。家长和家臣公开成为企业领导者与骨干自诩的名片,在奉公、牺牲、服从等方面,大到丰田这样的大公司,小到家庭作坊,几乎都是相差无几的"家长制"。在整齐划一的指标下,"别人能做到,你也应该做到",没有讨价还价的余地。至于个体受到的伤害,只能打落牙齿带血吞。抱怨的结果只能是领导的歧视和同事的嘲笑。

比如,只要能出成绩就不断挑战人体极限的魔鬼式管理在日本普遍受到赞美。企业、军队、体育甚至教育都概莫能外,魔鬼训练法、魔鬼教练、魔鬼指导等称呼出现在各个领域,日本人对其欣赏远大于对其批评。只有付出血的代价才会稍稍引起议论做出调整,不等事态平息人们又在期待着下一个"魔鬼"的出现。在日本,这种暴力从来不是"暴力"。

比如,在日本企业内部,民主的制度始终不如统治的制度受欢迎。前辈施虐后进,竞争就是战争,被认为天经地义。统一制服、统一行动、统一口号所追求的整齐划一,并不仅仅是领导者个人的偏好,而是制度层面对员工心理的设计。统一,在某些领域是利大于弊,但在另一些领域对人的个性伤害则弊大于利。但是,对心理的摧残从来没有被列入日本公司的暴力目录。

比如,在日本家庭内部还远没有基本人权一说。香港的健吾先生指出,其实在日本家庭也存在这种情况,正如一个"要下属追数(做足够数额的生意)"的上司,会在公司四处张贴堂而皇之的标语,如"达成××志在必得""拼死也要拿下××""粉身碎骨,在所不辞";日本父亲严厉敦促孩子学习,也会在孩子的房间贴大字报,提出分数目标,如"不成功,便成仁""没有分数,就没有人生"

"考不好,一切都完结";等等。① 这种级数的语言暴力,给青少年带来不小的压力。语言的暴力,在日本家庭和日本公司,从来都不被视作暴力。

3. 日本传统文化中始终存在着对鲜血与虐杀的畸形欣赏

流芳百世的经典之作大都以揭示划时代的人性而著名,可是在欣赏日本"流芳"传世作品的同时,令人印象深刻的不仅有对人性的深刻展示,还有抹之不去的鲜血与暴虐。流传至今的五组能乐剧本中规模最大的一组是恶魔能(鬼畜物,kichiku-mono),而且其受欢迎的程度远远超过其他四组能乐剧种。15世纪最著名的剧本《葵之上》在感叹韶华易逝的同时,也让观众看到了狰狞魔鬼的作祟与恶战。1748年首演的戏剧《忠臣藏》在歌颂坚忍卓绝的同时,还让观众同时受到集体自戕血流满地的震撼。1933年出版的《春琴抄》在歌颂忠贞不贰的爱情的同时,让人不忘的则是双目流血的人生自残。传统歌舞伎里的剖腹自杀式效忠表演曾经让嗜血的麦克阿瑟将军都受不了而一度被禁演。② 这些作品至今仍然不断被以各种艺术形式翻演着、欣赏着。就是广为流行并成为日本"名片"的浮世绘中,也并非都是霁风晓月、美人风情的画作,而同样存在着相当数量的狰狞剖腹、淫荡摧残的作品,直接培育着当今日本动漫的部分内容和形式。可以说,在日本传统文化中,大量存在着残暴的理念与内容并流传至今,究其原因,并非只是一时一世艺术家们喜欢暴力、喜欢畸形,而是民间始终存在并流传着对畸形和暴力的欣赏需求。

4. 日本民间习俗中始终存在着极端宣泄的反常表现

日本管理严格,人们习惯于服从集团、循规蹈矩,这一点早已得到国际社会的公认。然而,日本民间习俗文化传统上的一些放纵行为也让世人瞠目结舌。这大概就是物极必反的一种社会现象,压抑得越久越深,反弹得越猛越烈。日本神社被视为庄严肃穆之地,那里却有一些疯狂的"祭"(活动),如爱知县稻泽市尾张大国灵神社的年度裸体祭,据《朝日新闻》2014年2月13日报道,2月12日有20万人参加,9000名男子裸体参与以请"神男"除厄。这些参与者有多么虔诚信神难说,更多的恐怕还是不想错过难得的一次宣泄的机会。宫崎县的青岛神社、和歌山市的伊太祁曾神社等也都有类似的裸祭,还有其他许多神社的"新年祭""春祭""拔祭",等等,都说明日本古代社会就已经存在大规模的宣泄活动,那是民众生活中的现实需求。直到今天,日本人在酒会上的放纵、在年末

---

① 健吾. 日本乱象[M]. 北京:中国人民大学出版社,2011:48.
② 二战后美差点禁掉日本歌舞伎[EB/OL]. http://news.163.com/09/0311/23/545NKTMT000120 GU.html.

聚会上的大声发作,不仅不会得到责怪,而且会得到默许。在各种各样的祭祀活动中,汗流浃背、奋力抬着木偶的那些平日里道貌岸然的白领阶层的人们,其实并非虔诚信徒,一如窈窕淑女抱着硕大的男性生殖器模型参加游行也并非真正崇拜生殖一样,更多的意蕴还在于想放纵一次。在严密的控制下,黑社会成员偶尔公开打砸,警察都懒得管"小混混的发泄"。在法律的严格禁止下,男人或女人的"偶尔放纵"催生出规模庞大而多样的卖淫活动,成就了色情产业。问题不在于日本社会至今处处体现着这种管束与放纵的二律背反,而在于管束越严,放纵越厉。放纵的程度难以控制时,暴力便应时而出。现今日本右翼分子中有一新派,被称为网络右翼,平日里循规蹈矩、大唱和平与友好的谦谦君子,一旦上网却到处喊打喊杀,完全一副暴徒的嘴脸。[1] 为什么会如此?其根本原因就在于网络匿名形成的个人放纵与控制缺失。这些网络右翼往往因其肆无忌惮,影响舆论,成为所谓的日本"民调",为日本政治家所利用和驱使。

这四方面的合力作用,形成了日本独有的软暴力文化因子。它们隐藏在文化的光环之下,散落于民间传统之中,构成了看不见摸不着又无时无处不在的一种意识形态,是杀人不见血的软刀子。日本著名文化人自杀者之多居世界前列,每个人似乎都有特定的原因,但共同的原因则是制度的冷漠与文化的冷漠使得这些民族习性的探求者,或者患上严重抑郁症而自杀,或者直接成为这种文化的帮凶追随而去。现在逃避到美国去的村上春树,极有可能成为下一名日本软暴力的受害者。而民间,无处可逃的这类受害者更是不计其数。日本今天走向右倾不仅仅是因为几个政客的言行与引领,真正应该引起东亚国家高度警惕与忧虑的,是其背后深层次的民间暴力文化意识,这才是可能再次产生国家暴力集团的土壤和基础。

二、日本民族文化中软暴力因素的主要内涵

如果对日本文艺作品做一个粗线条的勾勒,不难发现,日本文艺作品宣扬暴力和残忍一面的内容大体包括以下几个方面。

1. 奴役与被奴役的服从观念

快意主宰别人的生命,是奴役的暴力;而盲目忠诚的奉献,是被奴役的暴力。这两者都被日本民族文化传统以各种艺术形式所歌颂。打不过的强者就是崇拜的偶像,奉以忠诚;不如己的弱者就是可欺凌的对象,任意奴役。这在日本文化中一直传承,并深入日本人的骨髓之中,成了天经地义之理。织田信长

---

[1] 萨苏.死里逃生更猖狂[J].环球人物,2012(29):18-19.

火烧比睿山、多次灭门焚杀妇孺的行径连追随者丰臣秀吉都说太过残忍,丰臣秀吉在三条滩上公开斩杀养子秀次一门妇孺的行径也毫不逊色,织田信长与丰臣秀吉却都成为日本人民心目中文武全才的英雄,这与各种文艺作品明里暗里的称颂不无关系。号称剃刀将军的东条英机剃掉的不仅是被侵略国家的民众的生命,也包括日本每一个家庭里的成员。他所参与并领导的日本军国集团对日本人民的奴役制度并没有得到彻底的清算,相反,随着时间的推移却持续不断地出现为战争罪犯翻案和歌颂的作品。战后的电影《军阀》《啊,海军》《山本五十六》等都直接歌颂战争罪犯的服从与忠诚;1998年出笼的电影《自尊,命运瞬间》更是直接为东条英机翻案;2007年由石原慎太郎一手策划的电影《吾为君亡》把军阀们组织下层士兵去送死的神风特攻队美化为"勇气和美丽",更是根本无视人的生命与尊严。石原慎太郎之流之所以敢于公开为军国主义招魂,就因为他们深知日本国民善于服从、服从者无罪的理念根深蒂固。他们只要不用奴隶一词,只要不告知民众践踏生命的尊严和人格的尊严是对道德最本质与最严重的暴力,他们就可以大肆宣扬强者的尊严,就可以宣扬奴役。其实,强者的尊严并非人的尊严,而是权势的尊严。在日本一般国民的意识中,弱者不仅没有尊严,而且在强者的面前根本就不是人,就不配叫作人,就该受到鄙视与唾弃。这一点在日本的文化中至今没有多大改变。

2. 牺牲与被牺牲的坚忍精神

牺牲对于他者而言是一种奉献,对自身而言却是一种暴力的剥夺。被牺牲不仅不受到谴责,反而被歌颂为坚忍和从容,则更是一种极致的残暴。那个一直被各种文艺作品歌颂的武士道代表人物宫本武藏杀人如草芥,20世纪以来仅关于他的电影就拍了38部之多。如果说这些电影有什么共同的核心内容,那只有一个:歌颂其坚忍卓绝以达到无人无我的境界。1974年3月12日,一则消息传遍了全世界,在战争结束30年后因没有接到投降命令而继续战争的日本少尉小野田宽郎从菲律宾卢邦岛丛林中回到了日本。全世界所忽视的一个情形是,他受到了日本全国英雄般的欢迎。这位在战争结束后仍然杀死杀伤无辜平民和劝降警察130多人的皇军少尉,对他人和他自己来说,都是一个悲剧,却极少有人谴责那场战争和战争的制造者。当官方、军队和媒体把他捧成日本英雄精神的象征时,则不能不让人感叹日本国民对牺牲和被牺牲的欣赏与旧军国时期没有什么两样。同样,2005年佐藤纯弥编剧并导演的《男人的大和号》激起日本民众极大的反响。外国人看到的是联合舰队的灭亡,而日本人震撼的是舰上官兵慷慨赴死时的内心挣扎与拼死一搏,这正是日本民族文化中勇于牺牲的坚忍表现,是一种彻头彻尾宣扬暴力、美化暴力的"爱国主义"教育。二战期间日本电影界就是如此歌颂皇军的坚忍卓绝,以此为扩张侵略的不义战争摇旗呐喊的。遗憾的是,今天的中国人也不懂日本民族文化中这种宣扬暴力、励志国民的传统。据笔者粗略统计,到 2012 年 12 月,优酷网上对《男人的大和号》表示赞赏的评价比反对的评价高出近 5 倍。

3. 颠覆与被颠覆的破坏美学

把美好的撕碎,对善良的踩躏,本是一般悲剧的基本表现手法。但在日本,这种表现手法被大大地拓展,被推向了极致。其典型的手法是过分突出撕碎和踩躏,以目不能睹为标准,构成破坏性画面,并借来美国的暴力美学以冠之。日本人拍摄的凶杀、虐待、恐怖、惊悚影片的数量之多,占其影片总量的比例之高,恐怕没有哪个国家可以与之比肩。因拍摄凶杀而闻名的"异色导演"铃木清顺说:"我讨厌建设性主题。牢记在我心中的形象,都是破坏性的画面。"[①]遗憾的是,在这些冠以暴力美学美名的影片中,真正具有美学意蕴的影片不多,大多只剩下暴力。

日本文艺作品中对传统规范以践踏,对文化审美以颠覆,对恐怖鲜血以欣赏,凸显三个方面的特征:一是在生命存在意义上突出对生命短暂爆发的欣赏,这是对人类追求长期生存的颠覆;二是在社会内容上突出对一切道德规范的践踏,这是对现实中的循规蹈矩的颠覆;三是在人与人之间的关系上突出为所欲为的宣泄,这是对日常生活中自我约束的颠覆。其共同点在于:现实中得不到的享受,日本人需要在文化艺术上得到放肆。在这种放肆的感官与精神享受中,暴力的审美也在慢慢地滋长。日本人对樱花的喜爱寓意着对灿烂中的飘零的欣赏。日本音乐中半音阶的突出,短促而变声,又何尝不是对生命短促变幻无常的咏叹!日本成年人喜欢看连环画,曾经让外国人百思不得其解,这固然与日本人希图以较短时间完成阅读有关,但其实还有更深一层的精神需求。在日本动漫书籍中,英雄与流氓都是欣赏的对象,没有道德的约束,也没有他人的批评,更不会影响到自身外在形象,在"看着玩"的过程中,日本成年人释放和排解着自身的压抑。笔者曾在日本一所大学的学生餐厅入口处看到随意取阅的书架上 80% 的书籍都是各类漫画书,仅看书名就可以看出以凶杀、恐怖居多,而进入餐厅的学生大多都是边读漫画书边吃饭。日本动画片中渲染的暴力情节大多伴随着大和民族所崇尚的"崇拜强者,蔑视弱者,相信优胜劣汰、弱肉强食的法则",而且"邪恶的人也可以成为英雄,只要他的行为(无论谋杀与否)有某

[①] 佐藤忠男. 日本电影思想史[M]. 东京:三一书房,1970:391.

种风格,只要他看起来很棒"①。旅日作家李长声在推荐《面具下的日本人》一书时就指出:"从社会压抑下唯一的解放是游戏,压抑越强,游戏越荒唐。可以在空想中无忌惮地使用暴力,使暴力行动在现实中得到抑制,彬彬有礼,秩序正常。对于空想的暴力,日本人不是用道德,而是以纯粹的审美来判断。"②如果说这种审美只是一种观念也就罢了,问题是当这种观念成为一种长期存在的潜意识时,一旦外在条件失去对日本人的控制,比如某一集团下达了指令,日本人的暴力审美便很快付诸实施,暴力游戏便成了暴力行为。

4. 压抑与被压抑的双重心理

日本讲究上下尊卑有序,人们习惯于仰慕权势,崇拜权力。权力的压抑与被权力压抑,都是产生严重心理压力、造成精神抑郁的重要因素。极少有人意识到这是对心灵的暴力。在日本,几乎人人都说"ストレスがたまっている""なかなか解消できない",即"压力山大""无法排解"。事实上,这些压力除了来自外在的命令,同时也来自内心的臣服驱使,是慢慢积累而成的。著名心理学家和哲学家弗罗姆在论述人们受虐冲动时写道:"这些人非常有规律地呈现出极度依赖于自身之外的权力、他人、机构组织或自然。他们不敢伸张自我,不去做想做的事,而是臣服于事实上或假想的这些外在的命令。"③权力甚至会控制人们的想象能力。村上春树在《奇鸟行状录》中曾有这样一段描写:剥皮鲍里斯对间宫中尉告诫道:"记住,间宫中尉,在这个国家求生手段只有一个,那就是不要想象……这是我的无价忠告:想象让别人去想!"④村上春树还说,写作这部作品就是想揭示日本的"暴力装置",如果把剥皮鲍里斯换上任何一位剥皮土肥原,把这段话放在任何一间日本大公司的生产车间,相信不会有人否认其全都成立。谁都知道,日本人的笑脸是世界上最不可信的表情,因为他们笑的时候常常心里并非真正高兴。人在不痛快时自然不笑,但日本人不得不笑,制度与文化的双重压抑,使他们认为笑脸是对别人的尊重,而对自身感情的压抑是无所谓的。礼仪的压抑,假面的生活,让大多数日本人在无意识中积聚着心灵的压力,祭祀就是他们发泄的绝佳机会。日本漫画家安彦良和在2006年12月6日接受采访时说:"日本人心中实在是非常的压抑……(书写右翼作品)其实这在某方面解决了日本人在动摇中的自我认同,所以会很有人气。当时像江川达

---

① 伊恩·布鲁玛.面具下的日本人[M].林铮凯,译.北京:金城出版社,2010:217.
② 伊恩·布鲁玛.面具下的日本人[M].林铮凯,译.北京:金城出版社,2010:6.
③ 埃里希·弗罗姆.逃避自由[M].刘林海,译.北京:国际文化出版公司,2000:98.
④ 村上春树.奇鸟行状录[M].林少华,译.上海:上海译文出版社,2009:606.

也这样书写右翼的氛围的作品是十分受欢迎的。这并非是说江川为了受欢迎而写了右翼的作品。现在的日本还是如此,只要右翼式的作品都有不错的人气,因为日本实在是压抑得太久了。"[①]不去分析与改正国民受压抑的国内原因和国际原因,而只想着把受到的压抑发泄到那些还不如自己的地方去,安彦良和的话正好说明,被压抑的、受虐的日本人通常不会去反抗压迫者和施虐者,而是去寻找自己可以压抑或施虐的人。他们就如同帮凶的猴子,不仅残忍,而且生怕那维系等级的礼仪与假面被破坏。

5. 组合与被组合的潮流心态

日本民族是一个善于组合的民族。人们常常惊叹于日本制造的"小、微、精"无人可及,而且也研究出日本制造的"小、微、精"大多来自于多种技术的嫁接和组合,却极少关注这种企业行为是植根于其文化上的"小、微、精"组合的。日本传统文化多是拿来文化,在对外来文化的吸收上,日本人能够做的不仅仅是专注于阐发"微言大义",同时还很善于进行文化的组合。《古事记》和《日本书纪》模仿中国史书的痕迹非常明显,它们与日本民间传说的组合则是显而易见的事。明治维新之后,模仿外国小说创作自己作品的日本作家比比皆是,直到今天依然如此。动画片《聪明的一休》里很多故事与中国的民间故事惊人地相似。《铁臂阿童木》的作者手冢治虫就公开承认自己是借鉴了中国的孙悟空形象。推理小说并非日本产物,却在日本盛行,其根本原因在于日本作者将凶杀和犯罪的残忍与现实不可行进行了组合,在此组合上再与罪犯人格(变态或畸形性格)逻辑的合理性进行了组合,然后再加以多种犯罪的组合,从而达到极致的推理效果。这种组合极致的效果同样被引入社会管理和公司运营的创新之中,个人除非加入组合之中,否则难以有效成功。组合与被组合的社会规制和文化影响,也加剧了"随大流"行为成为日本最普遍的社会现实,以至于不"随大流"者往往被视为异类而受到排斥。人的天性是独立的、平等的,期望着自由,在现实中不得不循规蹈矩参与组合或被组合的普通日本人,其内心的压抑与抗拒,也就可想而知了。

上述文化因子的交融所形成的文化导向并非总是正向的,其反向的结果将非常可怕。这些文化因子来源于社会上的泛家族规则,也是构成泛家族文化的一个重要组成部分。问题在于一个人生活在上述各种因子组合的文化环境中,久而久之,潜移默化的不仅仅是对工作与生活"精、细、微"的特别关注,同时也自然而然产生另外两种倾向。

---

① 安彦良和的采访稿:http://www.360doc.com/content/07/1116/23/24133_825586.shtml。

一是尽量适应社会文化的精神诉求,也就是所谓"我不能改变社会,我只能适应社会"的自我约束。比如注重精神,轻蔑身体与生命,至今在日本仍被称道。切腹的少了,如电影《春琴抄》中那样残忍自虐的少了,更多的人都认为通过严酷的训练甚至是对肉体的摧残来达到技艺的高纯度,或者是通过对精神的摧残来达到坚忍的化境并没有什么错。自我加压的事在日本比比皆是。快乐足球在日本是不可想象的事。日本的大企业家打高尔夫球、滑雪、裸登雪山都已经不是业余爱好,而往往成为8小时的耐力比拼,是一种享受折磨的快感刺激。前面列举的"松下政经塾",是企业出资于1979年创办的以培养领导人为目的的社团学校,现任的自民党和民主党领袖有不少都出自"政经塾",其培养方式就是每天透支体能的训练和每年一度24小时100千米的越野跑等。很显然,这样的训练与其说是体能训练不如说是精神训练。

二是寻求突破"被奴役""被颠覆""被压抑""被牺牲""被组合"的精神诉求,也就是反向的精神诉求。当这种寻求突破的精神诉求在现实生活中无法表现出来,或者根本不可能时,就只能借助于某种特殊情境下的释放和宣泄。这种特殊情境就是奴役、压迫、组合、牺牲的要求暂时消失的时候,此时,日本人宣泄的动能便如火山爆发一般无所顾忌,呈现出特别过分甚至残忍的一面来。很简单,一个连自身身体与生命都予以蔑视的人又怎么可能重视他人的身体与生命权利呢?

三、软暴力产生于冷暴力,是硬暴力的文化基础

1. 日本软暴力是人类的兽性在岛国环境制度中的畸形发展

动物学家已经证明,追逐权力是动物的本性。狼群在冬季开始行动,森严的等级制度,造成了集体行动的高效率,也形成了狼群超一流的生存能力。猴子的世界里也有着等级制。当猴王惩罚某只猴子时,那些处于金字塔最底层的猴子往往最卖力地帮助猴王实施惩罚,因为这不仅是取媚猴王的机会,也是由此在那些地位比自己更低的弱者面前确立权威的绝佳时机。这可以解释为什么独裁者往往受到拥戴。[①] 暴力也是人类兽性的自然反映,在一个健全的社会里,人类的兽性得到抑制;反之,如果得不到社会规范的有效控制或者控制过度,兽性会演变为暴力。从过去到现在,日本社会不是有效控制人们的兽性,而是控制过度,这与日本岛国自然限制、人类无法迁徙逃避、只有听任权力拥有者控制奴役有着极大的关系。过度的压抑,短暂的放纵,使兽性在这个国度极易

---

① 阿·纳雷什金娜.追逐权力是动物本性[J].领导文萃.2004(5):51.

演变成暴力。森严的等级制和泛家族规则驱使下的人是怯懦的,也正因为精神上怯懦,这些人才更欣赏个人的独断专行乃至暴力,更强调精神上的涤罪。布鲁玛通过自己的观察给出答案:"在日本有个顽固的信念,也就是肉体的痛苦和剥夺乃是纯化涤罪的体验。站在闷烧的篝火上或者寒冬中赤身裸体涉过冰冷的河川——列举两个令人不舒服的例子——和官能的欢乐,甚至色情的狂喜,两者在神祇庆典中携手同行。"①在《奇鸟行状录》中,懦弱无能的冈田最后用棒球棍打烂了权力追逐者绵谷升的脑袋。这也恰恰揭示了另一面真实的暴力行为,即现实社会中正好相反,通常是权力追逐者绵谷升这类人的棒球棍打烂懦弱无能的冈田这类人的脑袋。人们无法在现实社会中做出的事,作家替他们在想象中完成,以求得到精神上的宣泄。

2. 日本软暴力是日本硬暴力的催生床

莫斯科大学心理系主任东佐夫说,对权力的服从性可以使人不对自己的行为负责,这样在心理上就比较轻松。② 如果你按照主子的指示做了荒唐的事,你可以把责任推到主子身上,自己有一种安全感。主子可以惩罚你,也可以保护你。你可以对明天十分放心,因为游戏规则是十分明确的。你已经习惯了主子的颐指气使,没有必要去思考、去痛苦,你已经逆来顺受,不用承担什么责任。为什么独裁者会受到拥戴?因为奴才的期盼比较简单,即受驱使、受奴役,但被豢养,不需要选择,可以生活在一个明确的可预见的世界里。反过来,一个习惯于对权力服从的民族,是最容易产生暴力的民族,如果不能施暴,也会产生对暴力的欣赏。受虐者最期待的就是施虐欣赏。描写暴力、施虐、凶杀的小说及影视作品在日本国内层出不穷,备受人们喜爱,根本原因就在于此。

更为严重的是,追求极致文化的人们在推崇残暴、欣赏残暴的同时,自然也要努力将残暴欣赏推向极致。三岛由纪夫的小说《牡丹》讲述的是一位侵华日军军官退休后在自己的小院里种下了一大片牡丹,每一棵牡丹代表着他在中国虐杀的一位姑娘。无论小说的故事是虚构的还是来源于真实的,小说所展示的思想和基调正如日本历史学者笠原十九司分析这部作品时说的,"三岛并没有将杀害中国女性视为残暴的性犯罪,而是将其作为一种恶作剧式的欢愉来描写的"③,正是在那不动声色、不事评判的平淡描写之下,一个虐杀大批姑娘的恶魔没有受到一句批判,却让二战过来人和后来的年轻人自己去体会主人翁的那一

---

① 伊恩·布鲁玛. 面具下的日本人[M]. 林铮凯,译. 北京:金城出版社,2010:13.
② 阿·纳雷什金娜. 追逐权力是动物本性[J]. 领导文萃. 2004(5):52.
③ 聂莉莉. 战争受害记忆与"历史事实"之间[J]. 读书,2006(9):108.

份得意、那一份骄傲、那一份逝去的美好和那一份毁灭的悲哀。试想这个恶魔虐杀的如果是日本姑娘,三岛还会如此欣赏这种令人发指的"恶作剧式的欢愉"吗?说三岛在宣扬军国主义一点也不冤枉他,说三岛是暴力的迷恋者(不幸还是实践者)同样没错。这种小说惯用手法,那位石原慎太郎也相当精通。大量的暴力文学的存在,熏陶和滋养着日本年轻人,在媒体和权力的引领下或条件具备时,知识的精英同样会成为集团暴徒。前面已经说过,东京名牌大学生能够接二连三犯下轮奸案,杀父杀母杀亲人杀自己的悲剧几乎年年见诸日本媒体,这些都不过是这种暴力意识的日常表现。

3. 日本软暴力产生于冷暴力装置,同时又是日本冷暴力和硬暴力的文化基础

制度的产生并不完全取决于生产力发展的水平,而同时也是一定文化的产物,而文化又从固化的制度和习俗中源源不断地产生出来。日本战后初期生产水平处于极低的起步阶段,但是最重要的生产力——日本人的劳动技能和生产水平并不低。在美国的卵翼下日本生产水平迅速提升,但在刺刀下复制的西方制度没有复制出西方社会。其主要原因就在于日本人顽强地传承着"优良"生活习惯和传统文化,有形无形中建构着社会制度的另一组成部分。而正是这一组成部分的作用,在日本基层组织中完成了对战前制度的"继承"与复制,传递着冷暴力的机制和力量,同时继续制造着富有"民族特色"的文化艺术,形成软暴力。对身体的轻贱甚至对生命的轻贱源自对灵魂洁净的高度尊重,这种似是而非的生命观是武士道精神至今不衰的根本原因,其坚忍牺牲的精神便一直成为很多日本企业文化的重要内容之一。今天仍在上演的日本民间曲艺净琉璃集大成者近松门左卫门的作品并非为了宣扬暴力,但其描写杀人与自杀的手段之细腻,在传递忠诚和牺牲理念的同时,将残酷和冷峻一并灌输到民众内心世界。《近松门左卫门》中写道:"毕竟何心,忍将亲手来戕。/几番硬起心肠,还是刃锋摇晃。/诵佛鼓金刚,凝神坚定向。/两三趟刃光闪亮,方一刀中得喉膛。/直至力尽精疲魂丧。/见她也,两臂空宕,四苦八苦,断末魔障。又怕自身落了后,赶着死同时候。/取剃刀,插入咽喉;/一任柄儿折,刃儿勾;/剜得咽喉穿透,便也眼翻气绝命休。/[唱曲]应了他时辰八字,晓光初漏。"这种对暴力行为有意无意的渲染,透露出对生命的无视。对生命的无视,并非近松门左卫门个人的独创,而是在那以前很久就已经形成的文化认同。这种文化认同成就了制度或运行规则中对个体的轻蔑。净琉璃流行的时候,明代在中国为寇的一批日本囚犯被遣返回国,在半路上就被日本官员装入瓮中全部煮了倒进大海。清代中

191

期中国人郁永河曾经记载日本"治尚酷刑,小过辄死"的社会制度①,那便是蔑视个体生命的传统文化固化下来的制度设计。

对个体和生命的轻蔑,构筑了日本现实生活中的冷暴力规矩与制度,暴力机构和制度又源源不断地营造蔑视个体和生命的软暴力文化。这样的社会中,普通民众在不得不服从、不得不低头尊奉、不得不温顺地遵守的同时,其内心深处长期郁积起戾气。一旦有了释放的可能,其破坏力之强和残暴度之烈是无法预料的。日本历史上这样的事例比比皆是,江户幕府"大政奉还"之后日本社会一度出现的社会剧烈动荡、杀人如草芥的局面,便是如此。今天的日本,社会组织、非暴力机构的制度和机制仍然在每时每刻制造出一批批前面提过的网络右翼分子,他们的所作所为实质上便是这种戾气的一种发泄形式。平日里的温顺形象与网络上的暴徒形象,为"残暴而温顺"的概念提供了新的注脚。不过现在人们可以看清楚,他们温顺是在什么时候,残暴又在什么时候,又是什么原因让他们既温顺又残暴的了。

第四节 关于日本民族暴力意识的讨论

日本民族文化中是否存在着暴力文化,目前还是一个值得讨论的问题。在此,本文无意强行论证日本民族一定存在着这么一种让人不舒服的文化,但舒服不舒服,不取决于人们的感觉。本章前三节列举了日本存在着三种暴力形式、三种暴力在社会组织制度层面产生的根源,以及相应的文化背景,这些都值得人们去做进一步的研究和探讨。

一、泛家族规则是产生暴力意识的基础之一

前述日本民族暴力文化的表现形式,分为硬暴力、冷暴力和软暴力三种形态,这是日本暴力意识的行为内涵。本章每一节论述了其产生的理论根源和文化传统,这里再集中简要概括一下。

第一,对个体生命的极端不尊重。其来源主要是儒文化、佛教文化和岛国自然文化。士可杀不可辱,辱了不是凶杀就是自杀。朝闻道,夕死可也。孔子的原意是尊重个体,讲求人格的完整与尊严,在日本实践的结果却是在等级制和泛家族规则的共同强制下,演化为对个体生命的极端不尊重。所为者何:道

---

① 易惠莉.清代中前期的对日关系认识[J].思想与文化,2005(5):354.

义。舍生取义,杀身成仁。佛说寂灭,也变成早死早进极乐世界。自然灾害频繁,生死无常,消极的一面就是宿命。这些都导致对生命的不尊重。不是别人不尊重,而是自己不尊重。忠孝不能两全时,道义不能兼顾时,儒家倡导的就是杀身以成仁。鲁迅说仁者吃人,其实在日本更多的是假手"义"者杀人,无论用什么名义杀人,儒家的等级制(礼)都是罪魁祸首。

第二,对集团暴力不可思议的宽松约束。这一社会现实源自社会组织架构,也源自日本历史发展进程。远古时代出现的日本双系氏族和家族依附的特殊社会架构,对集团的约束便远弱于对个体的约束。"公"指向的不是天下,而更多的是指集团。以"奉公"的名义,道貌岸然,理所当然,甚至天经地义,即使在具体环节上或细节上有所过分,也不为过。为公,即便是超越道德底线,超越者个人也不承担责任。现在的军国招魂者就是这样为当年的战犯进行辩护的,其他国家的百姓觉得其荒唐,可悲的是在日本国民中却非常有市场,其背后的历史原因就在于此。集团为公,个人为私,公私分明,是为美德。其中,个人假公而为私,名为集体决策,实际上是个人说了算,以小集团利益取代整体利益,只要上级不纠正便无人能纠正,犯罪也无人承担责任,便成为泛家族规则盛行之国度的常见法门,法律也常常奈何不了。

第三,精英文化与群氓意识息息相通。现代的日本实际上流行着精英文化与群氓文化的叠加。如果不把群氓文化认作贬义,而是指认为底层百姓对部分习惯、传言和流俗的不自觉传承,那么就会发现,《古事记传》就是根据传言而写的,天皇的忠诚文化便奠基于神话,本居宣长、福泽谕吉等人大力倡导的民族特异文化传统,竟多是民间率意而为的流风。日本有相当多的文化人总是大力贬斥中华等亚洲文化,强树日本文化为优秀民族文化,抬升民族自豪感和优越感,而他们所代表的所谓精英文化实质上与民间底层流风是一回事,特别是在武士道和神道教的文化上,几近一致。知识精英分子经常满足民众的暴力诉求,为他们找到发泄对生活不满的出口。一个知识分子的暴力行径通常具有普通民众的百倍功效,所起的示范效能更是万倍。事实就摆在那里,当年正是日本的文化人尤其是精英们启迪、培育并不断推动着日本民族走上了军国主义不归路。

第四,等级制的根深蒂固和泛家族规则的不可更改。硬暴力、冷暴力和软暴力的实践不仅是认知方面的缺陷,更主要的是在制度层面上存在着严重的缺陷。浓郁的泛家族规则,在制度内和制度外,正源源不断地输送着暴力欣赏者以及参与者。过去如此,现在依然如此。它不是少部分民众的暴力倾向,而是全民族内心深处不愿触及却客观存在的暴力情结,是挥之不去的民族梦魇。日本的家庭主妇特别爱看强奸类案件的报道,她们不是同情受害者,而是津津乐道于受害者当时的感受,总是要求报道越详细越好。日本媒体也就投其所好,也应了他们自己所好,对强奸的每个细节不遗余力地予以展示,以致日本AV界能够专门策划强奸现场拍摄,以满足顾客变态的需求。社会管理学告诉人们,什么样的制度产出什么样的产品和废品。只要制度还在,制度的产品及废品便不可能消失。

第五,极致文化的无情驱使。很不幸的是,日本又是一个极致文化盛行的国度。在暴力手段和暴力技术的运用上,日本人同样追求极致,想人之所未想,求未见之效果。在自己身上已经残暴,对付别人,那当然可以是把自身不敢试、不能试的暴行都无所不用其极地试一试。这是日本二战时对东亚国家犯下的罪行远远超过纳粹德国的根本原因。

以上这五个方面的背后都是泛家族规则在发挥着持久作用,在此不再赘述。

二、民族对暴力意识的自我认识不足,是不断滋生暴力的助推剂

一般说来,存在着产生暴力文化的基础,并且存在着如本章一至三节所论述的暴力文化的内涵与实践,也不一定产生暴力文化。日本人并不认为自己有什么暴力意识,甚至也不承认自己有明显的暴力倾向或暴力情结。当然,承认不承认是一回事,有没有事实是另一回事。要详细分析日本历史和现实中的暴力事实及其背后的文化现象,需要专门进行研究。这里只想在前述事实的基础之上,指出岛国在两个方面的认识不足,也是促使日本暴力意识得以滋生蔓延的外在条件。

第一,对自身历史和文化的负面认识不足。日本民族在历史和现实中都崇拜强者的文化,这种崇拜强者、善于学习的习惯是他们极致文化的一部分。然而这种极致文化同时也促使他们只向前看,义无反顾,一条道走到黑,撞了南墙也不回,就更不要说去反思了。这不是说在某一项具体事情上,日本人碰到问题不会总结教训,寻找办法,相反,各类组织的各类反思会非常多。但是,这些反思会或研讨会有一个前提,那就是为了更好地前进,从不怀疑也不准怀疑路径是否错误。并不排除一些真正的知识分子能够认真反思民族历史和国民性,但就整个民族习惯而言,他们即便反思,也多为思其成功和优秀。比如关于日本国民性、人性方面的研究,讨论了100多年了,日本人得出来的结论无论是在过去还是现在,大多集中在突出民族优秀的因素方面。模仿别国写一部《丑陋的日本人》,作者便成了人民公敌。回看二战前的日本是如何走上军国主义道

路的,可以清晰地发现,军国主义是民族精英(如福泽谕吉、伊藤博文等)育的种,媒体包括知识分子浇的水、施的肥,而广大民众的暴力意识才是培植军国主义最丰厚的土壤。日本又有多少人会从这三个社会层面去反思呢? 20 世纪 20 年代被誉为"千年一遇"的天才女诗人与谢野晶子,1904 年日俄战争期间曾经创作《君勿去死》反对战争,后来却成了狂热的战争宣传者,撰文歌颂在上海的肉弹三勇士。[①] 中国人耳熟能详的夏目漱石、芥川龙之介、黑泽明都曾是法西斯军国主义的吹鼓手。母亲支持儿孙参战,多为保家卫国,而日本母亲公然支持侵略战争,对践踏他国的儿孙发出"勿生还"的临别赠语,便有些令人发指了。民族整体上不愿反思,不会反思,地下之火不能得到有效的降温,反而火上浇油,更促进了地下之火的勃发与蔓延,这也是日本政治家顽固地参拜靖国神社的社会原因。

第二,日本民族对暴力的畸形欣赏愈演愈烈。因为不会反思,因为民众有这样一种癖好,在极致文化的驱使之下,日本的暴力意识便以暴力美学的形式登堂入室,迅速蔓延。一般认为,暴力美学这个概念发端于美国,是指以优秀画面、精制场景将银幕上的暴力行为等负面的东西加以压抑和平衡。其实,暴力美学最早应该产自日本,明治三杰之一的新渡户稻造在《武士道》一书中,就将武士道的自杀仪式上升到美学高度进行过论述,很有些津津乐道。日本还提出了性爱美学的概念,将 SM、残虐都纳进去,你不能欣赏便说你不懂美学。即使是在文艺范畴,如果一定要说暴力有什么美学上的意义的话,那就是暴力的正义性。可是在日本,暴力美学经常没有正义与非正义之分,残忍、血腥、阴暗、恐怖,无不用其极,暴力美学演化为变态狂,无底线也无边界。这正是反对暴力美学的人所担心的:一旦条件允许,观众内心深处的暴力意识会不会演化为实际行动? 国家之间养虎遗患尚可联手制服,民族内心养虎遗患谁能治之?

三、日本民族文化中没有阻遏暴力的控制阀

这就要说到暴力的控制文化问题。中国同样有着浓厚的泛家族规则和泛家族文化,暴力问题同样存在,但中国即便存在着暴政时期,也不可能产生民族的暴力文化。因为中华文化中有制约、控制、压灭暴力文化产生的思想。

第一,中国有大同思想。《礼记·礼运》说:"大道之行也,天下为公,选贤与能,讲信修睦。故人不独亲其亲,不独子其子,使老有所终,壮有所用,幼有所长,矜寡孤独废疾者,皆有所养。男有分,女有归。货恶其弃于地也,不必藏于

[①] 孙立祥,韩立娟. 日本妇女与侵华战争[J]. 华中师范大学学报,2014(1):112.

己;力恶其不出于身也,不必为己。是故谋闭而不兴,盗窃乱贼而不作,故外户而不闭,是谓大同。"历朝历代对此多有解释,最简单最通俗的还是费孝通先生的概括:各美所美,美人所美,求同存异,天下大同。这种大同思想以平安相处为最高宗旨。中国的天下为公,更多的是指向这种大同理想。虽然历史上很多时候有掠人之美的现象发生,但这种共同的理想,从愿景方面就否定了暴力解决问题的终极地位。故《孙子兵法·作战篇》中大军事家孙武告诫国主要慎用兵:"夫兵久而国利者,未之有也。故不尽知用兵之害者,则不能尽知用兵之利也。"所以,中国历史上有藩国,却没有殖民地。日本引进过大同思想,但很快便弃之不用了,因为日本古代的"公"是指向集团的共同利益而不是国家利益。各美所美之后,经常想到的便是夺人之美;不能夺人之美,也要守住自己之美。邻国强大了便是威胁,与其最后被打杀,不如先发制人打杀。这便是日本历史上一再上演过的暴力行径。

第二,中国有中庸思想。《论语·雍也》中记载了孔子的感叹:"中庸之为德也,其至矣乎,民鲜久矣。"大意是说:为人做事,要不偏不倚,既不能过,也不要不及,大体按平常之理,不走极端,便是做人的至德了。也许当时的百姓缺少这样的中庸道德才引起孔子的感叹的吧。独尊儒术之后,孔子的中庸思想便成为天下读书人的行为指南,读书人当官后这也就成为其为官理政的指导思想之一。这种思想当然是不轻言暴力的,非用暴力不可的时候还有别于赶尽杀绝、围三阙一、穷寇勿迫的理论,也是同样的意思。前面说过,日本人当年引进儒学时,偏偏没有把中庸之道也同时引进,当时只是根据社会政治和组织发展的需要而做出的取舍,成就了极致文化,却没料到后世的暴力意识发展上也同样少了一道绊马索。

第三,中国有官本位文化。中国的泛家族文化中有一条非常重要,那就是官本位文化,它至今依然存在于中国社会的各个层面。官本位文化本身并不好,全民崇官拜官,没有官的地方也要设一个官来管,积极向上就是谋取一官半职,等等,这制约着中国人的聪明才智和社会发展。但是,官本位的另一面就是不仅把全国知识分子引导到当官的路上,也把全国老百姓引导上敬官怕官的情境中。民间纠纷无法调解时,暴力不是解决问题的首选,首选的是"拉他见官"。当官的不主持公道时,首先是有暴政,其次才有暴力。而且一旦发生,很可能便是官逼民反,便是全国性改朝换代的暴力革命。而日本则极少发生这种性质的全国性暴力。历史上日本大规模的暴力或全国性战争,大多属于藩国之间或政治势力之间政治重新洗牌性质,真正的暴力经常发生在人与人之间或权力对权力之间。这与日本民族文化中没有官本位文化不无关系。换句话说,官本位思想在中国制约着民众特别是知识分子的暴力意识,而在日本则缺失了这一种制约。

四、暴力意识影响着日本其他的民族文化

前面已经论述,武士道精神在今天的日本随时都有发扬光大的可能,因为其社会基础还在。而武士道的尚武、斗狠直接影响着暴力意识的内涵。暴力意识对日本人的耻文化、悲情文化、跟风文化也同样存在着巨大的影响力。日本民众喜欢英雄文化,喜欢个人英雄的暴力,也喜欢集团英雄的暴力。大量的文学作品偏爱着暴力,拳头加枕头,老百姓爱看的原因是其中都有武士般英雄的身影。百姓成不了英雄便跟着英雄跑,当不了明星便去当追星族,一如古代成不了武士,便追随武士成为其家奴也可以夸示武力于乡邻。英雄遇难,宿命难违,晓风晨星,瞬间明灭,更是民众对勘破生死以图暴力一快的英雄般自慰。对集团英雄,日本民族更是偏爱有加。四十七浪人的遗音至今不灭,民众在欣赏忠诚的同时,也享受着集体自戕的场面。说起武士枭雄伊达政宗,便不能不说其3杰24将;说起德川家康,便要说他的4天王16神将。流布到今,对在市场竞争中出类拔萃的大企业集团,老百姓是信任有加,小企业也趋之若鹜。日本大企业后面往往跟着一长串中小企业,除了有产业链的关联外,还有心理与文化上的关联。

同样,暴力文化支撑着武士道文化和极致文化。没有冷暴力的存在,没有软暴力的支持,便不可能有出色的武士。只是在现代企业、现代社团、现代组织中,这样的武士不再叫武士,而改个名换个姓叫作什么"组长"。组建小组,短兵突击,冲锋陷阵,攻城略地,达成目标,在各个领域都成为最常用的一种形式,组长(店长、工长、部长、课题组长等)便是那领军的武士。组长的权威是最要紧的,比生命都重要。组长生气了,比公司领导生气了都可怕。因为具体的工作和生活标准,通常是这些组长制定的。是组长(店长)制定卫生标准并检查,是组长(工长)说零件要磨到光面照出人脸来,是组长(教授)判断论文有没有新意(实际是他赞不赞同),是组长(导演)说某部作品叛逆得还不够让人呕吐,通常也是组长(部长)枪毙一篇新闻稿,因为它让日本人的丑陋的一面暴露了出来。说到叛逆,美国的克里斯·德斯贾汀专门写了一本《日本异色电影大师》,选取了12位不太为人关注的叛逆型电影导演,惊讶于他们的表现手法和表现尺度都是如此的粉红暴力和冷郁阴沉。其实不仅是异色(叛逆)电影,就是一般的电影也无不充斥着暴力。笔者在本课题研究期间随意观看了132部日本近期的电影和电视剧,涉及平民生活、战争、中学校园、金融、医疗、警匪、艺术等,

什么类型的片子都有。据粗略统计,有125部的男主人公表现出忠诚、坚忍、奉献精神,且大多有不止一次被打翻在地、口鼻流血的镜头。也许这种统计不够科学,并不能证明什么,但至少可以说明在日本的影视作品中暴力镜头相当泛滥,也就难怪日本的中小学的校园暴力成为一个社会问题,据说现在已经开始有向幼儿园蔓延的趋势。

第五节　学会反思是日本摆脱暴力意识的唯一出路

　　说日本人不会反思,并不是说日本人不知道总结、研讨和回顾经验教训的重要性。每做完一件事,无论成败,日本人都会组织类似的总结会,态度严肃,形式较真。尤其是日本企业界,对投资项目完成之后的评价极其认真,无论其评价态度还是评价方式,都值得中国学习。然而,日本人真的不会反思。

　　参加日本公司年终的反思会、总结会,你会哑然失笑,因为那基本上要么是评功摆好会,要么是联谊会,要么是骂人会。一件事做完之后,总结会是要开的。如果是成功的事,基本上就是马屁会,与会者心里真正盘算的是如何分奖金或晚上到哪儿去花公司的钱喝顿酒。如果是失败的事,基本上就是斗争会,与会者心里盘算的是如何推卸责任。事情成败的真正原因会涉及,但永远不会成为总结会上大家关注的中心,最后总结出来的经验和教训常常是官样文章,清除的是责任人,记住的是倒霉蛋,永远不会从制度上、机制上寻找出经验教训。所以,错误下次照犯不误。

　　参加学术讨论会应该可以好好总结吧? 其实不然,人们举办各类学术研讨会的态度常常是极其认真的,但一如神道教的传统,只研究当前,对过去和未来兴趣不大。即便是研究历史的研讨会,也只关注该项研究的现状,对于真正需要讨论的历史资料,并不太关注。故而有深知个中奥妙的历史学家便敢于公然造假。也有日本人会争辩:"对于传统我们继承得最好,怎么能说我们不会反思呢?"的确,日本人确实会很仔细地把历史物件和历史传统梳理精当,然后一丝不苟地全盘承继下来,其不走样不改变的做法确实值得称道。但是,这不是反思,反思是在这样工作基础之上的去伪存真。真伪不论,一概继承,这是老和尚诵经,不是大师讲法。当然,如果是讨论别的民族或国家的过去,日本人兴趣很大,唯独涉及其自身时,就只对当前感兴趣。更有一点是,即便是对当前的讨论,人们又往往唯强者是听,唯权威马首是瞻,对于其他人的看法则不屑一顾。有一位美国学者说过:开研讨会时,从不说话的人不一定是日本人,但从不说话只听美国人或德国人说话的人一定是日本人。

从思维的角度讲,日本人不会反思也在情理之中。他们的民族思维习惯不是≈型,也不是=型,那都是可以原路返回的,可以很容易回头看一看想一想。前面说过,日本是⌒型,回路互相不通,无法形成反思的闭合回路。即使是坐下来反思,也不会有太大的结果,已经形成反思的思维定式。

这里不再说日本文化人类学家高桥敷写作《丑陋的日本人》后的遭遇,还是来看看日本是如何对二战进行回忆与反思的。战后,作为战败的一方,日本人唯美国人马首是瞻,自然不敢、也不能否定日本人在东亚挑起侵略战争的罪行,但其不情愿、不主动、不深刻的反思在各方面都有表现。随着冷战发展的需要,特别是韩国和中国经济的崛起,美国在亚太再平衡战略的实施,日本人不仅不再反思,更没有见到反思结果上升到制度和法律层面,相反,反思开始变味,日本人似乎从加害者变成受害者,挑起战争的背景和嘴脸不见了,战争受害者的结果与可怜相成为各种纪念会和反思会的主题,有选择性的失忆开始弥漫,并很快上升为对历史教科书的涂改,并且,连化外的日本和尚也不能跳出三界而进行客观的回忆与反思。于滨 2014 年撰文指出:1995 年,为了纪念战败 50 周年,日本著名和尚行宗世森发起"废墟与光明——从奥茨维辛到广岛,为和平和生命之跨宗教圣旅"的火炬接力活动,火炬接力历时 8 个月,行程 16000 千米,穿越 18 个国家,其中唯独没有遭受日军暴虐最为深重的中国和朝鲜半岛。祈祷和平的和尚忘了一点:正是日军挑起侵略战争,杀死了远超过广岛长崎原子弹爆炸死亡人数百倍的无辜东亚人民;祈祷和平的和尚却没忘记把纳粹屠杀犹太人与美国屠杀广岛人相提并论,将杀人者涂抹为受害者。学者于滨显然愤怒了:"我一直以为,像行宗和尚这样的知名和平主义大师,至少应该不同于肆意阉割历史、漂白罪行的日本右翼;如今日本'和平人士'也如此奸虐历史,颠倒逻辑,是我始料不及的。比之日本右翼赤裸裸的宣传,此类打着和平旗号的日本人士的历史观更有欺骗性,更为荒唐,也更为危险。"①

显然,不是因为日本人特别好面子,害怕自曝家丑,连和尚都如此,只能反证出整个民族在反思上存在着共同的缺陷。他们也许知道反思的重要功能是找出自身的错误以便加以改进,他们只是真受不了那镜子里丑陋的面容。面对错误时的无地自容,反映出其内心深处的不自信或自卑,而这种不自信或自卑又来自于历史沧桑处的思想苍白和泛家族规则的集体禁锢。而正是在这两大

---

① 于滨. 两个日本人和《二战纪念之终结》论[EB/OL]. http://www.faobserver.com/NewsInfo.aspx?id=9554.

方面，使日本人不能也不愿进行真正的反思。

其一，历史上的思想苍白，让他们无法对历史传统再加以自我否定，如果再否定，也许会历史虚无，或者一无是处，他们害怕这一点。日本的传统文化，至今还引以为傲的民族文化，认为独树一帜于世界的民族精髓，这些在认真反思中能够确认其属于本民族并加以肯定的恐怕不多。很难想象他们能够否定本居宣长、平田笃胤、福田吉渝、伊藤博文等人的理论，尽管这些人的理论不过是在东方或西方理论基础上的发挥。这些发挥成就了他们富国强兵、对外扩张的理论基础，成为其本民族的创造。他们只能在"东方文化"的含糊其辞中加以保留，也就是村上春树所说的"一点儿都没变"。

其二，这种民族传统文化中的泛家族规则及其文化同样不能否定，甚至不容否定。不要说日本民族文化中没有总结反思出泛家族规则及其文化，即便总结出来，也不敢或不愿去触动这些内容，更不要说去挑战和否定这些内容，因为至今在各类社会组织中，包括党派、家庭，都依然以传统习惯和习俗、以明文或规矩、惯例等方式延续着泛家族规则和文化。对这些泛家族规则和文化带来的负面痛苦回忆，他们便采取遗忘的态度。著名作家山冈庄八在长篇历史小说《丰臣秀吉》中曾对丰臣秀吉善于遗忘不无讽刺地写过："谁都不希望有难对人言的痛苦秘密，因此或许都希望掌握真正忘掉痛苦秘密的绝技。这也许正是英雄本色吧！"①全民族的习惯势力是最可怕的势力。日本人自己就是从这些习惯和传统中培养出来的，又怎么会去反思、批判和否定这些传统？就如同北海道上的猕猴已经不可能舍弃冬日里的温泉一样。

朱大可先生认为："日本民族对自我反思的拒斥，显示了其'丑陋'背后的'丑陋'。在对待战争罪行和各种历史方面，日本民族都跟德国民族形成了尖锐对比。当德国人为二战罪行向犹太人正式道歉并打造犹太人纪念碑时，一些日本人却在试图抹除南京大屠杀的血迹和记忆。"②这些人中就包括日本的一部分文化人、学者们。应该说，有一部分日本有识之士是能够反思并正视自己国家和民族的历史的，因为那是事实。但也有一部分学者、文人只是活在当下，没有过去也不想未来。所以他们同样理直气壮地不理解：为什么东亚的国家总是喋喋不休地要日本道歉？甚至还讥之为女人打架才会吵着要道歉。作为文化的精英，他们的言行，充分展示出日本民族特别重视活在当下的特征。

不会反思，当然也就不能理解经常反思的国家和民族要他们进行反思的意

---

① 山冈庄八.丰臣秀吉[M].郭宏达,译.成都：重庆出版社,2008：357.
② 高桥敷.丑陋的日本人[M].王新民,译.苏州：古吴轩出版社,2008：序言.

味深长。已故新加坡领导人李光耀早在1995年1月初针对日本不能坦诚面对历史时告诫世人：日本不是一个普通正常的国家，它很特别，有必要记住这一点。① 东亚国家要求日本就二战道歉，就是要其学会深刻反思，比如明白一个民族允许并欣赏着暴力文化是多么的不正常，比如在全民族不做扬弃地宣扬武士道精神是多么危险，比如在全社会承继泛家族规则是多么荒唐。正常人一般不会在乎邻居有多富裕，也不在乎其有多强壮，在乎的是这个邻居头脑是否正常。不知道一般日本百姓能否忍受一个头脑不正常的邻居。一天傍晚，笔者走在古都奈良整洁宁静的街道上，很想敲开一家房门，问一问假如他的邻居忘了曾经偷抢杀过一街人，并且不仅不认罪，还很反感对大家说一声对不起，他们会怎么办。也正因此，研究过日本民族暴力问题的村上春树在2015年4月接受共同社采访时才勇敢地说："对历史问题的认识有重要意义，日本的老实道歉是重要的。日本需要一直道歉，直到这些国家说：'我们无法完全忘记过去，但你的道歉足够了。我们让它过去吧。'"② 对日本民族和历史，这位作家比相当一批日本学者都研究得更深、更客观，令人敬佩。

东亚国家其实并不在乎日本道歉的形式，在乎的是这个国家这个民族对那一场滔天大罪有没有反思，有没有检索一下为什么那个时候全民族的脑子都不正常了，是哪些因素导致的不正常，今后会不会还可能故态复萌。拒不道歉说明了什么呢？只能说明现在也还是有些头脑不正常。这一点正是促使笔者开始研究日本是否存在暴力文化的最初起因。

只有在一种情况下日本人会开始反思，开始认真地反思，那就是被彻底地打败了（而且是在暴力之后）。因为，那时候他们开始学着用别人的思维习惯来思考。说到底，这还是他们服膺强者的文化传统在起作用，而一旦他们用自己的思维方式开始思考，问题又回到了原点。

现在是日本人最沾沾自喜的时候：虽然经济停滞很有些年头了，但得益于半个多世纪的和平宪法，得益于半个多世纪的对外开放，日本人在原创技术上已经不可同日而语，虽还不足以挑战美国，但足可以进入傲视天下的行列了。谁说我们只会跟在别人后面做改良改进？谁说我们只能拿别人的东西？等着瞧，用不了太久，全世界都将向日本支付技术费用，一如现在诸国向美国支付一样。不会反思又如何？

不会反思真的很严重。当日本人骄傲地认为自己可以向美国人说"不"的

---

① 李涛. 罪与耻[M]. 北京：中国友谊出版社，2007：前言.
② 村上春树. 日本应反复向中韩等国道歉[EB/OL]. http://news.china.com.cn/2015-04/18/content_35354589.htm.

时候,美国人并不吭声,转眼日本经济陷入停滞的10年,接着是20年,至今艰难挣扎,日本人这才发现在信息技术上他们是怎样的落后了。再不学会反思,中国、韩国、新加坡甚至印度在技术上超越日本也只是早晚的事。

　　日本历史上有一位堪称伟大的英雄：德川家康。此人的身上,充分体现了日本民族文化各个方面的内涵。优秀也罢,缺陷也罢,都非常真实地统一于一身,成就了他一生的丰功伟绩,也传承下一个光辉的形象。据说,图9-5这幅画像是德川家康被武田信玄打败后,亲自找人画下来的。为什么熟读儒家经典和《吾妻镜》又拥有一身精湛武艺的德川家康在战败后会请人画这样一幅像传之后世,只要看明白这一点,日本人离学会如何反思也就不远了。

图9-5　颦像

第十章　泛家族规则对日本民族文化传承的影响

　　民族文化的传承方式实际上也是民族文化的一部分。日本是民族文化传承得比较好的国度。在那里，一些在中国已经消失的古本书籍保存完好，一些在中国已经失传的技艺依然还在运用，神社寺庙除非失火遭灾，否则极少有人为破坏的。日本人好像学去了中国"敝帚自珍"的传统，不论是来自中国的、欧美的还是本国的历史文化，都精心地保存下来再说。风水流转，有些被定性为糟粕的东西，现在还真派上了用场，至少保留下来研究的价值。但是另一方面，日本同时又是一个有选择失忆的民族，有些东西有些事情不要说保护流传了，似乎历史上就根本没有那么回事。研究日本也就必须研究其民族文化传承的问题，因为它本身也是文化。

第一节　母亲的故事

　　研究日本民族文化的传承，什么时候都不能低估母亲在文化传承方面的功能，甚至在某些时候，母亲对子女的民族传统教育，要放在所有教育的第一位。这是因为日本母亲与世界各族母亲相比，除了承担生育、培养和爱的责任外，还有一些不同之处。

　　一是日本母亲从历史的深处走来，独有的双系氏族传统文化，至今仍然对母亲有着重要的影响。日本女性一个基本传统仍然是：结婚后便不再外出工作，而是负责家务。应该说是母亲主持着日本社会组织的最小单元——家。

　　二是日本子女大都是在母亲的背上长大的，这对日本民族性格和感情的养成具有不可低估的作用，而这一点往往被低估了。必须牢记的一个事实是：直到20世纪60年代以前，日本的男子汉都是在母亲背上长大的。

　　三是日本人生活空间狭小，现代日本人基本都是住在欧美人讥为"兔子窝"的住宅里，只有少数农居较宽大。家的氛围、家的概念尤其是常年在家的母亲的存在不会因为房间的隔绝而消失。

阅读日本著名人物的回忆录,几乎无一例外都有对母亲或母亲给予的影响的记录。这当然与母亲是家庭中最重要的一员、是给予生命的母体这些因素分不开,世界各民族都是如此。但日本人对母亲还是有一些不同的感悟的。那里的家族规则不同,泛家族规则对社会的影响程度不同,因而母亲在日本民族中的地位也有所不同。

稻盛和夫在回忆小时候母亲要他打赢了再回家时说:"母亲性格豪爽,无论遇到什么困难从不退缩。我属于乐天派,是继承了母亲的开朗性格。"①无独有偶,日本著名的右翼头目井上日召也曾回忆自己因为母亲的教育而成为打架大王。盛田昭夫回忆说:"母亲是一个文静、优雅而且具有艺术气质的妇女,她十分认真地负责管理家务,成天都忙于照看家里的事是否都做完了,家里的人是否都和睦相处,或者至少相安无事。作为一个日本的家庭妇女而言,她过于自信,这在那个年代是很少见的。她往往坚持己见,尤其是关于我上学的事……所以当我需要帮助时我更多地去找母亲商量……甚至在我十岁以前,我就开始专心于学习了,我更加依赖于母亲的劝导。"②高仓健在回忆母亲的文章《期待着您的夸奖》中说:"母亲的教育对我影响最大。母亲的教育是'斯巴达'式的。""我之所以如此努力冲刺,就是为了获得她的一句夸奖。"

母亲,作为一个社会学概念,在民族文化传承上给予子女的主要是些什么呢？如果让日本母亲来回答这个问题,可能大多数会很茫然。在她们每天的操劳中,似乎根本就没有这一项工作,母亲的职责中也没有这一项。其实,人类从母亲身上学会的东西(包括性格、性情、脾气、感觉、知识、做事、处人等)要远比从父亲那里学到的多,尤其是日本的家族规则、泛家族规则及其文化,使日本人从家族男性长辈处得到的呵斥与捶击,远不如从母亲身上得到的启蒙教育来得印象深刻。最为突出的是以下四个方面。

第一,忍辱负重、坚忍不拔、奉献牺牲的母亲。大体来说,应仁之乱(1467—1477)后,标志着日本已经完全进入父系社会,无论国家、社会还是家族、家庭都开始成为男权主导的范围。女性在家庭里的地位和形象一落千丈,成为靠男人养活的"主内"者。以后的发展,各种家规都在剥夺着女性在家庭的发言权,规定出各种应该做出奉献和牺牲的制度与习惯。即便是女婿上门,继承的是女方财产(是历史上双系氏族遗留下来的传统),女性同样不可能重新掌门。于是,

---

① 稻盛和夫. 你的梦想一定能实现[M]. 曹岫云,译. 北京:东方出版社,2010:11.
② 盛田昭夫. 盛田昭夫自传[M]. 曾文焘,译. 长春:时代文艺出版社,2002:9.

日本母亲便承袭了全部"相夫教子"的家庭内务职责,甚至还有跪应夫君、烧水洗澡、伺候吃饭等一整套规矩。言教不如身教,对子女的教育第一条便是爱可以无怨无悔地付出,忠诚也同样要无怨无悔地奉献。笔者去日本一个现代化大公司的总经理家中做客,女主人并不上席就餐,只是在一旁席地跪坐着,一边微笑着一边亲手捏饭团伺候。1953年出品的《日本的悲剧》讲述的是一位历经苦难将孩子抚养成人却遭子女唾弃的母亲最后不得不自杀以挽救子女颜面的故事,在歌颂母亲的奉献品格、谴责子女的冷酷无情的同时,唤醒了日本民众心里的母亲情结,学会母亲般伟大的牺牲、奉献和无私。也正因为如此,饰演母亲的明星望月优子直到去世都被日本人"深情地称为'日本妈妈'"[①]。1980年山口百惠结婚后便退出影坛,连中国人都表示不理解,却博得了日本全国上下的交口称赞。相信山口百惠的儿子们自然比别家的孩子更理解什么叫奉献和牺牲。

第二,会说有趣故事的母亲。儿时听到的故事,特别是民间神话故事,多半来自母亲或母亲的母亲。日本的母亲可能不一定知道或者能读懂《古事记》,却大都能够讲述其中的故事,因为她们也是从母亲或母亲的母亲那里听说过。在家庭内外事务的决策上,日本母亲也许没有太多的话语权(当然现在正在改变),但在幼儿床边,在母亲的后背上,母亲绝对掌控着话语权。民族的神话与传说、历史掌故与故事,以及其中的游戏规则便源源不断地被母亲传授给子女,这其中统一的规范和教科书,恐怕就是能乐、净琉璃和民间故事。另一个重要场所是饭桌上,母亲讲述的张家长李家短的邻里故事,还有父母对这些故事结局的评判,都是子女认知社会、认知社区环境、认知自我的现实材料,而且这一过程天天都在发生。同样,母亲在自家的故事进程中所进行的身体力行的"讲述",比如如何"随大流"、如何节俭、如何尊崇和歧视等,也是教育子女的重要内容。民族文化的传承、泛家族规则的传承便是在这一过程中如此这般地世袭下去。如果说在中国,子女更多的是受到父亲的"哼哼教诲",那么在日本,说子女更多地受到母亲的谆谆教诲可能并非调侃。

第三,会做很多事情的母亲。不同的母亲营造的是不同的家庭味道。母亲的操劳,对孩子的呵护,对食物的精心,对家务的操持,对小动物的饲养,对花草的浇灌,对外的礼仪,对神明的虔诚,对邻居、社区等各种关系的处理,形成孩子不同的儿时记忆,也是子女的天然教材。前文所引盛田昭夫对母亲的回忆就是例子。比如对产品极致的要求,稻盛和夫说:"会划破手的'崭新的产品',回忆

---

① 伊恩·布鲁玛.面具下的日本人[M].林铮凯,译.北京:金城出版社,2010:10.关于日本人对待母亲的态度,可参见该书第二章。

起来,这样的形容词,是我幼小的时候常听我父母说的。"①当然,这些记忆伴随着孩子的成长,固然有家庭甜蜜温馨的感觉,也不排除有恐惧歹毒的印象。特别是当孩子长大成人,母亲常常不自觉地陷入与外部世界争夺孩子的无形战争中,母亲的所作所为,更是让家成为自由与规矩的心灵博弈所。子女们已经不能忍受母亲事无巨细的呵护,尤其是女儿,通常会为自身的自由而与"什么事都要管"的母亲发生激烈的争吵。没有知识或者责任感超强的母亲形象通常会转化为暴力的形象,而且相当多的场合是语言的暴力和情感的暴力(在前面"暴力意识"一章中没有论及"情感暴力",其实它也是培育日本人暴力意识的重要方面)。这种剧烈的颠覆,形成日本人对母亲的复杂感情。布鲁玛就曾尖锐地指出:"男人把她视为母性的女神崇拜,但是又惧怕她如恶魔。也就是说,在撕下母性的面具,显露出来的是令人害怕的灵魂。这是个不但在民间信仰而且在传统文学中都很普遍的主题。"会做很多事情的母亲,表面上为子女创造了一个温柔、温暖、温馨的成长环境,实际上正如父亲修剪的日式庭院,看似是对自然的模仿,实际上无一不是对自然的再改造,"没有留下任何野生的东西让它生长"②。民族文化和传统,包括泛家族规则和文化,都是他们自然而然对子女实施改造的主要内容。

  第四,日本新一代矛盾体的母亲。民族文化传承在非文字方面的一个重要的方式就是感情、记忆和习惯。对母亲的感情就是对家的感情,对记忆和习惯的适应便是规则的传习过程。对家的感情有痛苦有温馨,对规则的适应有艰难有惬意,在化为回忆的同时,有时自己都不知道已经深入骨髓。正如周启晋在《书影墨香——忆我的几个长辈》中一针见血指出的:"家族文化是以影响和'规则'的方式去传承的。"

  母亲和家族的好坏都无从选择,感情、记忆和习惯的培养便也无从选择。母亲和家族的好坏并无统一标准,对子女的培养自然也不能用好坏来简单地判断。但就总体上来说,日本母亲希望培养出温顺、和平、上进、坚毅的男儿,却常常培养出胆怯、自卑、暴虐、狂妄的儿孙,更多的是培养出二者的混合体,也就是本尼·迪克特所谓的日本民族矛盾体。或者至少说,母亲在培育社会新成员的过程中,扮演着相当重要的一个角色。因为泛家族规则和文化传统,驱使着母亲和父亲联手,驱使着母亲与学校联手,驱使着母亲与单位联手,持续不断地培育着她的骄傲、她的希望。在日本,人们并不知道泛家族规则和泛家族文化,当

---

① 稻盛和夫.干法[M].曹岫云,译.北京:华文出版社,2010:145.
② 伊恩·布鲁玛.面具下的日本人[M].林铮凯,译.北京:金城出版社,2010:59、80.

然也根本不会去反对。那些规则和文化除了社会组织的约束之外，在家庭内部还以母亲的名义承继着、传递着。日本著名的精神科医师河合隼雄说过："一个从来不知道家长制宗教为何物的人，却要他站起来与'伟大的母亲'战斗，我们可以想象那是多么困难"。①

第二节　学校的传授与教育

如果说家庭教育是日本人成长的第一课，那么毫无疑问，第二课就是在学校。由于日本民族在大规模引入汉唐文化时，没有坚持引入中国的科举制度，连带的是儒家"有教无类"及由此设立的一整套封建教育体系，所以日本古代没有完整的覆盖全民的教育系统。古代的日本有官学，也有私塾，但施教范围极窄，基本属于贵族培养和专业技能传授。即便到了德川幕府后期，随着社会的发展，教育开始扩大，出现昌平坡学问所、民间的"寺子屋"，以及商家私设的各类私塾等，也没有普及到广大社会层面。造成的后果是明治维新以前，就全民族而言，广大民众基本属于文盲。这也难怪，在一个平民连姓氏都不配有的国度，不可能谈什么平民教育。

一、近代之前的日本文化传统在社会上大体由两类"学校"传承

不识字的古代日本民众被分类管理着，士农工商的分类是从中国学去的名词，但实际操作在日本还是有所区别的。日本的"士"特指武士阶层。武士阶层属于贵族，可以不劳而获（这一点与汉族的文士相同，但武士在需要时必须为领主奉献生命），也就可以参加学习。所以，农工商平民在古代日本，要想出人头地，可选择两个通道。

第一条通道便是努力进入武士的行列，在"奉公"的过程中完成学习。在为领主而战时奋勇当先，在腥风血雨中践行忠诚、奉献、敬业、信义等家庭教育，然后在领主拔擢授予武士后，才能真正接受正规的识字教育。这也是领主家族统领、团结、扩大自己的氏族联合体的一个重要方面和手段。丰臣秀吉就是这样一个例子。他的父亲虽然回到老家以务农为生，却是最低级的武士，有过侍奉领主的经历和资格。那时的下级武士大多是像他一样，平时务农，战时自带战马和干粮上战场，最大的利益在于他的儿子藤吉郎可以有资格进入织田信长家

---

① 伊恩·布鲁玛.面具下的日本人[M].林铮凯,译.北京:金城出版社,2010:34.

担当递草鞋的角色,领取一份俸禄。成为"奉公"的人,才有可能读书识字、完成武士的教育,否则便只有世代务农,连姓氏都不配有,更不要谈什么受教育了。丰臣秀吉为了夸大自己神一般的才能天授,开口闭口自己是农民的儿子,而故意隐瞒父亲的这一社会地位带给他的利益。

第二条通道便是进入寺庙。由于社会上没有教育系统,又由于佛教传入日本时已经在中国完成了与平民家庭结合的理论和实践创新,所以佛教在日本历史发展过程中占有十分重要的地位,其中的一个方面就是在相当程度上承担起社会教育功能。如果说天皇、太上皇及其王公贵族大量出家,还有信仰上、政治上的需求,那么下层武士、农工商家的子女出家,则是获取知识进而出人头地的重要通道。尤其是大量"米虫"们,更是寻取自立发展的终南捷径。甚至一些出身贫寒的大德高僧,最初并非因为"骨骼清奇""与佛有缘"进入佛门,不少也是为了混口饭吃。"五山出儒家",而不是出在朝廷,正说明朝廷教育体系的凋零残破。另一方面,双系氏族和家族依附体的规则限制,使贫民家族的子弟不能完成自身教育,却催生了佛教教育的繁荣。日本的佛教教育和佛教世俗化程度远远超过中国。比如从为信众主持丧礼逐步发展成为葬礼佛教,其间就有佛教世俗化的制度性安排。日本佛教的教育方式主要为两种:培养僧侣;教化大众。两个对象自然也就有两大内容:钻研佛法佛经;宣讲佛法与民俗相结合。所谓"本觉思想"被吹嘘为日本佛教的原创,讲白了也就是中国的人人可成佛的大乘教义在日本进一步演变成了只要口宣佛号就可成佛(又是一个极致行为,因此落下"大乘非佛"的质疑),这不过是佛教世俗化一派的观念。真正可称为日本原创的佛教内容,是在江户时代确立下来的寺檀制度,"让寺院与檀家的关系得以确定的寺檀制度,虽然最初是以为了能彻底禁止基督教为目的,最后寺院被利用成控制民众的行政上的末端机构;这里面葬仪与祖先供养成为联结寺院与檀家的最大支柱"[①]。把佛教教化功能变成社会组织,即建立起檀寺与檀越的相对固定关系,这才是日本真正的创造。不可否认的是,这一创造对于日本普通民众的文化教育是有益的;但从另一个角度说,这个创造是对佛教本义的真正破坏,故而进入近现代以后,便被废止。

佛教传播的一个重要特点,就是与传播地域的传统文化紧密结合在一起。日本佛教的世俗化就是与传统文化和民间习俗结合的过程。禅僧铃木正三的《万民德用》一书宣传士农工商干好本职工作即可成佛,从仰誓和尚编纂的《妙好人传》"可以看出初期的妙好人,孝顺父母、勤劳公正,参访本山,奉献布施等,

---

① 末木文美士.日本佛教史[M].涂玉盛,译.台北:台湾商周出版,2002:220.

明显地显示出在封建社会中顺从的民众像"①。可见日本佛教在教化民众的过程中,很大程度上也在传承着日本的泛家族规则和文化。如此一来,民众如果不信佛教,则不仅要背负不敬祖先的罪名,而且还可能被抛弃,且死无葬身之地。直到今天,不少日本寺院里,依然保留着让客人免费抄经诵经的传统;死后葬在佛寺依然如故。虽然现在佛寺不再是行政末端的机构,但佛教系统依然庞大,深入基层的各个角落。据日本政府统计综合窗口2015年3月20日公布的统计数字,截至2013年12月31日,日本全国拥有85282座寺院庵堂等佛教团体,含77350个法人单位,有8690多万的信徒。以当年日本全国人口计,平均1470人就拥有一座(个)寺庙庵堂和佛教组织,其密度之高,分布之广,使研究者自然不能也不应低估其在传播日本传统文化中的地位和作用。顺带说一句,最新公布的相关数字表明:随着人口的减少,2013年日本全国佛教团体(含宗教法人单位),包括寺院、协会等组织比2003年都有所减少,总的信徒也相应减少;但2013年的信徒比2012年猛增了176万多人,比2010年增加了224.947万人;僧侣比2012年净增近4万人,比2003年净增7万多人。前文说过,这个数字与神道教同期流失的信徒数大体相当,这是巧合呢,还是另外说明一些问题,留待今后去研究。

二、近现代日本的学校教育,挣扎于西方的独立人格培育和东方的泛家族优秀人才培育之间

明治维新的一个重要内容便是引入西方的全民教育体系。全体国民成为受教育的对象,极大地提高了日本民族的整体素质,这是最值得日本骄傲的方面。总结日本教育成功和经验的书籍非常多,如政府大力资助办学、民间资本注重办学、教学制度的设计和教学内容的计划安排非常值得称道等,但是,这些并非日本学校教育的主要特点。教育经费占国民收入的百分比高的国家,其学校教育是否就一定比百分比低的国家要好,这一点很难区分。政府拨款的多寡是学校教育的重要条件,却不是教育的特色。

对日本近现代教育稍加研究,不难发现,从幼儿园到大学,从《日本学校教育法》到私立小学,在教育目标、教育制度、教学内容、教学方式、教师选配上,明显存在着东西方文化博弈的痕迹,其中,最主要的是在培育学生"独立"人格还是培育"规范"人才上的来回摆荡最为明显。也就是说,日本的学校教育从一开始就把民族文化传统纳为学校教育的内容,就在这样的摆荡和挣扎中已经一百多年,培育出来的社会新成员都是"日本人",而不是黄色的什么人,这才是日本

---

① 末木文美士.日本佛教史[M].涂玉盛,译.台北:台湾商周出版,2002:220.

学校教育最大的特色。

如同其他方面大规模学习外来文明时一样，明治初期引入西方教育体系时，日本就把传统文化纳入学校的教育体系。比如在全盘引进西方学校教育方式的同时，学校教育的目标不是培养具有"独立精神""独立思考"的公民，而是扩大皇基的顺民，后来顺理成章便被《教育敕令》改为培育皇国臣民。电视连续剧《八重之樱》基于史实的基督教会学校的教育实践，清楚地反映了这方面的争论和困惑。二战结束后，日本再次全盘引入美国的教育制度和法令。美国教育考察团的报告明确提出，教育的目的之一是培育具有独立精神和独立思考能力的公民，但日本随后制定的《教育基本法》则含糊地写成"培养尊重个人尊严和追求真理与和平的人，同时彻底普及以创造具有普遍性而又有丰富个性的文化为目的的教育"①。其后文部省和内阁多次对《学校教育法》和《地方教育行政法》进行修改，除了在教材上引人注目地逐步抹杀战争罪行外，还修改了学校教育培养目标。可以说，日本人在这个方面孜孜以求，一以贯之，就是希望全盘西化的学校培养出来的毕业生不是黄皮白心的。

20世纪90年代中期，针对教育领域内出现的问题，日本政府组织了一系列的讨论和研究，1996年11月出台了《面向21世纪的我国教育》咨询报告，明确提出要培养学生自己发现问题，自己学习，独立思考、判断、行动的能力，并于1998年11月修订了《学习指导要领》，从课程设计、教学内容和学校活动等一系列方面进行了调整。然而到了2007年3月30日，日本内阁会议批准《学校教育法》和《地方教育行政法》修订案，旨在加强在义务教育阶段培养学生"热爱国家和故乡的态度"和"基于规范意识及公共精神参与社会生活的态度"。什么是"规范意识"？以谁的意识和标准规范，怎么规范？正让人生疑时，同一天，东京都教育委员会处分了35名教师，罪过是在毕业典礼上唱《君之代》时不起立，直接向世人演示了过去可以拒唱、反感二战帝国国歌《君之代》的行为今后将如何"规范"。② 这不能不让人回想起1931年起日本各级教育委员会开始设有学生思想问题调查委员会（3年后改为思想局），专门监控教师和学生思想，对有不同看法和想法的教师或学生采取开除或逮捕的"规范行为"。

将传统文化加入学校教育并无不妥，但在教育目标和教育方式上也进行传统文化与西方文化的嫁接，嫁接不起来也要拼凑出来，则很难知道培养出来的学生是复合型人才还是矛盾综合体。日本幼儿园中就已经有培养幼儿集体精

---

① 李春生. 比较教育管理[M]. 南京：江苏教育出版社，2008：170 - 190.
② 日本强化"爱国"法案通过，历史教材被强令修改[EB/OL]. http://www.chinanews.com/gj/yt/news/2007/03 - 30/904777.shtml.

神的设计和安排,小学、中学、大学的课程设计中都有"特别活动"科目。这些集体活动自然有增加学生学习兴趣的功能,在"增强学生集体生活能力"的同时,也增强学生学会传统的集团意识和循规蹈矩。这一直是日本各类学校教育坚持不懈的传统,因为校方是在为学生将来走入社会而培养其应有的素质。高知县明德义塾私立中学就明文规定该校男女学生头发长短必须按校方规定执行,《面向21世纪的我国教育》咨询报告中提到的培养学生独立思考、独立判断、独立行动能力的要求正在被淡忘。在泛家族规则和文化气氛浓郁的校园,独立精神甚至被视为"出头的钉子"而"必须钉回去",这样的学生通常不受中小学老师的喜欢。相比较来说,日本大学阶段由于引进美式教育,在培养独立思考方面要做得好一些,但日本的导师像极了家长,也是公认的事实。日本的大学同样十分注重集团精神的培养。新加坡《联合早报》网刊登了彭墨、白祯才的文章,列举了大量事例以说明:"在日本一年,感触良多,但印象最深刻的还是日本大学的团队精神的培养。"①大量的中等职业教育学校,面对的是学生就业,而要进入崭新的团队当然必须具备团队精神,所以独立精神的培养基本无从谈起。这些学校固然传授学习技能,但同时也是灌输传统文化最直接、最严格的地方。

三、社会上的另类学校教育,直接培养泛家族规则下的"优秀分子",以便在社会上发挥更大的作用

在中央、地方教育系统之外,日本社会上还有另一类准学校教育,那就是由民间法人直接斥资办的各类以培养专业人才为目的的学校。在这方面日本有其传统,庆应大学、早稻田大学的前身,便是这类民间学校,明治维新后被政府收编。当今的日本各行各业依然存在着相当数量的培训学校,再加上日本大企业多有专门培训学校,这类专业培训学校(据说有3万多家)的民族文化的传承功能就更不能小觑。如果不算目的为功课辅导和语言培训的"塾",而专指以专业人才培训为目的的学校,则此类学校对学生的培养大体上包括两方面内容。一是直接传授各种管理技能、工业技能的同时,也传授民族传统技艺和文化,如茶道、剑道、花道、香道、书道、佛教各宗、神道各流、阴阳风水等,这些都是在社会和集团工作的现实需要,而不仅仅是个人爱好。二是培训传统礼仪和规矩,其中相当部分是泛家族文化和行为规范。株式会社的培训学校培养学员懂规矩、守纪律等,就是社会上的各类培训,其严格的培训仪式,学习需注意的各种礼节、范式、章法,也无不在培训着学员服从、敬畏、奉献、守节的优良传统,更

---

① 彭墨,白祯才.从中日大学教育细节比较窥伺日本人团队精神的培养[EB/OL]. http://www.zaobao.com/forum/Letter/;P/story2010/203-34242.

在门派之下，传播着忠诚、牺牲、极致、创新的精神。丰田公司培训学校出来的学员就很自豪地宣称自己是丰田家的直系家臣。稻盛和夫回忆上小学时在学校接受的课外教育："鹿儿岛的传统，到了小学五年级，每年12月的'赤穗浪士复仇日'那天黄昏，学生们聚集到学校礼堂，在地板上正襟危坐，聆听校长朗诵《赤穗义士传》。"①这样的"传统"教育今天在各类社会学校中依然有意无意、自觉自愿地继续着。在这一类学校当中，最引人注目的是以松下政经塾为代表的一批学校，它们是有战略目的的政治培训学校。这最早可追溯到西乡隆盛辞职后在家乡创办的学校。可以说由著名人物出面创办旨在培养杰出人才的学校是日本的一个民间传统。松下政经塾毫不掩饰自己培养的就是未来日本需要的政治、经济方面的杰出人才，其校规之严、训练之苦、学习任务之重，使其更像一所典型的不是军校的军官学校，堪比二战前的陆军士官学校。各党派创办的学校如霞山会所属学校当然培养的是能够推广自身主义的人才。盛田昭夫创办的盛和塾以培养企业经营人才而著称，已经将分院开到了中国。而广岛的诚臣塾等一类学校虽然也叫"塾"，则完全是一些右翼政治团体。毁坏广岛原子弹爆炸纪念碑就是诚臣塾的学员所为。这类右翼培训学校在宣讲自身的右翼理论的同时，培训着敢于行动的死士。其右翼培训的内容无论多寡，泛家族规则和文化必定是一项重要内容。一生专注采访日本右翼的猪野健治在《日本的右翼》一书中就指出："明治以来的右翼运动就没有独自的思想体系。从古至今被继承下来的家长式的人际关系、阳明学、国家社会主义、法华经、禅宗、水户学、神道等曾经浑然交错地杂居在右翼诸潮流之中。"②战后日本发生的一系列右翼暴力行为，如死忠、奉献、牺牲等，多为他们在受训时的主要内容。

第三节　社会组织的强制

日本社会各种组织内，包括党派、团体、企业、学校、军队、机关、学会都弥漫着浓厚的泛家族规则和文化，这在本书前面各章中已经介绍和论述了很多。这些组织的制度设计、议事规则、工作程序、办事纪律甚至包括机构设置中都有泛家族规则的成分，或干脆就是泛家族规则的翻版，以法令或行政规章或约定俗成的名义，强制着每一位参加者必须服从并恪守。事实是，在家庭和学校，之所

---

① 稻盛和夫.干法[M].曹岫云,译.北京:华文出版社,2010:14.
② 猪野健治.日本的右翼[M].张明扬,刘璐璐,译.北京:东方出版社,2013:66.

以会出现文化教育与泛家族文化教育的交融并蓄,一并进行灌输,也就是因为进入社会,无论加入什么组织和单位,都毫无例外地在碰到民族文化传统的同时,也要遇到泛家族规则。稻盛和夫就说过:"做主管的不只是一家之主,在公司里也要扮演家长的角色。他要努力工作,让'家人们'衣食无忧。"①这是对日本企业等社会组织中存在泛家族规则和文化的最好注脚。

这里不再说日本的党派、企业、学校、机关,只是对日本的社区组织和民间法人团体组织稍做一点分析。这类组织都是松散型的,属于自治性质,一类是区域内共同居住者的自治群体,一类是志同道合的自愿组合。这两类组织内部的管理机制应该说是最缺少泛家族规则和文化的地方。在实际运行中,这两类组织又是如何传承日本民族文化和泛家族规则传统的呢?

第一,社区的"强制"。买房子时,谁也不想在购买房子的同时,还被搭售一套外在的严密管束制度,那是很不惬意的事情。虽然不情愿,虽然是居家安全的一部分(世界上还没有哪个国度尤其是现代发达国家没有这种搭售的,只有程度的不同),但在日本,你在哪儿买房子,在一般居家考虑之外,必须充分考虑那里的社区组织情况。这不仅是为了购买者的自由和心情,更是为了家庭安全和方便。换句话说,选择不好,不仅没有好心情,甚至还会有相当程度的不方便。相信在日本居住过的人都会理解这里所说的。本节篇幅所限,不可能在此一一列举社区的规定、邻里的约定和周边环境(包括神社等)的俗成,这里只能举其要者略说一二。

一是日本法律规定,各市町村社区组织为经政府认可的自治体,是社团性质的地方公共团体(住区协议会)。个人加入自治体无须缴费,企业加入必须缴纳216000日元的年费(2014年以后的新标准)。截至2014年9月,日本市町村数1718个,有自治体组织1712个②,已经纳入总务省管辖范围,上下层级与行政层级高度吻合,俨然是第二套行政系统,事实上也是总务省进行全国性统计的重要帮手。町村级的每一个自治体都有全国独一无二的电子编号,自治体对每一户住户也有同样的编码,搜集数据高效便捷。这是日本统计数据之所以高度发达所不为人知的一个原因。所以,不管愿意不愿意,你只要在日本居住,就已经"被加入"组织之中,处于政府管控系统内。

二是社区规定的事情必须完成。虽然没有法律强制,可是社区工作人员不仅非常敬业,还有把工作干到极致的精神。其中,相当多的内容是为社区居民

---

① 稻盛和夫.活法(二)[M].廖月娟,译.北京:东方出版社,2009:140.
② 日本自治体总会网站上显示2014年全国市町村数为1718个,比日本国家统计局公布的2013年的市町村数少了1个。考虑到近些年日本村数在减少,仍以自治体总会数计。

服务,当然,同时还有相当多的内容是为政府服务,还有为党派、为学校、为神佛、为企业以及天知道为哪里的服务。所以不管你乐意不乐意,你都必须接受"被服务"。这一点让前去考察日本国情的中国城市管理干部们非常羡慕,希望国内基层社区工作人员也具备这样的素质。

三是经常不参加社区活动就不会有好结果。这一点在前文中已经论述过,这里就不再重复。社区组织的关心、帮助并非如及时雨,在你需要的时候就降下甘霖。可一旦社区组织决定降下"甘霖",你不想淋雨恐怕也难,毕竟社区活动也是团队活动,计划一旦生成就很难改变。

四是与邻里保持距离比较困难。邻居绝不会干扰你的生活,但他们的眼睛与耳朵绝对在关注你靠什么生活和怎样生活。一个弱小的邻居会遭到鄙视,一个强大的邻居被受到排挤。所以,你购买房屋时最好先弄清楚邻居们的收入水准。

这样的社区环境在时刻提醒你,你应该成为什么样的人,你应该遵守什么样的习俗,你应该学会什么样的礼仪和规矩。以随意在网上选取的福岛县伊达市桧枝岐村为例,该村199户607人,是个山区小村。该村有250年的歌舞伎表演历史传承,每年5月12日祭祀爱宕神要举行歌舞伎表演;8月18日祭祀镇守神也要进行歌舞伎表演,现在已经成为传统旅游项目,更是增加了许多的歌舞伎演出场次。不计商业演出,事关传统祭祀演出,全体村民毫无疑问都要参加。从图10-1展示的图片可以看出,大家在一起随意坐着吃着看着演出,无疑对村

图10-1 村民欣赏歌舞伎表演(图片来源于日本自治体网站)

民的沟通与交流、增进感情有着很大的帮助。可是假如某家庭无特别原因不参加村里的活动,至少难以成为共同守护神庇佑下的一员,村民们会怀疑其对神不敬、对大家都敬的祖先神不敬,是脑筋有问题,或是在图谋什么。这个家庭在村里就有"另类"的嫌疑,这样的邻居"在想什么呢"成为周边居住的人揣测的事。

第二,民间法人团体组织的"抱团"。民间社团大多是某些相同爱好者的组合,自身活动大多不受政府约束。据2014年2月14日日本统计局公布的最新

报告,社会文化机构中,2011年的公民馆数比2005年下降了14.36%,图书馆数同期增长了9.9%,博物馆数同期增长了5.5%,电影院数量同期下降了14.79%,青少年教育设施数量同期下降了25.95%;而在都道府县,成人的社会讲座2010年比2004年下降了11.32%,,女性讲座下降了36.79%,老人讲座下降了28.86%,青少年讲座也下降了6.98%。在看到同期日本的体育设施略仅有略微增长后(图书馆、博物馆等增长都不能排除地方长官追求政绩工程的因素),自然大家要问一句:在日本,人们的业余生活是怎样的呢?是不是在21世纪开始的阶段已经发生了明显转移?答案也在同一份报告之中:2012年日本全国各类非营利性社团法人登记数 47544 个,比 2005 年的 24289 个增长了95.74%。①上述数字表明,业余时间里的日本人正在从过去的以个人兴趣为主的学习活动转向有组织的其他活动。据日本政府调查,2013年全国特定非营利社团法人中,排第1位的是促进保健医疗的组织,占比57.1%,其次是町区建设组织,占39.6%,第3是促进子女教育的组织,占38.5%,第4是促进社会教育的组织,占37.2%,而消费者保护、旅游、农山渔村保护、科技、救灾等组织都不足10%。这组数字说明跨领域的社会组织增多,关心自身健康和子女教育成为日本人业余时间的主要内容。从这些组织活跃程度上来看,保健、子女教育依然位列前茅,学术文化、就业培训、环保、町区建设等组织活动正常,而社会教育、男女平等组织的活动则相对不足。②这除了可以证明日本所谓"失去的20年"并非如一些人渲染的那么严重,同时也进一步证实日本社会里抱团、划圈、自组织等文化习俗并没有随着时代的进步而有丝毫削弱,甚至在增强。

随着生活水平的提高,业余生活水平自然能得到提升,各国都不例外。但在前面论述中已经说过,日本的社会组织,即便是这类自治的、自觉自愿者的组合,也与欧美的同类组织有所不同。传统的文化如忠诚

图 10-2　钓鱼迷日记海报

---

① 日本总务省统计局官网:http://www.e-stat.go.jp/SG1/estat/GL08020103.do?_toGL08020103_&tclassID=000001052147&cycleCode=0&requestSender=search。
② 日本总务省统计局官网:http://www.e-stat.go.jp/SG1/estat/GL02010201.do?method=searchTop&andKeyword=npo。

文化、服从文化、跟风文化、耻文化、神佛文化、极致文化在共同研究的旗号下自觉不自觉地被引入组织之中，泛家族的界限规则、权威规则、亚血缘继承规则和组织规则依然在其中发挥着作用，其运行机制和自我管理的模式，其活动的组织方式和对成员的约束程度，其对研究目标或追求目标的极致诉求，既组合着成员共同努力，遵守着不该有的等级分工制，又吸引着成员不虚度年华，抵御职业上的自卑和难堪。传统习俗和文化就是这样被一点一滴地传承着。1988年根据同名漫画改编的系列电影《钓鱼迷日记》（图10-2）之所以大受欢迎，22年拍了20部，观影人数超过电影《寅次郎的故事》的观众数，就在于寅次郎的形象是对现存"从一而终"体制的反叛，而滨崎的形象则不仅是对现实的反叛，而且是在不快乐的职业之外去寻找到自己的人生快乐，从而直接反叛了传统的忠诚、敬业、服从、奉献等思想理念。追寻个性的自由，加上董事长与普通员工成为朋友式的人格回归，迎合了大部分日本人的心理期盼，说了、做了他们心里向往却不敢说、不敢做的事，因而大受欢迎。可是，一集集的电影里展示给大家的钓鱼小团体对钓鱼技能的极致追求、滨崎对董事长的呵斥口吻、小团体的分工与合作、严格的钓鱼纪律，这些自发组织的内容在不经意间都显示出日本的特色来。像这类会长与员工在一起的组织当然只是艺术虚构。现实中日本因为是岛国，钓鱼不仅仅是一项受到广泛喜爱的业余爱好，其组织化程度之高、钓鱼产业各项生产技术之发达、行业协会等自发组织对钓鱼行为的各项自我约束之严密，都达到了相当高的程度，令人叹服。

作为日本两大全国钓鱼组织之一的"日本钓振会"是公益财团法人组织（另一个是全日本钓鱼协议会），在全国9个大区有46个县（府）支部，在县以下还有市町组织，主要开展四大活动：鱼资源的保护；水环境的保护；钓鱼活动的促进；钓鱼程式安全维护与开发。中国的一位进修生老马在日本参加钓鱼活动，发现他们只钓对象鱼，也就是说确定钓什么鱼就只钓什么鱼，钓到其他鱼就会被钓友"勒令"放掉。一次去钓"黑鱼"（一种海里的黑色鱼），只有老马钓到两条，其他人放掉其他鱼后等于空手而回，结果收费的接送船长很过意不去，从冷藏室里拿出"黑鱼"给每人送了一条。[①] 显然，钓友们的"勒令"是在遵守全钓协和钓振会自我约束的规定，与保护鱼资源相关，由此可见日本公益社团组织工作的成效。著名的日本钓鱼职业高手、世界纪录保持者大久保幸三拍摄了系列钓鱼纪录片，充分展示他在钓鱼过程中的智慧、爆发力和坚韧不拔，而这些都

---

① 老马. 研修生活记：在日本钓鱼[EB/OL]. http://www.ce.cn/life/xxsh/shzz/200712/04/t20071204_13803025_2.shtml.

来自于他为提高钓技而终生奋斗、创造的梦想和力求卓越的理念。① 不难看出,即便是公益性的钓鱼组织和钓鱼文化,同样与日本传统文化息息相关。

第四节　媒体的教化

明治维新之前,日本社会教化的一个重要方面就是绘画和戏剧。能乐、净琉璃等,包括歌舞伎,表演的多是古代忠臣义士、贵族家事,与浮士绘一样,在娱乐大众的同时,也在传递着民族文化的忠勇信义、礼义廉耻。木刻版画的出现并大量刊行,开始了民间绘画以简单故事传递要义的阶段,不仅是现代动漫的先河,也是现代媒体的先驱。

明治维新之后,西方媒体形式大量在日本出现。作为社会的"第三只眼",日本媒体在总体上也如其他国度的媒体一样,不仅传递着大量信息、监督着政府等权力机关、交流着社会发展资讯,同时也引导着民众的舆论、教化着民间习俗和传统。作为社会组织中的一大类,日本媒体也如同其他社会组织一样,不可避免地在法治与泛家族规则之间诞生、成长和发展,也同样不可避免地带有诸多不同于西方媒体的特色,在日本近代历史发展过程中、在传播日本民族传统文化包括泛家族文化过程中扮演了非常重要的角色。

一、泛家族规则同样左右着日本媒体,传播民族文化和泛家族文化是其自然属性

日本媒体在社会发展过程中发挥着很大的作用,在传递知识、提升国民素质上功不可没。特别是在监督政府公权力的使用和大财阀的舞弊等方面,除了历史上特殊时期外,基本上敢于不畏困难坚持发声,对日本民众的认知导向产生着很大的作用。这是日本媒体人的骄傲。

那么,到底是什么在导向着日本媒体的认知?

一种说法:媒体是社会精英引导民意的平台,包括政治精英和文化精英。也就是说是社会精英们在导向着认知,媒体只是个平台。

另一种说法:媒体只关注民意关注的真相,也就是说是民意在导向着媒体的认知,或者说媒体在传达着民意。

还有一种说法:媒体永远告诉你在路上的真相,也就是说媒体的认知不重要,重要的是媒体在什么时候说了多少真相。

---

① 参见日本综合广播局《重磅出击系列片》第 1—65 回。

本书无意在此一一列举媒体的功能，无论媒体是平台，还是传播器，或是有主见的工具，令人关注的是其在舆论形成过程中自身的功能和作用，是什么左右着其在舆论场中报道什么和不报道什么，对事实的价值取向，对真相的追索程度，甚至包括选择什么样的语言进行表述。日本媒体从诞生之日起，便被新权贵们玩弄于股掌之中，后来沦为战争工具，这是不争的事实。战后日本媒体在全盘西化的旗帜下，在某些方面，也表现出鲜明的时代特色或者个性。

第一，日本媒体对本民族传统文化极少进行反思与批判。就像对纳豆的偏爱一样，日本媒体对民族文化传统特别是泛家族文化可以说偏爱有加。比如人们很少看到对天皇的负面报道。天皇自己承认应该对发动侵略战争负责，除了战后几年报刊有报道外，随着麦克阿瑟实用主义的原谅，天皇的战争罪责从此销声匿迹，仿佛历史上从来没有这回事。即便有学者在其研究中认为天皇应对战争负责，媒体也置若罔闻。相反，皇族的一点一滴小事都被媒体兴趣盎然地给予报道和关注，字里行间流露出天皇及其皇族崇高的色彩，如同滴灌一样孜孜不倦地培育着民众对天皇的忠诚。仅举一例：2013年10月的一天，太子妃雅子带11岁的女儿爱子公主到公园与民同乐，日本媒体批评爱子拿着世界名牌GUCCI"太奢侈"①。然而其批评的语气和讨论的征集，总让人有关爱大熊猫的感觉。

同样，日本媒体对本国的传统文化如忠诚文化从不给予批判性反思，而是甘之如饴，津津乐道，表现为对民众服从精神的肯定，对奉献精神的歌颂，对神道不遗余力的宣扬。对从一而终的精神，无论是妇女在家庭里的"从一而终"还是男人在岗位上的"从一而终"（终身雇佣）由此达成的民族极致精神，日本媒体从来都是持赞赏的态度，甚至讴歌之。一个人干某件事，一干几十年，默默奉献，终成技艺高超的"国手"，必定成为媒体争相报道的对象；而对于"寅次郎"式的四处漂流、在美国司空见惯的工作和生活态度，日本媒体总是自觉不自觉地在字里行间加以嘲讽。表面上看一直宣扬着西方自由主义精神，宣称"客观公正"地报道社会，一旦涉及国家、民族利益，特别是涉及民族传统文化时便又拿出了日本传统的那套东西。日本右翼始终坚持奉行民族至上、国家主义的理念，与媒体的这一偏好颇有相通之处，媒体对日本右翼组织的公然活动也就很难给予大力谴责，还自我辩解为害怕右翼组织的报复和威胁。

第二，日本媒体同样善于放大和缩小。本书前面章节中已经说过，日本民族善于放大与缩小，一个重要因素便是泛家族规则的作用。日本媒体同样受着

---

① 王裳，阿果.11岁用奢侈品 爱子公主惹争议[M].信息时报，2013-10-16（A35）.

泛家族规则的驱使,同样善于放大和缩小。比如善于造神,这是日本媒体善于放大的突出表现。与日本民族具有极致文化相一致,日本媒体在宣传各行各业把工作做到极致的优秀分子时,是绝不吝惜版面文字和誉词的。霸主、巨星、尊神、大国手、千年一遇、东方绝代……一个小山村的年庆活动,未经考证便被媒体封为延续了几百年的文化传承活动,反正知道大众也不会去考证,把敝帚自珍做到了极致。为了放大日本民族的智慧和优秀,抄袭剽窃和无中生有也是其经常使用的招数。说抄袭剽窃也许有些不准确,但明治以后把国外作品中人物名字换成日本名字,全然不管故事内容的惊人相似,在日本文艺界不说比比皆是,至少可说并非罕见。随手举几个例子:在日本广为流传的《道成寺》,讲一个女子爱上一个和尚却遭拒绝,女子变成了大蛇寻找和尚,和尚被寺庙保护在大钟下面,大蛇作法向寺院要人,最后双双而亡。中国人一听就知道是脱胎于《白蛇传》的故事。而日本从古至今无论是能乐、净琉璃还是戏剧、电影、动画,演了又演,甚至去国际上拿了大奖,媒体更是大肆吹捧上天入云,却始终无人指出源出何处。布鲁玛指出,1977年甚为流行的电视连续剧《流浪之旅》的主要故事情节就是以1910年的英国小说《X夫人:一个母爱的故事》为蓝本的。① 动画片《聪明的一休》中把中国的民间故事大量套用在了一休身上,却从头到尾没有标明一处引用。也许这样的事太多,也许日本媒体认为本该如此,所以媒体揭露食品造假不遗余力,却极少见其对文学造假的揭露。

无中生有更是日本媒体报道新闻的绝技、必杀技。如果说以"据未经证实的消息称……"来攻击对方是从美国佬那里学来的本领的话,那么"据内部消息人士透露,某地将发生……(或某事很快就要……)"则很有些"日本创造"的意味。看看日本媒体有关中国的报道,至今依然不难找到此类开篇之语。内部消息人士不可能曝光,或许根本就不存在,话是想怎么说就怎么说,自己的"推测"和"猜想"当然都可以源于"内部人士"。过几天事实真相大白后,日本媒体非常坦然地将自己前面的报道全部忘记,因为他们的目的——无中生有地放大对手的弊端以攻击对手——已经达到。

另一方面,在缩小自身的毛病、掩盖做过的坏事等缩小技术上,日本媒体一点也不弱于日本工业界。报道失误是常有的事,更正就是了。日本媒体通常选择的是遗忘,权当没有那回事。如果遗忘交代不过去了,那么对说错的话、办错的事要道歉或者要更正,其版面文字也十分吝啬。对别的民族取得的进步,只

---

① 伊恩·布鲁玛.面具下的日本人[M].林铮凯,译.北京:金城出版社,2010:36.关于日本人对待母亲的态度,可参见该书第二章。

要还不如自己便嗤之以鼻,或者根本视而不见。其对中国、韩国、新加坡、印度等国的经济与社会的进步便极少报道,大有传统家族式的夸奖别人便是"长别人志气,灭自己威风"的思维表现。研究期间笔者记录:2011年7月18日,中国新疆和田发生了恐怖袭击事件,7月23日发生了温州动车出轨恶性事件,7月30日新疆喀什又发生了恶性恐怖系统袭击事件。对这些事件,中国的媒体都做了大量报道,然而日本媒体却有些奇怪。对温州动车事故,日本媒体可谓铺天盖地,"集中豪雨"式进行报道,幸灾乐祸中夹杂着兴高采烈。NHK(日本放送协会)电视台在观众互动中提供的"你对事故的态度"选择中竟然设置了"呸"一项,有意误导民众仇华的意图昭然若揭。而对两次新疆恐怖袭击事件只在当天有少许报告,然后便鸦雀无声,真让人怀疑是因为无法对此表达兴高采烈而假装没看见。这就是日本媒体,说他们在推动日本与周边国家走向对抗过程中扮演了不光彩的角色并不冤枉。看看现在的日本媒体对周边国家的态度,再与100年前日本媒体对周边国家的态度相比,不难发现太多的惊人相似之处。这背后起作用的,影响到日本媒体做出惊人一致"划一性"的,便是日本民族忠诚国家、服从集团、以邻为壑、画地为牢等泛家族规则和文化价值观的现实表现。因为媒体本身也在遵守着泛家族规则和文化,战后70年的现代化过程中,在这一方面没有多少改变。

第三,比基尼式的报道策略掩人耳目。几乎没有哪家报纸杂志电台电视台不标榜自己的新闻报道不以追索事实真相为宗旨的,日本的媒体当然也不例外。比如《读卖新闻》在自己的网站上公布的"读卖信条"就宣称:"追求真实公正的报道";《朝日新闻》自创立始即将"不派不党"、真实报道事实确立为自己的宗旨;NHK在2011年修订的经营方针中,在宣称自主、自律的同时,确立的播报四大基本原则同样是"正确""公平·公正""尊重人权""节度品味"。然而事实是,无论哪家媒体,在报道时无不夹杂自己的主观判断和意识形态,NHK、《产经新闻》等日本媒体在这方面表现尤为突出。因为太过突出,完全可以套用经济学上的那个著名笑话:这些媒体在报道内容的选择上基本采取比基尼策略:它所展示的都是真实的,它所掩盖的却是致命的。中国留日学生对日本媒体的总体评价是它不公正,因为它虽没有说谎,却常常有选择地只报道一部分事实,而有意忽略、隐瞒另一部分事实。当然这只是中国留学生的感受。其实媒体的公正都是相对的,报道策略的选择才是考察其真实观点的所在。比如以较长一段时间来考察日本媒体的报道策略便可知,在战后清晰地显现出三个阶段:第一个阶段是悔罪和鼓舞民心阶段(至美军结束占领期);第二个阶段是重拾自信和骄傲阶段(至泡沫经济破灭时);第三个阶段是寻找假想敌和激励民心阶段

（至今）。贯穿于三个阶段的一条中心线是日本国家利益和民众利益的纠合。在不同阶段，都有一些内容成为不能报道或不愿详细报道或者根本就视而不见的缩小"共识"。比如第一阶段的天皇战争责任问题，第二阶段的掠夺公共资源、行贿他国、造假出口等问题，第三阶段的邻国进步、战争罪行、本国军力发展等问题。限于篇幅这里只举几个例子来说明。

对日本发动战争罪，日本媒体在战后便开始极力缩小，借口是不愿唤醒惨痛记忆，不揭历史伤疤，全力振兴日本民族。缩小到一定程度便是遗忘，似乎历史上从来没有发生过一样；迫不得已非要提及也只提太平洋战争，对于侵朝战争、侵华战争、侵南亚战争绝口不提，尤其是对灭绝人性的大屠杀一类史实，说法从"罪行"变为"事件"再变为"行动"，最后便是参与装傻充愣、死不承认。战后几年，日本报刊上充斥着对战争罪行的愤怒声讨，全然忘记了媒体自己就是战争的帮凶。因为那个时候伤痛还在，惨烈依然目睹，连改头换面死灰复燃的日本右翼团体也不得不打出谴责战争罪行的口号。最早于1946年3月成立的"日本革命菊旗同志会"，其纲领中第5条就明确写着："……严惩战争罪犯、战争责任人、战争旁观者，抨击御用政党和左翼政党。"①他们忘记了自己的领袖曾经就是战争的急先锋。然而到今天，当年的战争加害者已经被偷换为战争受害者，发动战争的主体越来越模糊，侵略朝韩、中国、南亚诸国已经变成了"进入"。侵略战争是否存在，即便是在NHK这样最大的电视媒体这里，"公正·公平"也成了问题。在NHK工作了37年、颇富盛誉的制作人池田惠理子1988年调查日军残杀菲律宾居民的历史事件时被叫停；1996年她制作"慰安妇"专题节目再次被叫停。池田惠理子说："这时我才明白，调查日本人作为战争受害者为主题的节目可以顺利进行，但调查日本人的战争加害行为时，则会受到限制。"②而右倾的《产经新闻》根本就否认存在侵华战争，人们很难在它现在的报纸上看到这一词组了。

再比如对邻国的报道，由战争最初的满怀歉疚，到逐步的趾高气扬，到后来的鄙视厌恶，再到后来根本不报道或歪曲报道邻国所取得的进步，一条清晰的前恭后倨的、有所为有所不为的轨迹，反映出日本媒体看周边世界的心路历程。中国的城市永远是肮脏破烂和自行车拥挤，近期换成了雾霾和拥挤的汽车。中国的经济发展永远是配在导弹和火箭的图片之下。日本媒体这种崇欧美贬近邻的心态，已经深深影响到日本民众。日本民众对高鼻梁蓝眼睛的尊敬远远高

---

① 猪野健治.日本的右翼[M].张明扬,刘璐璐,译.北京:东方出版社,2013:47.
② 侵华日本性暴力调查[EB/OL]. http://www.zsnews.cn/Culture/2011/05/09/1711685.shtml.

于黄皮肤黑眼睛,最根本的原因是泛家族的界限规则、等级规则在起作用:除非邻居强大到让自己顶礼膜拜,否则便应该听自家吆喝;邻居不能比自己强,强了便会引起不安;甚至邻居不能与自己生活不一样,不一样也会不安。这就如同市井小民,左邻右舍生活都一样的话大家相安无事,如果哪一家兴旺发达起来,引来的不是邻居们的高兴,而是嫉妒甚至是陷害。因为邻家的强盛便意味着自家的衰弱,意味着自己的无能,意味着自家不得不屈从低下。日本一位资深电视节目主持人就曾说过:中国的一举一动,都深深牵动着日本的目光。而日本京都大学教授中西政辉不愧为"历史学者""国际政治学者",表达得更直白:"一个国家只要具备了经济实力,就会在理论上对他国构成潜在军事战略上的、地缘政治上的威胁。于是就要看这个国家实行什么样的价值观。价值观不同的国家和体制,越是在短时期内具备了经济上的实力,对他国构成的威胁就越大。我在 30 年前就有一种忧虑,担心中国向市场经济过渡,会对国际社会产生前所未有的严重威胁。这一点在我脑海中始终挥之不去,我一直在大声疾呼。"[1]这种鸥得腐鼠的心态,这种非我族类其心必异的封建遗毒,让中国人哭笑不得,同时也见识了这位教授的国际政治视野是如何被泛家族规则的思维逻辑所局限的。中西辉政的逻辑并非个例,在日本的学者和媒体中非常有代表性。

再比如对日本黑社会的报道、对日本捕鲸船的报道、对日本自卫队的报道,对日本企业在海外制造严重污染的报道,都存在着明显的有所取舍、避重就轻的视角和选材。说日本媒体是戴着有色眼镜看别人,戴着偏光眼镜看自己,都不算准确。其实,日本媒体是让受众戴着比基尼眼罩看世界——有那么几点是不愿示人的。

第四,惊人的传播投放能力。各国媒体在报道内容上都会有取舍,如果说日本媒体在内容取舍上以"护短"与"善妒"为其特色的话,那么,日本媒体的另一个鲜明特色——惊人的传播方式,那是各国所远远不及的。即便在互联网发达的今天,"与中国不同,日本的新媒体发展迅速,但传统媒体仍发挥巨大影响力。2013 年 11 月的数据显示,《读卖新闻》发行量为 1000.7 万份,是全球发行量最大的报纸。日本新闻协会 2011 年'全国媒体接触·评价调查'的统计显示,60.7%的日本人每天都会接触报纸信息,每天接触网络信息的日本人只有39.2%,认为网络对社会有影响力的只有 37.1%,远低于报纸的 54.6%。在日本,当前影响力最大的依然是报纸等传统媒体"[2]。这说明日本报纸依然有着互

---

[1] 中西辉政. 美中对峙最前线的决断——当美军从日本消失之日[J]. 正论,2012(2):36.
[2] 赵新利,黄升民. 新媒体如何影响中日舆论[EB/OL]. http://www.gmw.cn/xueshu/2014-10/29/content_13687956.htm.

联网所不能取代的功能。

这种惊人的传播能力,可以从日本媒体的传播方式,比如投递网络的建设、投递人员的工作精神、组织的激励与创新等方面——加以说明,日本媒体特别是传统媒体确实成绩骄人。比如《读卖新闻》《朝日新闻》等都以其全国性投送网络,保证订阅户准时读到当天的报纸。2013 年《朝日新闻》发行量达 750 万份,排名在《读卖新闻》之后,位列世界第二,拥有这种投送网络居功至伟。

更深层次的问题是,这种传播能力,本质上反映出日本传统媒体和新媒体所面临的竞争压力与众不同。事实是,日本媒体人从入行之日起就一直经历着双重压力。其一是市场竞争的压力。也就是媒体之间的竞争。无论哪一种媒体,都面临着同行的竞争,不是"语不惊人死不休",而是"语不惊人就要死"。其二是媒体内部的压力。作为日本社会组织的一大类别,泛家族规则和文化同样在日本媒体中滋生蔓延。媒体公司内部等级森严,层级架构和部门之间界限分明,团派林立甚至同一部门也存在不同的小团体,彼此之间的竞争甚至能达到你死我活的地步。这种压力促使着媒体从业员不得不在捕捉新闻或进行深度挖掘上提高效率,否则便有可能被同事贬斥和打压。在捕捉新闻方面,日本记者甚至可与警察一争速度高下。笔者在东京日比谷曾亲眼看见警车鸣笛追捕飞车奔逃的罪犯,在警车的后面居然同样飞驰着一台电视报道车。

在这样的双重压力之下,媒体从业人员要么退出,要么成为泛家族规则的忠实执行者。对新闻职业的忠诚在不知不觉中被偷换成对公司的忠诚,公司的老板还会对你宣称是对国家的忠诚,给你一个自我陶醉、自我高尚的感觉。这种对公司、对国家、对主子、对集团的忠诚、服从、奉献、牺牲的精神,对违反或反对这种精神的愤怒和谴责,便会流诸笔下或镜头前,形成不容怀疑也不能怀疑的立场。因为要宣扬对国家忠诚、牺牲的精神,加上神道教文化的约束和民间神道的习惯,自然便让相当一批媒体无法对战争死难者与战争罪犯加以区别,也有某些媒体根本就不想做这种区别。因此,媒体在面对邻国的抗议上,要么想借此挑起论战以增加卖点,要么维护国粹宣扬民族主义,有意无意间都在为日本的右倾张目。"总的来说,在街头巷尾疯狂折腾的民间团体并不是日本右翼中最大的威胁所在,真正有话语权和影响力的,是高居庙堂的政客和掌握着'喉舌'的右翼。"①毫无疑问,惊人的传播速度,在传递大量信息的同时,也传递着泛家族规则和文化。

---

① 徐冉. 日本右翼到底是些什么人[J]. 文史博览,2014(5):59.

二、谁动了日本媒体的奶酪？

在号称言论自由的日本，在现实中，是谁决定了媒体宣传什么不宣传什么？一个事件发生后，是什么力量或者是哪几种力量在博弈，从而决定了日本媒体竟然能在某些问题上报道口径高度一致（日本人称之为"划一性"）？很少有日本媒体公开承认有这种力量存在，但不少媒体也承认在报道什么不报道什么确实存在幕后行为。其实，至少有四种力量在媒体的幕后组成了日本"宣传部"，是它们在左右着日本媒体说什么、不说什么，甚至包括怎么说。

第一种力量是权力。日本媒体一贯标榜自身的存在是对政府公权力的监督，但事实上，它们在监督的同时，也与权力勾结。所有的党派都有自己的媒体，这些媒体自然要为所属党派说话。就是无党派的媒体，其重要骨干也经常与执政党领导人员在一起吃饭、游乐，自己也并不讳言，美其名曰获取新闻线索。而政府首脑，大到日本首相，小到城市市长，通常都会与媒体人在一起吃吃喝喝，联络感情，"增进了解"。据早稻田大学的教授加藤典洋 2014 年 6 月的统计，安倍晋三第二次上台后的 17 个月里，就已不下 36 次宴请知名媒体人。请客吃饭玩乐（如打高尔夫球等）的结果就是安倍晋三第一次上台时攻击政府的第一大报《读卖新闻》在安倍第二次上台后 180 度转弯，完全支持安倍。以至于安倍氏的阁僚得意扬扬地说："要了解日本的官方观点，最好看《读卖新闻》。"①拉拢只是权力的一种手段，权力最常用的手段还是在一切可以行使权力的地方充分行使权力。2013 年 12 月日本最大的影视媒体 NHK 经营委员会任命籾井胜人为会长。这件事表面看不出它有什么异常，可是当人们知道这个经营委员会是依法由政府提名、国会审核、首相任命时，就看出端倪了：12 人组成的经营委员会中由安倍晋三任命的有 5 人，"安倍总裁诞生会"的发起人百田尚树和长谷川三千子也赫然进入经营委员之列。2014 年 2 月，安倍晋三又任命 3 人接替卸任的委员，卸任者中就有那个公开宣称"南京大屠杀不存在"的作家百田尚树。这就难怪籾井胜人上任后竟公然说出"政府说右，媒体就不能说左"这样让全世界愕然、让世人发笑的话来了。

第二种力量是金钱。日本媒体与别国的媒体一样，一部分是由大资本设立的，一部分是由学者或社会精英组建的，一部分是由党派设立的。无论是谁出的资，日本的媒体从诞生之日起便无法回避广告收益和销售的利益。资本带来

---

① 安倍政权"收编"媒体手段多　拉打并举成功支配［EB/OL］. http://world.huanqiu.com/exclusive/2014-09/5155820.html.

的是幕后老板的控制，资金带来的是商业客户的要求。媒体必须要说幕后老板想说的话，也必须为商业客户代言，这与他国媒体大同小异。而日本媒体的特色在于古老的传统：一犬吠影百犬吠声，一犬瞑目百犬垂头。因为残酷的市场竞争压力驱使着它们一定要跑在别的狗之前，至于内容的正确与否倒还在其次。所以，在日本，当媒体铺天盖报道某一事件时，你能听到不同声音，但绝对朝着同一个方向（日媒所谓"集中豪雨"式）。当媒体鸦雀无声时，你绝对会惊讶于它们就像被谁同时捂住了眼睛，居然敢于如此无视。仿佛只要像鸵鸟一样把头插进草垛里，事件就不存在似的（日媒所谓"划一性"）。捂住媒体眼睛的，一只手是资本和资金，另一只手是泛家族规则及其文化。泛家族规则的权威规则、界限规则、用人规则和忠诚、服从、奉献、家长制文化等"共识"，才是让大多数媒体"整齐划一"的幕后原因，否则便无法解释日本媒体为什么会出现"集中豪雨"和"划一性"。限于篇幅这里仅举一例：日本某媒体旗下的广播电台一直专门做一些贬损中国的节目。某一年忽然邀请在日的中国学者做节目，期间女主持人忍不住还是提出了一个比较尖刻的问题，一停下来便被制片人厉声训哭了。见中国学者大惑不解，工作人员小声对他说：台里最大的赞助商今年到中国投资了，要求改改腔调。① 工作人员没有解释女主持人为什么会哭而毫无申辩的行为。

第三种力量是日本媒体自身。新闻学告诉人们，媒体一旦组织成功，便会如同女娲捏的小泥人儿，产生自己的灵魂和思想。而这种灵魂和思想，除了受到出资者（组织者）的影响外，也深受媒体自身架构和运营模式的影响，产生类似地球的自旋转力量。前面已经说过，作为一个企业，日本媒体内部同样存在着严重的泛家族规则。你去参观、研究日本媒体内部的报道原则、各项制度和员工守则等，你会发现它们与西方媒体差不多。可是如果你加入日本媒体，便会感受到与西方媒体相差很大。劈面而来的是文化上的差异，这一点可以被西方人所理解，也能够忍受。但让西方人不能忍受的是一些更深层次的、可意会却不明说、神秘幕后的东西，它们时时左右着报道方式，甚至左右着报道内容。一个西方记者如果不理解、看不透日本的泛家族规则，那就很难在日本媒体内立足。不要以为这种架构和运营模式只是管理上的事情，什么样的模具出什么样的器皿，什么样的机制培养什么样的人。正是这种自身的架构和运营模式，左右了日本媒体管理团队对外的认知。他们很容易认同具有同样架构和运营

---

① 李长声、莫邦富神侃日本媒体[EB/OL]. http://v.youku.com/v_show/id_XNzYzNzA0Mzk2.html?firsttime=103.

模式的组织认知,也很容易感受到外在的和传统的压力。遇到敏感问题,同行沉默,那就很自然地选择视而不见;不按上司意图去报道往往成为挑战其权威的举动,变成了越界行为。只需要知道该知道的,只报道被告诉该报道的。没有人限制采访什么,但发表什么则是电视台的家长说了算。如果猜不透能报道什么,那就是白费劲。如果经常白费劲,那就该考虑换地方了。媒体可以引导大众意识,也可以误导。话语权居然决定了岛国人民应该知道什么或不应该知道什么,即便有意误导,也没人去追究,事实上也没法律可追究这一日本国最大的违宪事实。这样的事例很多,前述 NHK 的池田惠理子的遭遇已足以说明。

第四种力量是民意。日本民意对媒体的影响自然不可忽视,它始终是媒体自我标榜的内容。其实,媒体是传达民意的喉舌,同时也是教化引导民意的利器,这是一个问题的两面。通常情况下,作为信息传递的工具,民众喜闻乐见的事情确实左右着媒体关注度。但当民众的看法与精英的看法不一致、民间的意见与资本的意见不一致、民意与"媒意"不一致时,媒体选择反映什么隐瞒什么、如何反映,甚至在语气用词上都很有讲究,引导性、教化性、暗示性的功能特别强。更大的问题在于,日本民族一路从历史深处走来,其民族文化的特点交织着浓郁的泛家族规则和文化,这些东西本应在西方市场经济的法则和规律冲击下逐步瓦解和消散,却因为日本媒体与日本民众所形成的共同认知,在媒体自觉的日复一日的诱导下,辅佐着国民教育系统,顽强地保持着其民族文化精髓与糟粕。比如天皇制的忠诚文化,已经没有武士的武士道文化,神道教的谷灵信仰,传统风俗的坚守传承,泛家族规则的泛滥,泛家族文化的弥漫,等等,日本民族的文化守旧与对世界新思维的吸收就是如此同时并存的。媒体的推波助澜,又加强了日本民间对民族传统文化的认同。参观过抗日战争纪念馆和南京大屠杀纪念馆的日本人有一个共同反映:在日本国内,我们从没有听说过这些事情。不要认为他们是在批评日本教育的失败,他们的潜台词是:我们真不敢相信日本人会如此残忍,会犯下如此暴行,因为媒体长期教化的民族传统中没有这方面的内容。这种不相信恰恰便是右翼企图推翻战争罪的社会土壤。另一个现象是:日本人出国接受新思想教育,回国接受传统规则,美其名曰组合发展民族特色,尽管经常被自家人讥为非驴非马,但事实上已经成为日本各路精英惊人一致的发展道路。精英的"成功"经媒体的宣扬引领着民众,继续在非驴非马的道路上寻求着更新更多的进展。这样的民族发展道路,其所带有的泛家族文化又反过来要挟、钳制着媒体,让媒体人总是感觉到在自己的外面有一层看不见、摸不着却又无法突破的"壳"。二战前一些有良知的媒体人想说说真相、真话,然而惧怕突破民意认知范畴,不能也不敢打破禁区,便只好选择沉默而随波逐流,最后一起倒向了军国主义。今天的日本媒体人同样面对着这一层"壳",是否能有突破,而不是像祖辈那样最后放弃真话和真相,世人只能拭目以待。

权力,金钱,泛家族规则,狭隘的民意,这四种力量在背后争夺着日本媒体这块奶酪,想不受其左右、想摆脱其控制的媒体不是没有,但并不多。

三、日本媒体的尴尬

日本媒体承认自己当年在动员"一亿神兵"开疆拓土的战争中功不可没,在造就"一亿八嘎"中同样难辞其咎。所以,为了媒体自身的利益也必须尽快缩小那段记忆,最好忘记。谁都知道这种忘记不过是鸵鸟式自欺欺人的把戏,也都清楚媒体的支配力在于讲述事实的真相而不受任何外力的干扰。然而,媒体也是由人构成的,全世界的媒体都不可能做到完全独立、公正,自然也不应该苛求日本媒体。毕竟世界各国大都没有日本二战侵略惨败的经历,世界各国的大多数媒体也不会有日本媒体的惨痛经历。只是令人奇怪的是,有着同样惨痛经历的德国媒体,对自身的历史教训反省最深刻,为什么日本媒体却做不到,而常常反其道而行之? 2014 年 8 月 5 日,正是日本天皇宣布无条件投降之纪念日,《朝日新闻》突然旧事重提,连续两天在早报上刊文称:经判断认为,该报 1991 年至 1992 年关于日本军在济州岛强征慰安妇的"吉田证言"①是虚构的,决定撤回有关报道。《朝日新闻》社长木村伊量为此公开表示歉意②。是什么力量让一贯"左倾"反战的《朝日新闻》也如此罔顾事实? 联想到该报同年 6 月 13 日在"朝日俳句"栏目中,曾刊登了一首题为"自卫队员愿意喊着'安倍万岁'去粉身碎骨"的俳句,并引发左翼和右翼的激烈争论,日本新华侨网总编蒋丰观察说:"不排除该报采用了欲擒故纵的手法。他们故意抛出一个极右言论,然后激起左翼人士的公愤,让他们挺身而出。不过,从结果来看,情况非常不乐观。"③这似乎在指是市场竞争的压力驱使着媒体在玩火。左翼的公愤常常会遭受到右翼组织不择手段的威胁,公愤的声音会越来越小,最后沉默。侵华战争前的日本就曾经出现过如此的争论和如此"非常不乐观"的结果。问题是,今天的日本媒体

---

① "吉田证言"中的"吉田"指吉田清治,日本前山口县劳务报国会下关支部动员部长,作家,著有《朝鲜慰安妇和日本人》《我的战争罪行——强掳朝鲜人》,并赴韩国进行道歉。他在书中称,自己曾使用暴力强掳朝鲜女性,迫其成为慰安妇。其证词作为"河野谈话"的基础,多次被主流媒体引用。

② 王曼. 日媒体人:主张"日本没做过坏事"不会获世界认可[EB/OL]. http://world. huanqiu. com/exclusive/2014－10/5184749. html.

③ 蒋丰. 安倍晋三引爆日本媒体左右大论战[EB/OL]. http://www. jnocnews. jp/news/show. aspx? id＝74689.

为什么还要重蹈历史的覆辙？

这就不能不说说在四大力量瓜分日本媒体奶酪的时候，日本媒体自身所面临的尴尬。也就是前文所说的存在于日本媒体身上的外壳，其浓厚的泛家族文化成分作用于日本媒体的自身，从而导致其陷入进退两难的境地。

第一，是忠诚还是批判。忠君爱国，并非日本民族历史传统。但忠诚一直是日本民族的传统文化，也是泛家族文化中的核心内容之一。明治维新之后，忠君爱国是维系军国主义的中心，二战结束后至今忠君不大提了（对天皇的态度依然是划分左、右翼的重要标志之一），但爱国思想、忠诚文化依然大行其道。忠诚于企业和组织，报效于国家，忠诚于日本民族，无论如何，日本媒体也不敢否定企业和社会组织这种爱国精神和忠诚文化。于是，当党派把爱国精神引导到民族主义，当政府把滥用公权力说成是爱国，说成是民族大义，日本媒体便常常失去了批判的准头，甚至自废武功。当日本右翼打出为民族、为国家的利益的旗号时，日本媒体即便不赞成也常常不批评，不仅怕惹祸上身，更在于不知如何批评。日本媒体便是如此用自身的行为向公众演绎和传递着泛家族规则与文化。日本媒体经常批评政府、体制、组织的人和事，但对于要忠诚的对象，对于表现忠诚的人物，日本媒体在批评时就显出遮遮掩掩。

第二，是骄傲还是自卑。日本民族有很多值得骄傲的东西，尤其是今天，日本人获得的诺贝尔奖是亚洲国家中最多的，日本民族在很多领域有理由趾高气扬。但奇怪的是，日本媒体在表达骄傲的时候，那轻浮夸耀的词汇总是给人以沐猴而冠的印象。之所以给人以如此感觉，还是因为其在骄傲的时候，不自觉流露出一种不自信。比如日本媒体在评价本国某一创造时，常常要引用西方人的评价，甚至不惜专门引导西方国家的专家"美言几句"，似乎没有西方人的肯定，那就不是创造。这不是崇洋媚外，而是骨子里的对自我的不肯定。比如日本媒体在介绍别的国家取得某一成果时，总是不忘在最后提醒一句这个国家比日本差距若何。比如日本媒体在介绍他国出现灾难时，虽然不能说是幸灾乐祸，但字里行间的贬斥和轻蔑显而易见，似乎在那里发生的就是天谴。比如日本媒体在追踪报道某一事件时，总喜欢加上自己的判断，而当判断与事态发展不一致时，便全然失忆。这些有话不好好说的现象，均反映出日本媒体不能客观看待别人和自己，其根本原因就在于缺乏文化上的自信和判断力，尴尬也就顾不得了。

第三，是崇拜还是贬低。对强者的崇拜和对弱者的蔑视，已经成为日本民族传统文化的一部分。正因为如此，传承民族文化与传播世界文化这一并不矛盾的任务，却让日本媒体有时不知如何取舍和对待。世界上国家有强有弱有大有小,世界上民族文化却没有高低贵贱之别,这个道理不能说日本媒体不懂,但是做起来就显得不太懂了。一方面要传播世界文化,另一方面偏偏又不乐意传播邻国文化,因为邻国总归不如他们。一方面要表达对强者的景仰,另一方面又不得不面对强者的盛气凌人。一方面要宣扬向外界学习,另一方面又小心翼翼迎合着民众对外族的防范心理。本国人取得他国的某一"大赏",别管这个赏有多大,日本媒体顿时吹喇叭抬轿子捧上云端,不遗余力,不亦乐乎。而对广告大客户的造假、幕后指使人的行贿,甚至高层小圈子的犯罪,远的如森永毒奶粉事件、水俣病事件、洛克希德行贿案等,近的如日本企业在海外的污染事件、系列餐厅食材造假案、相扑假摔等,与之有着资金或某种关系的媒体则不会过问。只有在别的媒体揭露后才似乎恍然大悟跟踪而上穷追猛打,此时的资金和关系已经解除,故而一事发作,便呈蜂拥,作集中豪雨式报道。最能说明日本媒体尴尬的是小保方晴子学术造假案(图10-3)。2014年1月28日,小保方晴子宣布发现了"STAP万能细胞"的简单制造方法后,日本在媒体的大肆渲染下可以说举国欢庆——天才美女教授,此人只应天上有,人间哪得几回见。6月证实小保方晴子造假,日本媒体又急转直下举国谴责,不惜一切手段挖掘演绎暗示小

图10-3 小保方晴子在记者会上正式为造假道歉(图片来源于百度)

保方晴子造假的潜质,似乎前面的报道从来没有发生过。小保方晴子的导师、造假指导者笹井芳树8月5日自杀身亡,让日本损失了一名杰出的生化专家。谁都知道,他的死与日本媒体的"深度报道"有很大关系,却唯独媒体似乎不清楚,没见一家媒体主动担责道歉并探究原因。日本媒体在对崇拜对象的阿谀奉承与对贬损对象的脚踏口唾方面所表现出来的惊人的一致,不仅说明媒体在尊崇和贬低的尺度上难以把握,同时更深层次地反映出,民族气节或是民族主义或是民粹主义才是真正的难题所在。

第四,是细节还是大局。日本民族的洁净节俭是美德,但任何美德超过一定程度便有可能让人活得太累。日本民族偏偏又是一个喜欢极致的民族,所以太过于讲究,在细节上苛以求成,便成为一种病态。比如精于细节的行为让日本成功,然而事事划清界限,也让人敬而远之;比如团队行为让日本成效显著,然而处处都有小团体,又让人不敢亲近且不能亲近。这两者的结果便都是愚笨。日本媒体与日本学界一样精于细节,以为非如此便不成学问,在细节的追

求上确实精明过人,这是其成功的重要法宝,却至今仍然如蒋百里先生当年批评的那样"倒把一些大节忘记了"。日本学者在物理化学领域已经获得不少诺贝尔奖,但至今原创性的思想和突破依然鲜见。一些很有创见的理论和实践的提出者和践行者,如福山、小泽征尔等,也是多年留洋在外完成的,基本上算是外国人了。这样的状况不能不说与日本民族注重细节而忽略大节的传统习惯有关。日本媒体现在也和右翼团体一起叫嚷着让中、韩等亚洲国家拿出证据来证明皇军当年犯下的战争罪,似乎没有细节上的证据便不能证明那场战争有罪,似乎亚洲国家要求日本就战争道歉就是挑起矛盾。日本媒体忘了一个大节:没有一个亚洲国家邀请过皇军的进驻,也没有一支亚洲军队踏上过日本本土。这样精明的愚蠢行为,又怎么能怪别人怀疑他们的别有用心呢?说穿了,还是日本媒体自己在细节与大局上不知如何把握的一种尴尬。

  第五,是记录还是遗忘。媒体的一大功效是记录社会历史发展进程,传递社会发展进程的大量信息,引领受众跟上时代步伐。如果媒体不能客观公正地记录社会发展的真实面目,那么这种功效将大打折扣。日本媒体没有不标榜要客观公正地记录日本发展的,但在实际报道中,却经常发生选择性的遗忘和无视。翻翻日本过往报刊,不难发现其在忠实记录社会发展的某一侧面或某些方面时,总会觉得少了一些什么。报刊各有所专各有特色并没有错,但一犬吠影、百犬吠声的现象,掩盖了对民族劣根性的揭示和批判。在日本,很少有对民族的残忍历史特别是近代扩张史的揭露性文章,即便有,其措辞也各有讲究;很少有对民族传统文化糟粕的选剔,偶然有,也不难发现更多的是赞叹;很少有对独立、富强等爱国爱民族口号的理性分析,即便有,也首先声明赞同日本必须比别国富强、大和民族必须比别人优秀。政府可以尽情去骂,右翼却要陪上小心;明星可以竭力去捧,外国明星则必须竭力去损;政治家可以放心嘲弄,政治杀人犯(刺客)则必须施以同情。村上春树试图揭示日本民族暴力的一面,得到的是日本媒体的集体失语。2015 年 4 月 4 日,日本共同社报道了九州大学医学史博物馆展出活体解剖美军飞行员的资料,引起日本舆论哗然。为什么会哗然?因为此类罪行一直被当事方和媒体共同小心翼翼遮掩着。在国际社会,人们都十分钦佩九州大学还原历史真相的行为,却奇怪于京都大学在 2014 年 2 月将原展示在解剖学礼堂的二战细菌战和 731 部队的资料撤展了①,更奇怪于日本媒体一贯的"深度报道"的行动也不见了。现在当事方突破了,共同社突破了,所以其他媒体才哗然起来。普通的日本民众是爱好和平、生性恬淡的,但日本媒体

---

① 河内敏康,千叶纪和. 日本医学界矛盾面对"历史负面"[N]. 每日新闻,2015 - 03 - 05.

中相当一部分是否真心爱好和平,还是无事生非,则很难说。2012年1月24日日本内阁公布的"外交舆论调查"结果显示,对中国"没有亲近感"者高达80.6%,同比增加了9.2个百分点,创下历史新高。① 原因固然是中日钓鱼岛领土之争,但关键是日本媒体在此期间大肆渲染、推波助澜。总有一些领域折射出日本媒体在民族还是民粹、历史还是力饰、真相还是假象、公理还是私理上的抉择尴尬。

图10-4　日本实施《特定秘密保护法》引发各界抗议(图片来源于人民网)

第六,是个性还是组织。所有的日本媒体都宣称捍卫日本的自由民主政体,但在民主最核心的价值观——对待个人的尊严与自由上——并不是所有的媒体都能自觉捍卫。相反,相当多的日本媒体更乐意宣扬集体的、团队的、组织的力量。尤其在涉及竞争、丑闻等可以吸引眼球的新闻报道中,个人的隐私和人格的尊严似乎根本就不在媒体的考虑范围之内。2013年12月6日,安倍政府强行通过《特定秘密保护法》并于2014年12月10日生效,此举激起民众的强烈抗议(图10-4),因为政府随时可以"国家秘密"为由剥夺个人的知情权和言论自由。同样被严重影响话语权、本应该抗议最强烈的日本媒体却有些出人意料地展现出"温和反对"的态度,抗议书也递,社论也写,用词却是"困惑""担忧"和"有危机感",既没有"集中豪雨"式的报道和解读,也没有"划一性"的明确批判和反对,一批媒体甚至采取了王顾左右而言他的态度,远没有1986年《反间谍法》出台时的媒体强烈抗议之势。究其原因是安倍政府打着应对"周边国家威胁""独立完整国家"的旗号,让媒体在国家利益与个人自由之间有些不知所措了。

---

① 中国网.日本内阁府调查显示日本人对中国无好感者占80%[EB/OL]. http://www.china.com.cn/inteninational/txt/2012-11/26/content-27223044.htm.

第七,是揭盖子还是捂盖子。媒体的一大功能就是去发现真相,特别在泛家族规则比较严重的国度,揭示生活和工作中的幕后真相,打开暗箱操作的盖子,既是吸引民众眼球的重大内容,也是媒体竞争的基本方面。没有哪个媒体敢于宣称自己报道的事就百分之百准确,但力求事实准确也是媒体的基本原则。当事实与日本媒体主观意愿特别是老板的意图发生冲突时,尴尬便出现了。对于那些不愿说、不好说、不敢说、不能说的事实,视而不见者有之,见而无声者有之,明崇暗贬者有之,虚损实夸者有之。反正就是罔顾事实,种种荒唐不一而足。战后日本经济起飞时的20世纪六七十年代,是日本"黑金政治"最疯狂的年代,权钱交易、公开受贿行贿,我们已司空见惯,甚至习以为常,然而去翻看那个时代的日本刊物,虽然也能发现一些揭露腐败的报道,但更多的是一片奋发图强、蒸蒸日上的大好形势。日本大阪大学一位比较文化学教授对中国《环球时报》记者说:"日本文化中有一种'罐子文化'。就是将一些不好的事情、羞耻的事情都装在这个'罐子'里,将盖子盖紧。知道那个'罐子'在那里,但是不去碰它,也不希望别人碰它。"①作为文化的传播者之一的媒体,身边的罐子同样不少,什么时候拿出,什么时候揭开,并不取决于职业操守和责任,而是取决于金钱与权力的风云际会。在自我划界、内外有别、为尊者讳等泛家族规则的驱使下,不难体会到日本媒体人所处的尴尬境地。

第八,是尊重下意还是顺从上意。存在严重等级制国家的媒体无论口号上如何宣称,在事实上都始终存在着民意(下意)与上级意愿(上意)孰轻孰重的问题,日本同样不能例外。对于大多数媒体记者而言,始终要面对的一个现实就是:追索事实真相、反映民众呼声是一回事,揣测或执行幕后的暗箱操作,又是一回事。"上意难测",尤其是民意如果与幕后老板的"上意"不一致时,是尊重民众意见还是顺从老板意见则颇难抉择。体现老板意见则可能丢失大批读者,体现民众意见则有可能丢掉饭碗。日本媒体人的艰辛由此可见一斑。在此时,权衡利弊是登堂入室的主角,道义和客观公正则只是一旁伺候的丫鬟。

上述分析,只是简单摆出日本媒体实际面临的八重尴尬。这些尴尬并不像日本著名的八重樱一般粉光玉琢、重影叠倩,却是混混沌沌、光怪陆离,散发着浓郁的泛家族规则和文化的腐臭气味,稍不注意便成妖花。应该承认,在这种环境中,还是有相当一批媒体人依然能够坚守一份正义、一份诚实、一份责任,确实难能可贵,让人敬佩和感动。然而个人品行的高洁,并不能左右暗箱的黑

---

① 贺超. 日本大学阴暗资料曝光[EB/OL]. http://www.ribenxinwen.com/html/a/201004/28-5713.html.

手,无论其在一时一事上如何客观公正,其始终难以摆脱醉汉般左右摇摆的形态。因为从本质上说起,日本媒体也如同日本的企业或其他社会组织一样,出于自身利益的需要,同样把传递报效国家、忠诚、敬畏、奉献、服从、牺牲等民族传统和文化的任务肩负在身上,融化在血液中,铸成文字和影像。虽然说一半的真相也是真相,但比基尼式的隐瞒也是隐瞒。对公众有所欺骗的结果,便只能是将欺骗进行到底。在今天日本走向右倾化的道路上,人们依然看见媒体摇旗呐喊、推波助澜的身影,一如他们百年前的先辈,而极有可能再次整体成为二战前的妖花,全然失去了20年前独立于权力之外的媒体形象。有媒体的如此配合,也就难怪政客们愈加肆无忌惮,2014年10月21日,日本政府首次正式否认涉及慰安妇问题的河野谈话,朝着否认战争罪行又迈出了一步。

互联网时代已经并将继续改变日本媒体的组织方式,这是一个事实。信息传播的新方式将产生越来越多的无等级、无界限组织;忠诚等泛家族文化将被信念、兴趣所取代;组织的自我繁殖将被组织的马赛克复制所取代;组织的划区管理将被打破;扁平化的市场和扁平化的新空间竞争将会越来越多地淘汰泛家族规则和文化。不管日本媒体是否认识到,也无论其是否愿意,日本媒体都正面临着一场巨大的挑战:如果不率先在政府之前挑起对外战争,则必将对自身发起改造的战争。前一场战争是玩火,玩火者必自焚;后一场战争是浴火,浴火者可重生。孰去孰从,值得日本媒体人深思。

第五节　领袖和明星的示范

日本民族文化的传承还有一个相当重要却常常被人忽视的领域,那就是领袖和明星的示范带动效用。日本是一个泛家族文化十分浓郁的国家,媒体的造神运动无与伦比,极致文化导致在各个领域出类拔萃的人才常常成为大众明星,而明星又会成长变化为某一领域的领袖,其一举一动既为人们所好奇,又常常成为学习的楷模。历史上大名、宫廷、贵族的一衣一食一爱好都是民众的模仿学习对象,今天各领域的领袖和明星的言谈举止成为民众的表率和楷模,古今并无太大的区别。因此,领袖们身上的泛家族文化烙印和他们所奉行的行为准则,同样深深影响着民众的是非判断和行为仿效,成为泛家族规则和文化传承的一个重要方面。

第一,领袖的功效。一般来讲,在某一领域无出其右者便是该领域的明星,明星并不必然是领袖。明星要成为领袖,除了其本身的修为和能力外,还必须有泛家族规则为之奠基、培养和维护。这也是泛家族规则在世界上至今难以根绝的重要原因之一。明白了领袖和泛家族规则之间的关系,便能够清楚,领袖的功效与明星的功效既有相同的部分,也有不同的部分。在东亚儒文化圈中,领袖出于表现自身修养的深厚或者是泛家族规则运行的需要,相当一部分人通常比较低调,而不愿成为明星。但无论其愿意与否,领袖必然是明星,即便大众不知,小人必然景仰。政治领袖们则十分喜欢成为明星,出镜率高不仅仅因为其所决策的事项关系到千家万户,还因为其善于造势让别人众星拱月,传递的泛家族规则更广泛,其自身的地位便更不容置疑。潘茂群在《中外管理与泛家族规则的思考》一书中说过:美国的政治家是前台明星,中国的政治家是幕后英雄,学贯中西的日本政治家是跳梁小丑。[1] 那本书里曾说过一件事,当时的美国国务卿奥尔布赖特某日去某大学演讲,学生进入会场要被搜身,理由是为了安全。那时"9·11"恐怖袭击事件尚未发生,学生在自己的校园里听演讲被搜身,只能证明美国这位老太太不仅是明星同时还是领袖级的人物,显现出在那个最讲人权和平等的国度里等级制的阴影之大。日本的政治家更是兼有前台明星和幕后英雄的荣耀和尊崇,其对民众的影响也显然大于美国和中国。同样,科技明星、文艺明星、文化明星、管理明星,乃至社区中德高望重的明星,常常成为一定区域里的佼佼者,不管他们愿意不愿意,都是粉丝学习仿效的榜样,成为民众引经据典的出处。仔细分析人们的津津乐道,除了赞叹明星们的聪明才智外,相当多的成分还是夸赞他们如何成功地在泛家族规则中突围而出,其对忠诚、奉献、服从、牺牲的认知和行为,都深深影响着民众的是非判断标准。

举一个例子,大多数民众可能不相信政治家,也不一定相信媒体,但是相信学者专家所说的话,因为他们是从事专门研究的有突出贡献者,是领袖或者是明星。但事实上,随着科学技术、社会管理越分越细,很多专家学者溢出专业领域的所说所思并不专业的现象比比皆是,充其量只是一种个人意见。更何况专家研究的以偏概全就是在本专业领域也同样比比皆是,却往往因其耀眼的头衔成为媒体和民众尊崇和信奉的标准。京都大学名誉教授中西辉政曾在《靖国神社与日本人的精神》文中写道:"对于发挥为国家的存在而奉献生命这种无与伦比的、高尚的自我牺牲精神的人们,国家必须尽全力以表彰,使之传诸后世。"[2]中西辉政研究国际关系史尤其是英国史颇有心得,但研究当今国际关系不是内行。他犯了一个低级错误:总是拿别国套用日本,再用日本套看别国。别的国

---

[1] 潘茂群.中外管理与泛家族规则的思考[M].北京:经济管理出版社,2007:166.
[2] 子安宣邦.国家与祭祀[M].董炳月,译.北京:生活·读书·新知三联书店,2007:17.

家祭拜为国捐躯者可以得到国际公认，因为别的国家没有侵略掠夺残害过他国，而日本和德国不加区分祭拜为国捐躯者就不行。如同德国不能在大教堂里祭拜纳粹战犯和希特勒一样，只要靖国神社里还供奉着一批为把国家拖入战争导致本国和他国民众死伤惨重而"奉献生命"的国际公认的战争罪犯，日本"尽全力予以表彰"便不能不引起邻国的愤怒和警惕，也不能不引起本国爱好和平人士的强烈不满。因为正是这些具有"无与伦比"才能的战争狂人，挑起了对邻国的战争，在屠杀了3000多万亚洲人民的同时，也以"高尚的自我牺牲精神"屠杀了300多万日本国民。战争失败后右翼头目儿玉誉士夫建议东条英机应该以武士精神去美国白宫前切腹自杀，实践一把"高尚的自我牺牲精神"，却被以"党内不同意"为理由而拒绝。这样的人，按照日本习俗供奉在哪儿、是否受后人祭拜，确实是日本国的事，但这样的人无论供奉在哪儿，今天的任何政治家都不能去参拜。因为这样一些人的疯狂精神如果日本真要"必须尽全力以表彰，使之付诸后世"，那肯定就不是日本自家的事。中西老先生一叶障目说着糊涂话，以为他国能公祭为国捐躯者日本便也能，不幸的是日本国民尤其是年轻学子因为他是大学教授而相信他，日本媒体又并不区分国际关系史与国际关系完全是两个领域，只炫耀他的专家帽子而请其四处宣扬，而这样的右翼教授在日本还真不是个别，这才真正是日本学界的悲哀！

第二，明星的悲喜剧。各路明星在成为明星之前，通常过着努力奋斗的日子，生活艰辛而充实。而一旦成为明星、成为领袖之后，想继续奋斗却不能。大多数人指责明星不能把握自我，个人膨胀，任性而为，自毁前程。殊不知明星的悲剧不在于明星本身，而在于其身边的各种力量不遗余力地开发利用明星和领袖的资源。日本的泛家族规则和文化赋予明星和领袖以太多的影响力甚至是控制力，而明星们、领袖们则常常并不清楚其危害，被其芬芳的气味和炫目的外形所迷惑，纸醉金迷之间便如同吸食鸦片一样不能自拔。其结果便是在人前的道貌岸然，背后的自我迷失，上演着一幕幕各种各样的泛家族规则和文化所导演的悲喜剧。所谓"圈内人"、所谓班底、所谓核心人士，都是泛家族规则集聚起来的外在名词，却真实反映出明星和领袖不为人知的另一面。明星和领袖在吸食"鸦片"后的必然反应是：狂躁、偏执、任性、轻浮，肚内越来越空而批评别人越来越多，水平越来越低而架子越来越大；有事无能，无事生非；斤斤于蝇头小利，孜孜于些微名声；逢会必到，到则不知所云，逢人必诉，诉则必谈自身；不以为耻，不以为悲，钩心斗角，不死不休。苏东坡云高处不胜寒，那是翻过大跟斗的人发出的咏叹。日本的明星领袖们一边吟咏着这句诗，一边炫耀着、带领着粉丝们拼命爬向高处。

第三,可怜的明星领袖。泛家族规则和文化,注定领袖与明星不能错,否则忠诚、服从、奉献的偶像形象将会发生崩塌,精神的追求将会出现虚空,无论对于偶像还是追随者,都将是非常可怕的事。在组织内如此,在社会上同样如此。然而,人非圣贤孰能无过?领袖与明星出了错,比如说了不该说的话,做了不该做的事,便需要替罪羊。替罪羊是需要明星和领袖精心照料和呵护的,与平日里的泛家族规则和文化的灌输与示范密不可分。西方的明星和领袖都有经纪人团队,而东方的明星和领袖都有小圈子,道理就在这里。当明星和领袖的权威受到挑战的时候,权威的规则便会发生作用:媒体的热捧和质疑都在帮助明星与领袖。关注度越高,受众越多,香也罢臭也罢的名声会随着时间和空间的变换而变换,热捧和质疑都将受到质疑,明星和领袖却依然得以屹立。榜样树立在那儿,真正受害的却还是明星和领袖自己。所有的泛家族规则都是双刃剑,无论舞动的手法多么高妙,在焕发炫目光辉的同时也伤害着自己,一如吸食鸦片过量,飘飘然之间自身的抵抗力已经一损再损。有人曾为日本首相的频繁更迭辩护,说首相做错了事或说错了话便下台正是其民主政体的卓越之处。说这话的人并不懂日本首相背后的小圈子,首相是前台明星,也经常是幕后小圈子内可怜的替罪羊。更换的频繁只能说明前后台争吵的频繁和演员的不成熟。另一类明星不会成为领袖,但也同样不能摆脱泛家族规则和文化的影响。前面提及影星山口百惠在演艺高峰时因出嫁息影回归家庭,日本民族多了一位恪守妇道的贤妻良母,世界少了一位伟大的演员。想想看,在美欧会出现这样的事吗?山口百惠是自愿的,唯其自愿,谁来可怜山口百惠?日本的媒体却是异口同声地称赞!无私的牺牲、奉献、淡泊名利、恪守规矩等精神仍将激励着民众,成为社会学习仿效的楷模。

  日本民族文化的传承是一个复杂的过程,本身就是一个值得深入研究的重大课题。本章所述只是一己之见,论述也不够系统或严谨,目的在于抛砖引玉,想以此引起更多学者的关注。还是那句话,日本民族文化的传承本身就是其民族文化的一部分,在社会矛盾中发展和融合,形成了东方式的内容教育与西方化的方法教育,学校内的自由教育与社会上的约束教育,国家层面的民主教育与基层组织内的泛家族教育等组合性特点。在这种社会组合中,民族文化的传承伴随着现代化的建设,每天每时都在进行中。是耶非耶,对耶错耶,应该有个清醒的认识。

第六节　用系统论的方法分析"大和魂"

　　上述各章所述都是日本民族文化的内容。如果认为这些就是日本民族文化的全部内容，或者这些内容就是其核心内容，显然不对。日本民族文化如同所有民族文化一样，从不同的角度还有相当多的内容可以研究和解读。而且民族文化的组合和发展，并非是某一种文化或几种文化起作用，而是由本书所述并不限于本书所述的各种文化和精神组合、杂糅所形成的一个整体在起作用。这个整体就有着不同于某一种文化的特质和功能，有其综合性的表现形式和展示，也就是整体大于个体的功效和意义。这是另一本专著研究的内容，这里不详述了。本书不过是从泛家族规则和文化的视角入手，重新审视和研究日本民族文化的一部分核心内容，并加以初步的解读，希望能够引来更进一步更深刻的研究。

　　因此在本书的最后，笔者还想指出一点，那就是作为整体的日本民族文化，其主要特征的外在表现形式就是展现在日本人身上的各种矛盾却又统一的性格，本尼·迪克特对此进行了充分揭示；其内在的综合集成是一种精神复合体，这个精神复合体就是日本人所谓的"大和魂"。

　　"大和魂"是什么？不仅外国人加以概括后日本人不承认，就连日本人自己总结概括分析争议了几百年，至今也并无定论。举两个例子：本居宣长曾写下一首和歌："人问敷岛大和心，朝日烂漫山樱花。"敷岛，指日本。他认为樱花的形象和精神就是大和心、大和魂。日本近代著名作家夏目漱石在小说《我是猫》里却是这样讽刺嘲笑大和魂的："苦沙弥先生终于开始读他那篇亲笔名作了：'大和魂！'日本人喊罢，像肺病患者似的咳嗽起来。'大和魂！'报贩子在喊。'大和魂！'三只手在喊。大和魂一跃而远渡重洋！在英国做大和魂的演说；在德国演大和魂的戏剧。东乡大将有大和魂；鱼铺的阿银有大和魂；骗子、拐子、杀人犯，也都有大和魂！假如有人问：'何为大和魂？'回答说：'就是大和魂呗！'说罢便去。百米之外，只听'哼'了一声。大和魂是三角形，还是四角形？大和魂实如其名，是魂。因为是魂，才常常恍恍惚惚的。没有一个人不叨念它，但却没有一个人看见过它；没有一个人没听说过它，但却没有一个人遇上过它。大和魂，恐怕是天狗之类吧！"日本的大词典《广辞苑》中说：大和魂是"相对于汉学知识的日本实际生活的智慧和才能，是日本民族固有的精神，特别是勇猛、纯洁"。它的解释便与《大辞林》稍有差别。中国20世纪80年代出版的《辞海》中干脆就没有这一词条。确实不太好用几句话进行概括，因为它就如同著名的中国菜"李鸿章杂碎"一样，是个一锅煮的杂碎，却是真正的美味佳肴，没有办法用传统的方法来条分缕析。话虽有些糙，理却是一般无二。无论是过去的和魂汉才，还是后来提出的和魂商才、和魂洋才，不过是在玩文字游戏，并没有真正解释清楚什么是和魂。说大和魂是精髓，因为它确实在发挥着巨大的作用，甚至左右着日本人的言与行；说它无法解析，是指用传统的方式方法确实不容易说得清楚，强行拆分，得到的还是一些材料，而不是"精髓"。

然而，也不是没有办法加以分析，借用工程学和管理学上的系统论方法也许就可以解决，这里只能概要地提及。系统论着眼于各系统之间的张力与协调，而并不太关注于各子系统，就如同过去只关注于日本民族的各种文化，而缺乏了解文化之间的融合和互相作用。系统论便要研究日本民族各种文化之间的互相作用和产生的效果，那将会有助于人们更清晰地解读日本民族文化所形成的功能合力，从中可以探求是否存在着什么大和魂，如果有，又是什么样的内容。

论述日本民族各种文化之间的功能合力，是一件比较困难的事，因为作用的载体是每一个个人，并由这些个人组成了一个个团体。说民族的文化体现在一个个家庭、企业、机关、团体、党派之中，其实根本上还是体现在一个个的个体身上。而个体的综合分析无论如何细致也常常不能证明大众，这便是传统学术论证的根本难处。然而，人是群居动物，是各种社会关系的综合体。由关系入手，研究人的功能，也就是系统论在社会分析中的用武之地。本研究课题，关注的是泛家族规则和文化对日本民族文化的影响以及在民族文化产生和发展过程中所起的作用，实质上就是从一种社会关系的视角来解读日本民族文化，从而得出一些有别于传统的解读内容。

人是社会关系的总和，由此人们回过头来看日本社会关系中的人。在经历了历史上两次大的文化融合之后：(1)形成了独特的以天皇体系为代表的等级制固态文化，成为社会各种团体文化以忠诚为核心的文化主流；(2)形成了不成体系却成规模的神道文化，构成了奉献和敬畏等多元化的宗教信仰；(3)形成了由传统武士道向现代武士道精神的传递，培育了服从与坚忍的社会共识和习惯；(4)形成了注重实效精益求精的极致文化，构成了节俭简洁精致以自我为主的社会架构和艺术、技术追求；(5)形成了以表达内心感受为主的审美哲学，展示出无底线突破却精准细腻的艺术风格；(6)形成了双重面具与双重人格的社会意识，构成忍耐式顺从和暴虐性发作的混合体。这些文化在海洋精神和东方文化、西方文化的冲击和强势介入下，通过社会底层日本式泛家族规则不断地选择和改造,构建出今天的日本社会关系架构,一张笼罩在日本社会之上的巨大而无形之网。大体上说,这张网以西方法律及美学体系为经,以东方儒、佛、神道为纬,编织的方式则是泛家族规则。在这张网下面生活成长的普通日本人,其精神层面最可能形成的便是前面各章所论及的各种日本民族文化汇集成的意识。它只能是一种精神复合体。

所有的日本人都在这张网内生活和工作,渴望着自由自在。而这张网无论是外在压迫还是内在约束,所能给的只有成功和失败,却没有自由和人格。无论成功与否,网内的生活和工作,注定使他们焦虑。无识之士便只有祈祷,有识之士借助虚玄来克服这种焦虑。以焦虑而引起坚忍,以坚忍而引起宁静,以宁静引起洁净,由洁净而引起精美。至此自我救赎并没有结束,而是逆反过去,对精美的追求引起对洁净的偏爱,对洁净的偏爱引起对极致的渴求,对极致的追求引起对焦虑的恐惧,对焦虑的恐惧引起对他人的不信任,正是对他人的不信任,引起更大程度、更大范围的对忠诚、服从、奉献、牺牲的精神需求。这种精神需求便成为赞赏、形塑、创造和更新的社会动力与基础。不仅古代需要,今天也同样需要。日本古代也罢,现代也罢,右翼也罢,左翼也罢,政客也罢,媒体也罢,都在这张网上寻求着自我的位置,如同参加大祭活动,围在一个巨大的圈子边跳舞,都在指责邻人或邻国干扰了自己的舞步和范围。在指责的同时,透露出强烈的不信任和不自信。

因此,是否可以这样说:以神灵信仰为基础的现世精神诉求,砥砺着日本民族在简洁中的极致奋斗,以达成忠诚、奉献、坚忍、幽玄的内外在精神合一,是为大和魂。

当然,这也只是本书的一家之说。

为什么一定要说大和魂呢?不仅因为大和魂是本书各章论及的日本民族文化总汇,同时因为大和魂是一把剑。它可以解决本国国民的精神问题,带来民族的巨大成功。"躯体虽葬武藏野,枯骨犹唱大和魂。"(吉田松荫狱中诗)有烈士,有英雄,更有全民族的精诚至致。但它同时也给国民带来焦虑和残忍,带来暴戾和伤

图 10-5　日本武士刀

害。可叹的是日本人从古就不懂中国的剑道,不懂剑有双刃、攻守兼备的道理。日本人更喜欢刀,不佩剑,古代武士佩刀还是两把(图10-5)。他们精心铸就武士刀,演化所谓的"剑道",劈砍是进攻,格挡还是进攻,只求一击劈倒对手,对自

身的伤害并不顾及,所以才有了二战时日本军人挥舞着军刀斩杀中国和其他东亚国家百姓头颅时,也将自身的人性斩杀殆尽的侵略罪行。

  每个人都可以佩戴自己喜爱的刀或剑,也可以尽情地舞弄以锻炼身体,却不可在人群中耍弄,这是最基本常识。日本的政治家们顽固坚持参拜供有战争罪犯的靖国神社,就是在人群中耍弄武士刀,却怪邻居们不理解,不是他们缺乏这个基本常识,而是故意装疯卖傻。大和魂好也罢、歹也罢,日本人喜欢它,别人毋庸置喙。只是再好的刀,舞得不是场合,成就的就不是英雄,而是另一类人了。